KB209656

갈엡빌골 (성경, 이해하며 읽기)

Reading in understanding the Bible

갈엡빌골

갈라디아서

에베소서

빌립보서

골로새서

장석환 지음

성경, 이해하며 읽기
시리즈를 시작하며

성경은 하나님의 음성입니다.
말씀에는 하나님의 뜻(지)과 마음(정)과 힘(의)이 담겨 있습니다.
마음과 의미가 전달되지 않는 대화가 무의미하듯이
성경을 이해하지 않고 읽으면 성경을 읽는 것이 아닙니다.
뜻을 이해하며 읽으면 마음이 전달됩니다.
마음이 전달되면 행할 힘과 용기도 심어집니다.

모든 사람이 성경을 이해하며 읽을 수 있도록
너무 많지도 않고 적지도 않은 설명이 필요하다 생각하였습니다.

성경을 조금 더 능동적으로 읽으십시오.
하나님께서 왜 이런 말씀을 하셨을지를 생각하면서 읽어야 합니다.
그래서 짧은 주석 형식으로
구절 설명과 의미를 전달하고자 하였습니다.
단어의 의미와 문맥의 의미 그리고 배경 문화를 설명하였습니다.
능동적으로 생각하면서 읽으면
성경이 살아 움직이는 것을 느낄 것입니다.

매일 말씀을 준비하고 잠자리에 들 때마다
가슴이 벅차서 잠이 제대로 오지 않았던 적이 많습니다.
설교를 들었던 믿음의 공동체와 내가 읽은 수많은 책의 저자들 모두
공동 저자입니다.
이 책이 하나님을 실제적으로 만나는 행복의 통로가 되기를.

하나님께 영광되기를 기도합니다.

갈라디아서

갈라디아서
목 차

갈라디아서

갈라디아는 한 도시 이름이 아니라 지역 이름이다. 지금의 튀르키예 중부 넓은 지역이다. 바울은 1차 전도여행(47년-49년)으로 갈라디아 지역을 다녀왔다. 그 직후 갈라디아 지역에 편지를 쓴 것으로 보인다. 그렇다면 갈라디아서는 주후 49년에 기록된 것으로 보는 것이 맞을 것 같다. 야고보서가 45년경에 기록된 것으로 추측할 때 갈라디아서는 신약 성경 중에 두 번째 기록된 성경이다. 야고보서와 더불어 가장 초창기에 기록된 성경이다.

내 용

갈라디아서는 기독교 신학을 세운 매우 중요한 성경이다. 율법과 복음의 관계보다는 율법의 완성에 대한 측면을 보면 더 좋을 것 같다. 오늘날은 구약의 의식법에 대해 고민이 없지만 그것은 갈라디아서 덕택인 면이 많다. 갈라디아서가 없었으면 의식법에 대해 혼란이 있었을 것이다.

갈라디아서를 오해하여 율법을 적대시하는 경향이 있다. 잘못하면 초대교회의 이단으로 율법 무용론을 주장한 마르키온주의자와 비슷해진다. 갈라디아서에서 율법에 대해 부정적으로 말할 때는 주로 의식법에 대한 것임을 알아야 한다. 혹 율법 전체에 대해 말할 때도 그리스도 안에서 완성된 것을 받아들이지 않고 여전히 그리스도 이전에 머물러 있는 율법에 대해 말하는 것이다.

갈라디아서는 그리스도의 대속으로 이루어진 신세계를 말한다. 그래서 갈라디아서의 중심구절은 다음 구절이다. "내가 그리스도와 함께 십자가에 못 박혔나니 그런즉 이제는 내가 사는 것이 아니요 오직 내 안에 그리스도께서 사시는 것이라 이제 내가 육체 가운데 사는 것은 나를 사랑하사 나를 위하여 자기 자신을 버리신 하나님의 아들을 믿는 믿음 안에서 사는 것이라"(갈 2:20)

그리스도의 대속으로 이제 더 이상 죄인이 아니라 의인으로 자유롭게 사는 인생을 말한다. 죄인이면 죄에 눌려 있겠으나 이제 의인으로 성령께 순종하며 성령의 열매를 맺는 삶을 살게 된다고 말한다.

성령론을 이야기할 때 주로 고린도전후서의 은사를 중심으로 이야기한다. 그러나 성경 전체에서 말하는 성령론은 갈라디아서에서 말하는 성령의 열매가 더 중심이라고 볼 수 있다. 성령론의 이동이 필요하다. 갈라디아서를 잘 읽어 성령의 열매를 많이 맺는 성령 충만한 사람이 되어야 한다.

<성경본문>

1. 한글본문: 대한성서공회. (1998). 성경전서: 개역개정. 대한성서공회.
   "여기에 사용한 '성경전서 개역개정판'의 저작권은 재단법인 대한성서공회 소유이며, 재단법인 대한성서공회의 허락을 받고 사용하였음."

2. 영어본문: GNB(American Bible Society. (1992). The Holy Bible: The Good news Translation (2nd ed.). American Bible Society.)

1부

들어가는 말

(1:1-5)

1 사람들에게서 난 것도 아니요 사람으로 말미암은 것도 아니요 오직 예수 그리스도와 그를 죽은 자 가운데서 살리신 하나님 아버지로 말미암아 사도 된 바울은

1 From Paul, whose call to be an apostle did not come from human beings or by human means, but from Jesus Christ and God the Father, who raised him from death.

1:1 사람으로 말미암은 것도 아니요...그리스도와...하나님 아버지로 말미암아 사도 된 바울. 바울은 자신이 사도가 된 것은 사람이 지명하여 된 것이 아니라 하나님께서 세우신 것이라고 말한다.

'사도'라는 단어는 '보냄을 받은 자'라는 뜻이다. 열두 사도와 바울에게만 제한적으로 사용할 수 있고 아니면 확장하여 다른 사람들에게 사용할 수도 있다. 이후 교회 역사는 국한시켜 사용하는 경우가 더 많다. 오늘날 복음 전하는 자로 세움을 받을 때 사람으로 말미암은 것이 아니라 하나님으로부터 말미암은 것이다. 그래서 사도라 말할 수 있지만 12사도와 바울의 경우 예수님의 가르침을 직접 받았다는 측면에서 국한하여 사용할 수 있다.

바울이 사도라는 말을 강조하여 말하는 것은 자신의 권위를 내세우기 위한 것이 아니다. 그가 전하는 말씀에 대한 권위를 위해서다. 그가 전하는 말씀은 그가 창작한 것이 아니고 누구나 마음대로 전할 수 있는 것이 아니라 오직 하나님께서 주신 것임을 말하는 것이다.

2 함께 있는 모든 형제와 더불어 갈라디아 여러 교회들에게

2 All the brothers and sisters who are here join me in sending greetings to the churches of Galatia:

1:2 함께 있는 모든 형제와 더불어. 바울이 전하는 말씀이 그가 홀로 전하는 내용이 아니라 함께 사역하고 있는 사람들이 함께 믿는 것임을 말하기 위해 이렇게 말하고 있다.

3 우리 하나님 아버지와 주 예수 그리스도로부터 은혜와 평강이 있기를 원하노라

3 May God our Father and the Lord Jesus Christ give you grace and peace.

1:3 은혜와 평강이 있기를 원하노라. '은혜'는 바울의 모든 서신에서 처음과 마지막을 장식한다. 모든 것의 시작과 끝은 오직 하나님의 은혜로 되어지는 것을 강력히 말하고 있는 것 같다. '평강(헬. 에이레네)'은 히브리어 '샬롬'과 같은 단어로 종말론적인 의미를 많이 담고 있다. 모든 것과의 온전한 관계인 샬롬을 소망하며 말하고 있다. 우리 모두는 평강을 이루어 가고 있고 평강의 나라에 도착하는 것이 최종 목적지다.

4 그리스도께서 하나님 곧 우리 아버지의 뜻을 따라 이 악한 세대에서 우리를 건지시려고 우리 죄를 대속하기 위하여 자기 몸을 주셨으니
4 In order to set us free from this present evil age, Christ gave himself for our sins, in obedience to the will of our God and Father.

1:4 악한 세대에서 우리를 건지시려고 우리 죄를 대속하기 위하여 자기 몸을 주셨으니. 인사말에 강력하게 그리스도의 대속의 죽음을 말한다. 생뚱맞은 인사말처럼 보일 수 있다. 그러나 이것은 갈라디아서 전체 주제와 밀접한 연결점을 가지고 있다. 그리스도의 대속이라는 위대한 복음이 있는데 제사로 다시 돌아가는 것은 참으로 어리석은 것임을 담고 있다.

5 영광이 그에게 세세토록 있을지어다 아멘
5 To God be the glory for ever and ever! Amen.

2부

복음과 다른 복음

(1:6-2:21)

6 그리스도의 은혜로 너희를 부르신 이를 이같이 속히 떠나 다른 복음을 따르는 것을 내가 이상하게 여기노라

6 I am surprised at you! In no time at all you are deserting the one who called you by the grace of Christ, and are accepting another gospel.

1:6 속히 떠나 다른 복음을 따르는 것을 내가 이상하게 여기노라. 갈라디아 교회에 유대적 경향이 강한 사람이 들어와 다른 것을 가르쳤다. 바울은 그것을 '다른 복음'이라고 말한다. 복음을 말하면서도 사실은 복음이 아니기 때문이다.

7 다른 복음은 없나니 다만 어떤 사람들이 너희를 교란하여 그리스도의 복음을 변하게 하려 함이라

7 Actually, there is no "other gospel", but I say this because there are some people who are upsetting you and trying to change the gospel of Christ.

1:7 다른 복음은 없나니. 복음은 유일하다. 그들이 가르치는 것은 결코 복음이 될 수 없다. **복음을 변하게 하려 함이라.** 복음을 변하게 하는 것은 무엇이든 잘못된 것이다.

8 그러나 우리나 혹은 하늘로부터 온 천사라도 우리가 너희에게 전한 복음 외에 다른 복음을 전하면 저주를 받을지어다

8 But even if we or an angel from heaven should preach to you a gospel that is different from the one we preached to you, may he be condemned to hell!

1:8 우리나 혹은 하늘로부터 온 천사라도...다른 복음을 전하면 저주를 받을지어다. 바울은 자신이 전한 것은 하나님께서 주신 것이기 때문에 자신을 포함하여 천사든 누구든 다른 복음을 전할 수 없다고 말한다. 복음은 위대한 것이다. 그래서 복음을 왜곡하면 복음의 위대한만큼 비례하여 더 큰 죄악이 된다.

9 우리가 전에 말하였거니와 내가 지금 다시 말하노니 만일 누구든지 너희가 받은 것 외에 다른 복음을 전하면 저주를 받을지어다
10 이제 내가 사람들에게 좋게 하랴 하나님께 좋게 하랴 사람들에게 기쁨을 구하랴 내가 지금까지 사람들의 기쁨을 구하였다면 그리스도의 종이 아니니라

9 We have said it before, and now I say it again: if anyone preaches to you a gospel that is different from the one you accepted, may he be condemned to hell!
10 Does this sound as if I am trying to win human approval? No indeed! What I want is God's approval! Am I trying to be popular with people? If I were still trying to do so, I would

not be a servant of Christ.

1:10 내가 사람들에게 좋게 하랴 하나님께 좋게 하랴. 바울은 자신이 전한 복음이 자신의 뜻에 의한 것이 아니라 하나님의 뜻을 전한 것이기 때문에 자신이 바꿀 수 있는 것이 아님을 말한다. 사람들은 살다 보면 여러 이유 때문에 복음에 다른 것을 덧붙여 말하는 것이 더 편할 수가 있다. 그러나 복음은 상황에 의해 바꿔도 되는 것이 아니다. 하나님께서 주신 것이기 때문이다.

11 형제들아 내가 너희에게 알게 하노니 내가 전한 복음은 사람의 뜻을 따라 된 것이 아니니라
11 Let me tell you, my brothers and sisters, that the gospel I preach is not of human origin.

1:11 내가 전한 복음은 사람의 뜻을 따라 된 것이 아니니라. 바울은 자신이 전한 복음이 사람의 뜻에서 나온 것이 아니라고 말한다. '사람' 안에는 물론 자신이 포함되어 있고 또한 사도들도 포함되어 있다.

12 이는 내가 사람에게서 받은 것도 아니요 배운 것도 아니요 오직 예수 그리스도의 계시로 말미암은 것이라
12 I did not receive it from any human being, nor did anyone teach it to me. It was Jesus Christ himself who revealed it to me.

1:12 그리스도의 계시로 말미암은 것이라. 그는 사람에게 배운 것이 아니라 그리스도께 배운 것이라고 말한다. 그리스도께서 바울에게 그것을 구체적으로 어떻게 가르치셨는지는 모른다. 그러나 그는 사람에게 배운 것이 아니라 그리스도의 계시로 그것을 알게 되었다고 분명하게 말하고 있다.

13 내가 이전에 유대교에 있을 때에 행한 일을 너희가 들었거니와 하나님의 교회를 심히 박해하여 멸하고
13 You have been told how I used to live when I was devoted to the Jewish religion, how I persecuted without mercy the church of God and did my best to destroy it.

1:13 하나님의 교회를 심히 박해하여 멸하고. 그는 누구보다 더 강한 유대교인이었다. 강한 확신이 있었기에 기독교를 박해하였다.

14 내가 내 동족 중 여러 연갑자보다 유대교를 지나치게 믿어 내 조상의 전통에 대하여 더욱 열심이 있었으나

14 I was ahead of most fellow-Jews of my age in my practice of the Jewish religion, and was much more devoted to the traditions of our ancestors.

1:14 조상의 전통에 대하여 더욱 열심이 있었으나. 그는 누구보다 유대교에 열심 있는 사람이었다고 자신을 소개한다.

15 그러나 내 어머니의 태로부터 나를 택정하시고 그의 은혜로 나를 부르신 이가

16 그의 아들을 이방에 전하기 위하여 그를 내 속에 나타내시기를 기뻐하셨을 때에 내가 곧 혈육과 의논하지 아니하고

15 But God in his grace chose me even before I was born, and called me to serve him. And when he decided

16 to reveal his Son to me, so that I might preach the Good News about him to the Gentiles, I did not go to anyone for advice,

1:16 그의 아들을 이방에 전하기 위하여 그를 내 속에 나타내시기를 기뻐하셨을 때. 예수님께서 그에게 나타나셨다. 이방인을 위한 사도로 바울을 부르셨다. 참으로 놀라운 순간이었고 엄청난 반전이 이루어졌다. 그러한 반전이 이루어질 수밖에 없는 것은 하나님께서 그를 직접 부르셨기 때문이다. 바울은 그 부르심에 저항할 수 없었다. **내가 곧 혈육과 의논하지 아니하고.** 바울은 하나님의 부르심이 너무 확실하였기 때문에 혈육과 자신의 미래에 대해 의논할 필요가 없었다.

17 또 나보다 먼저 사도 된 자들을 만나려고 예루살렘으로 가지 아니하고 아라비아로 갔다가 다시 다메섹으로 돌아갔노라

17 nor did I go to Jerusalem to see those who were apostles before me. Instead, I went at once to Arabia, and then I returned to Damascus.

1:17 먼저 사도 된 자들을 만나려고 예루살렘으로 가지 아니하고. 그는 하나님께 직접 들었기 때문에 사도를 만나 더 들어야 할 필요조차도 느끼지 못하였다. 사실 그는 성경에 능통한 정통 유대인으로, 예수님이 메시야이심을 계시로 깨닫게 되는 순간 나머지는 아주 익숙하게 깨닫게 된 것으로 보인다. **아라비아로 갔다가 다시 다메섹으로 돌아갔노라.** '아라비아'는 이 당시 나바테아 왕국을 말한다. 당시 그 왕국에는 많은 유

대인 회당이 있었다. 지금의 페트라에 수도를 두고 발전한 꽤 큰 나라였다. 아마 그는 페트라를 포함한 나바테아의 여러 지역에 가서 복음을 전한 것으로 보인다. 그리고 다시 다메섹으로 돌아간 것으로 보인다.

> **18** 그 후 삼 년 만에 내가 게바를 방문하려고 예루살렘에 올라가서 그와 함께 십오 일을 머무는 동안
>
> **18** It was three years later that I went to Jerusalem to obtain information from Peter, and I stayed with him for two weeks.

1:18 게바를 방문하려고 예루살렘에 올라가서. 그가 삼 년간 복음을 전하였고 이후에 무슨 이유인지는 모르지만 베드로를 만나려고 예루살렘으로 갔다. 그곳에서 그는 그가 전하는 복음이 베드로가 전하는 복음과 전혀 다르지 않은 것을 확인하였을 것이다. 사실 확인할 필요도 없었다. 베드로에게 복음을 전하여 주신 분이 그리스도시요 바울에게 복음을 전하신 분도 그리스도이시기 때문이다.

> **19** 주의 형제 야고보 외에 다른 사도들을 보지 못하였노라
>
> **19** I did not see any other apostle except James, the Lord's brother.

1:19 바울은 예루살렘에서 예수님의 형제 야고보를 만난 것을 말한다. 그는 그와의 만남에서도 복음이 다른 것을 보지 못하였을 것이다. 그래서 복음에 대해서 토론하거나 의견의 불일치 등에 대해 전혀 말하지 않는다. 그는 베드로와 야고보 외에 다른 사도는 만나지도 못하였다. 그러나 만날 필요도 없었을 것이다. 그들은 모두 같은 복음을 가지고 복음을 전하는 사람들이었기 때문이다.

> **20** 보라 내가 너희에게 쓰는 것은 하나님 앞에서 거짓말이 아니로다
> **21** 그 후에 내가 수리아와 길리기아 지방에 이르렀으나
>
> **20** What I write is true. God knows that I am not lying!
> **21** Afterwards I went to places in Syria and Cilicia.

1:21 수리아와 길리기아 지방에 이르렀으나. 바울은 15일 동안 예루살렘에 머문 후에 수리아(이전의 아람 지역. 이곳에 이방 선교의 전초기지가 되는 안디옥이 있음)와 길리기아(다소가 있는 지역)로 가서 계속 복음을 전하였다.

22 그리스도 안에 있는 유대의 교회들이 나를 얼굴로는 알지 못하고
22 At that time the members of the churches in Judea did not know me personally.

1:22 유대의 교회들이 나를 얼굴로는 알지 못하고. 바울은 유대의 교회들과 만날 시간을 많이 갖지 못했다. 그는 주로 이방인을 위한 선교 사역을 감당하였기 때문이다. 그래서 유대인 성도들은 주로 바울에 대해 소문으로 들어 알 뿐 얼굴은 잘 몰랐다. 바울이 그렇게 변하였다는 소식을 들어서만 아는 사람들이 많았다.

23 다만 우리를 박해하던 자가 전에 멸하려던 그 믿음을 지금 전한다 함을 듣고
24 나로 말미암아 하나님께 영광을 돌리니라
23 They knew only what others were saying: "The man who used to persecute us is now preaching the faith that he once tried to destroy!"
24 And so they praised God because of me.

2장

2:1-10은 바울이 예루살렘을 방문한 이야기다. 바울은 이방인을 위한 사도로 부름을 받았다. 그래서 이방 지역에서 사역을 하였다. 이전에는 예루살렘이 그의 활동 무대였는데 사도로 부름을 받고 난 후 이방 지역에서 복음을 전하였다. 예루살렘에는 특별한 이유가 있을 때만 방문하였다. 이번이 그의 두 번째 방문기다.

1 십사 년 후에 내가 바나바와 함께 디도를 데리고 다시 예루살렘에 올라갔나니
1 Fourteen years later I went back to Jerusalem with Barnabas, taking Titus along with me.

2:1 십사 년 후. 아마 그가 회심한 후 14년을 말하는 것으로 보인다. 그는 회심한 후 3년이 되었을 때 예루살렘에 방문하여 베드로와 야고보를 만났었다. 그리고 11년 만에 다시 예루살렘을 방문하였다. **디도를 데리고 다시 예루살렘으로 올라갔나니.** 바울은 안디옥에서 사역하고 있었다. 바울이 이번에 예루살렘에 올라간 이유는 예루살렘을 돕는 헌금을 전달하기 위함이다. 그런데 바울은 의도적으로 이방인 디도를 데리고 갔다. 이것은 다분히 의도적이다. '다른 복음'을 깨트리기 위한 것으로 보인다.

2 계시를 따라 올라가 내가 이방 가운데서 전파하는 복음을 그들에게 제시하되 유력한 자들에게 사사로이 한 것은 내가 달음질하는 것이나 달음질한 것이 헛되지 않게 하려 함이라

2 I went because God revealed to me that I should go. In a private meeting with the leaders I explained the gospel message that I preach to the Gentiles. I did not want my work in the past or in the present to be a failure.

2:2 계시를 따라 올라가. 바울이 예루살렘에 올라가게 된 것은 헌금을 전달하기 위한 것이기도 하지만 그가 받은 계시가 있었기 때문임을 말한다. 이 계시는 오늘날 표현으로 일반계시라 할 수 있다. 그러나 바울은 이 계시를 통해 예루살렘에 디도를 데리고 가는 것을 매우 중요하게 생각하고 확신하며 간 것으로 보인다.

바울은 계시를 통해 '다른 복음'을 깨트리기 위해 마음을 단단히 먹고 아주 오랜만에 예루살렘으로 갔다. 그의 이 여정은 이후 기독교 역사에 매우 중요한 역할을 한다. 그의 이 여정이 있어 오늘날 우리들은 할례를 비롯한 구약의 의식법을 더 행하지 않아도 되는 중요한 기반을 갖게 되었다. 그의 이러한 여정이 없었으면 어쩌면 우리는 지금도 할례를 행하고 정결법 등을 지키고 있었을 수도 있다.

내가 이방 가운데서 전파하는 복음을 그들에게 제시하되 유력한 자들에게 사사로이 한 것은. 바울은 그가 전파하는 복음의 정통성을 예루살렘 교회에 가서 확인하고자 하였다. 사실 그럴 필요가 없다. 예수님께서 가르치신 복음은 하나이기 때문이다. 그러나 바울은 계시에 순종하였다. 하나님의 특별한 인도하심에 순종하였다. 결국 그것이 세계교회가 하나될 수 있도록 하였다. **사사로이 한 것은.** 바울이 예루살렘에 가서 사도들을 만나 이야기한 것은 개인적인 만남이었다. 어떤 공식적인 성격이 아니다. 공식적인 것은 2-3년 후에 그가 1차 선교를 마치고 왔을 때 안디옥에서 공식적으로 파견되어 할례와 의식법 등의 문제를 매듭짓게 된다. 그러나 이번의 만남은 이후 예루살렘 공식 회의의 중요한 디딤돌이 되었을 것이다.

3 그러나 나와 함께 있는 헬라인 디도까지도 억지로 할례를 받게 하지 아니하였으니

3 My companion Titus, even though he is Greek, was not forced to be circumcised,

2:3 헬라인 디도까지도 억지로 할례를 받게 하지 아니하였으니. '디도가 할례를 강요당하지 않은 것'이 안디옥에서 일인지 예루살렘에서의 일인지 분명하지 않다. 이야기의 전개상 예루살렘에서의 일로 보는 것이 더 자연스럽다. 예루살렘의 리더들이 디도에

게 '할례를 강요하지 않았다'는 말이다. 바울이 디도를 의도적으로 데려온 목적이 성취되는 것처럼 보였다.

> 4 이는 가만히 들어온 거짓 형제들 때문이라 그들이 가만히 들어온 것은 그리스도 예수 안에서 우리가 가진 자유를 엿보고 우리를 종으로 삼고자 함이로되
> 4 although some wanted it done. Pretending to be fellow-believers, these men slipped into our group as spies, in order to find out about the freedom we have through our union with Christ Jesus. They wanted to make slaves of us,

2:4 가만히 들어온 거짓 형제들 때문이라. 이것도 안디옥에서의 일인지 예루살렘에서의 일인지 분명하지 않으나 예루살렘에서의 일로 보는 것이 더 맞는 것 같다. 바울이 예루살렘 교회의 리더들을 만날 때 그들 속에 다른 의도를 가진 사람들이 함께 있었다. 그들은 디도를 할례를 시켜야 한다고 주장하였다.

> 5 그들에게 우리가 한시도 복종하지 아니하였으니 이는 복음의 진리가 항상 너희 가운데 있게 하려 함이라
> 5 but in order to keep the truth of the gospel safe for you, we did not give in to them for a minute.

2:5 우리가 한시도 복종하지 아니하였으니. 바울 일행은 그들의 주장에 한 순간조차도 동의하지 않고 강하게 반박하는 주장을 하였다. **복음의 진리가 항상 너희 가운데 있게 하려 함이라.** 복음과 관련된 문제였기 때문에 바울은 결코 뒤로 물러설 수 없었던 것이다.

> 6 유력하다는 이들 중에 (본래 어떤 이들이든지 내게 상관이 없으며 하나님은 사람을 외모로 취하지 아니하시나니) 저 유력한 이들은 내게 의무를 더하여 준 것이 없고
> 6 But those who seemed to be the leaders—I say this because it makes no difference to me what they were; God does not judge by outward appearances—those leaders, I say, made no new suggestions to me.

2:6 저 유력한 이들은 내게 의무를 더하여 준 것이 없고. 예루살렘 교회 리더들은 디도에게 할례를 주어야 한다고 말하지 않았다. 그들은 할례가 복음에 상관이 없는 것을 알았기 때문이다. 오직 그리스도 안에서 그러한 것이 완성된 것을 알기 때문이다.

7 도리어 그들은 내가 무할례자에게 복음 전함을 맡은 것이 베드로가 할례자에게 맡음과 같은 것을 보았고
8 베드로에게 역사하사 그를 할례자의 사도로 삼으신 이가 또한 내게 역사하사 나를 이방인의 사도로 삼으셨느니라
7 On the contrary, they saw that God had given me the task of preaching the gospel to the Gentiles, just as he had given Peter the task of preaching the gospel to the Jews.
8 For by God's power I was made an apostle to the Gentiles, just as Peter was made an apostle to the Jews.

2:8 내게 역사하사 나를 이방인의 사도로 삼으셨느니라. 교회의 지도자들은 하나님의 역사하심을 보았고 알았다. 그래서 자신들과는 많이 다른 길을 가고 있지만 바울의 사역에 대해 전혀 다른 말을 하지 않았다. 쉬운 길을 가려고 하면 바울에게 '조금 양보하세요'라고 말할 수도 있다. 그러나 그들은 그것이 복음의 길이며 하나님께서 역사하시는 것이라는 것을 알았기에 그들도 어려운 길을 갔다. 다수가 할례를 중요하게 여겼고 익숙하였지만 그것이 복음과는 상관없는 것임을 명백히 하였다.

9 또 기둥 같이 여기는 야고보와 게바와 요한도 내게 주신 은혜를 알므로 나와 바나바에게 친교의 악수를 하였으니 우리는 이방인에게로, 그들은 할례자에게로 가게 하려 함이라
9 James, Peter, and John, who seemed to be the leaders, recognized that God had given me this special task; so they shook hands with Barnabas and me, as a sign that we were all partners. We agreed that Barnabas and I would work among the Gentiles and they among the Jews.

2:9 내게 주신 은혜를 알므로 나와 바나바에게 친교의 악수를 하였으니. 예루살렘 교회 리더들은 하나님께서 바울 일행과 안디옥 교회에 주신 은혜를 알았다. 그래서 그들이 이방인에게 할례를 주지 않는 것에 대해 인정하는 '친교의 악수'를 하였다.
바울도 대단하지만 가까이에 있는 다수의 주장을 뒤로 하고 바울의 사역을 인정한 예루살렘 교회의 리더들도 참으로 대단하다. 위대한 결단이었다. 그들이 그런 어려운 결단을 할 수 있었던 것은 하나님의 인도하심에 대해 깨어 있었기 때문에 가능하였다. 하나님의 인도하심을 알고 경외함이 없다면 결코 할 수 없는 어려운 일이었다.

10 다만 우리에게 가난한 자들을 기억하도록 부탁하였으니 이것은 나도 본래부터 힘써 행하여 왔노라
10 All they asked was that we should remember the needy in their group, which is the very

thing I have been eager to do.

2:11-21은 그리스도의 율법 완성에 대한 문제에 있어 바울이 사도들과 관련되어 이야기한 마지막 부분이다. 바울은 그리스도의 할례로 대표되는 의식법이 더 이상 구원과 상관없는 것임을 말하였다. 그것의 정당성을 위해 사도들과의 인연에 대해 말하고 있다.

11 게바가 안디옥에 이르렀을 때에 책망 받을 일이 있기로 내가 그를 대면하여 책망하였노라
11 But when Peter came to Antioch, I opposed him in public, because he was clearly wrong.

2:11 내가 그를 대면하여 책망하였노라. 바울은 복음이 하나임을 알았기에 이방 지역에서 자신의 사역에 대해 예루살렘 교회의 리더들과 하나되도록 힘썼다. 오직 그들을 만나기 위해 예루살렘을 두 번 방문하였다. 그때마다 베드로를 만났다. 그런데 안디옥에서 그가 베드로를 책망하였다고 말한다. 예수님의 제자 중에 예수님과 가장 가까이에서 함께하였던 베드로를 바울이 대범하게 책망하였다. 그것을 기록하고 있다.

12 야고보에게서 온 어떤 이들이 이르기 전에 게바가 이방인과 함께 먹다가 그들이 오매 그가 할례자들을 두려워하여 떠나 물러가매
12 Before some men who had been sent by James arrived there, Peter had been eating with the Gentile brothers and sisters. But after these men arrived, he drew back and would not eat with the Gentiles, because he was afraid of those who were in favour of circumcising them.

2:12 게바가 이방인과 함께 먹다가...떠나 물러가매. 본래 유대인들은 이방인들과 함께 식사하지 않는다. 미쉬나(장로의 전통)에 있는 정결법 때문이다. 그런데 베드로는 이미 백부장 세례 사건 전에 환상을 통하여 어떤 것도 부정하지 않다는 것을 알게 되었다. 그러니 이방인과 식사하는 것이 전혀 문제가 안 되었다. 문제는 사람들의 시선이었다. **야고보에게서 온 어떤 이들.** 예루살렘에서 어떤 사람들이 왔고 그들은 전통 유대인으로서 의식법을 매우 중요하게 생각하는 사람들이었다. 베드로는 그들을 의식하여 이방인과 함께 식사하다가 그 자리를 피하였다.

13 남은 유대인들도 그와 같이 외식하므로 바나바도 그들의 외식에 유혹되었느니라

13 The other Jewish brothers and sisters also started acting like cowards along with Peter; and even Barnabas was swept along by their cowardly action.

2:13 남은 유대인들도 그와 같이 외식하므로. 베드로와 함께 식사하던 다른 유대인들도 혹 베드로와 같이 정결법이 더 이상 문제가 되지 않는다 하여도 다른 사람들의 눈치 때문에 베드로와 같이 피하였다. 그리고 안디옥의 중요한 리더인 바나바마저도 가식적으로 행동하였다.

14 그러므로 나는 그들이 복음의 진리를 따라 바르게 행하지 아니함을 보고 모든 자 앞에서 게바에게 이르되 네가 유대인으로서 이방인을 따르고 유대인답게 살지 아니하면서 어찌하여 억지로 이방인을 유대인답게 살게 하려느냐 하였노라

14 When I saw that they were not walking a straight path in line with the truth of the gospel, I said to Peter in front of them all, "You are a Jew, yet you have been living like a Gentile, not like a Jew. How, then, can you try to force Gentiles to live like Jews?"

2:14 그들이 복음의 진리를 따라 바르게 행하지 아니함을 보고 모든 자 앞에서 게바에게 이르되. 바울은 많은 사람들이 있는 곳에서 이 문제를 정확히 따졌다. 사람들 앞에서 누군가를 책망하는 것은 아주 조심스러운 일이다. 가능한 그렇게 하지 않는 것이 좋다. 그러나 이 경우 그 사건의 목격자가 많았고 복음과 관련한 아주 중요한 문제였기 때문에 바울은 공개적으로 다루었다.

15 우리는 본래 유대인이요 이방 죄인이 아니로되

15 Indeed, we are Jews by birth and not "Gentile sinners", as they are called.

2:15 이방 죄인 바울이 생각할 때 이방인은 죄인이라는 말이 아니라 당시 유대인들이 일반적으로 생각하는 것을 말한 것이다.

16 사람이 의롭게 되는 것은 율법의 행위로 말미암음이 아니요 오직 예수 그리스도를 믿음으로 말미암는 줄 알므로 우리도 그리스도 예수를 믿나니 이는 우리가 율법의 행위로써가 아니고 그리스도를 믿음으로써 의롭다 함을 얻으려 함이라 율법의 행위로써는 의롭다 함을 얻을 육체가 없느니라

16 Yet we know that a person is put right with God only through faith in Jesus Christ, never by doing what the Law requires. We, too, have believed in Christ Jesus in order to be put right with God through our faith in Christ, and not by doing what the Law requires. For no one is put right with God by doing what the Law requires.

2:16 사람이 의롭게 되는 것은 율법의 행위로 말미암음이 아니요 오직 예수 그리스도를 믿음으로 말미암는 줄 알므로 우리도 그리스도 예수를 믿나니. 바울은 베드로와 사람들이 있는 곳에서 복음을 분명하게 설명하였다. 율법에서 말하는 제사는 제사 자체가 효력이 있는 것이 아니다. 오직 그리스도 안에서 완성되기에 효과적인 것이다.

17 만일 우리가 그리스도 안에서 의롭게 되려 하다가 죄인으로 드러나면 그리스도께서 죄를 짓게 하는 자냐 결코 그럴 수 없느니라
17 If, then, as we try to be put right with God by our union with Christ, we are found to be sinners as much as the Gentiles are—does this mean that Christ is serving the cause of sin? By no means!

2:17 만일 우리가 그리스도 안에서 의롭게 되려 하다가 죄인으로 드러나면. 그리스도 안에서의 율법의 완성을 따라 의식법을 지키지 않아서 그것이 잘못된 것이라고 한다면 그것은 그리스도께서 잘못된 것이라고 말하는 것과 같다. 그리스도는 결코 잘못되지 않으셨다.

18 만일 내가 헐었던 것을 다시 세우면 내가 나를 범법한 자로 만드는 것이라
18 If I start to rebuild the system of Law that I tore down, then I show myself to be someone who breaks the Law.

2:18 나를 범법한 자로 만드는 것이라. 바울은 그리스도 안에서 율법의 완성을 말하였는데 다시 의식법을 지켜야 한다고 말하면 바울 또한 죄인이 되는 것이다.

19 내가 율법으로 말미암아 율법에 대하여 죽었나니 이는 하나님에 대하여 살려 함이라
19 So far as the Law is concerned, however, I am dead—killed by the Law itself—in order that I might live for God. I have been put to death with Christ on his cross,

2:19 율법에 대하여 죽었나니. 바울은 자신이 율법에 반응하는 사람이 아니라 하나님께 대하여 반응하는 사람이라고 말한다. 완성된 의식법을 가지고 씨름하는 것이 아니

라 하나님께서 오늘을 믿음으로 살아가라 하시는 것에 대해 반응하며 산다는 것이다.

> **20** 내가 그리스도와 함께 십자가에 못 박혔나니 그런즉 이제는 내가 사는 것이 아니요 오직 내 안에 그리스도께서 사시는 것이라 이제 내가 육체 가운데 사는 것은 나를 사랑하사 나를 위하여 자기 자신을 버리신 하나님의 아들을 믿는 믿음 안에서 사는 것이라
>
> **20** so that it is no longer I who live, but it is Christ who lives in me. This life that I live now, I live by faith in the Son of God, who loved me and gave his life for me.

2:20 내가 그리스도와 함께 십자가에 못 박혔나니. 복음과 다른 복음과의 관계에 대한 설명에서 중심 구절이다. 바울은 율법의 의식법에 살고 있던 과거가 죽었다고 말한다. 그것은 더 이상 그에게 의미가 없다. 그리스도께서 십자가에 못 박혀 죽으심으로 완성하셨다. 대속의 놀라운 은혜로 이루어진 것인데 대속이 없는 것처럼 과거의 의식법으로 돌아가 전전긍긍하고 있다면 그것은 대속의 은혜를 놓치고 있다는 증거다. **이제 내가 육체 가운데 사는 것은 나를 사랑하사 나를 위하여 자기 자신을 버리신 하나님의 아들을 믿는 믿음 안에서 사는 것이라.** 바울은 이제 그림자를 붙잡고 사는 것이 아니라 실체를 붙잡고 살고 있다. 실체를 붙잡고 살고 있는데 어떤 사람들이 다시 그림자를 붙잡으려고 하니 그것이 문제다.

> **21** 내가 하나님의 은혜를 폐하지 아니하노니 만일 의롭게 되는 것이 율법으로 말미암으면 그리스도께서 헛되이 죽으셨느니라
>
> **21** I refuse to reject the grace of God. But if a person is put right with God through the Law, it means that Christ died for nothing!

2:21 만일 의롭게 되는 것이 율법으로 말미암으면 그리스도께서 헛되이 죽으셨느니라. 그리스도께서 죽지 않으셔도 제사와 의식법 등으로 정결하게 된다면 그리스도께서 왜 십자가를 지셨겠는가? 모든 제사가 그리스도를 상징하는 것이었기 때문에 효과가 있었던 것이다. 그리스도께서 실제로 대속의 길을 가셨기 때문에 효과가 있는 것이다. 의롭게 되는 유일한 진정한 효과는 오직 하나다. 그리스도의 대속이다. 그리고 지금 그리스도의 대속이 이루어졌다. 이것이 얼마나 놀라운 일인지 모른다. 그리스도의 대속이 이루어졌는데도 다시 제사법과 의식법 등으로 돌아가는 것은 어리석은 것이다. 그리스도의 대속의 완성을 부정하는 것이다.

3부

복음에 대한 설명

(3:1-4:31)

1 어리석도다 갈라디아 사람들아 예수 그리스도께서 십자가에 못 박히신 것이 너희 눈 앞에 밝히 보이거늘 누가 너희를 꾀더냐
1 You foolish Galatians! Who put a spell on you? Before your very eyes you had a clear description of the death of Jesus Christ on the cross!

3:1 어리석도다 갈라디아 사람들아. 표현이 매우 격양되어 있다. '어찌 이런 표현까지' 라고 생각될 정도다. 그만큼 바울은 이 문제를 아주 중요하게 생각하고 있었다. **그리스도께서 십자가에 못 박히신 것이 너희 눈 앞에 밝히 보이거늘.** 그리스도의 성육신과 십자가의 대속은 참으로 놀라운 복음이다. 놀라운 것을 알고 믿게 되었는데 육체의 할례 문제로 돌아가는 모습에 대한 분노다. 본체가 왔는데 그림자로 다시 돌아감으로 본체를 잃을 것에 대한 염려다. **누가 너희를 꾀더냐.** '꾀더냐(헬. 바스카이노)'는 성경에서 단 한 번 사용하는 단어로 '마법을 걸다'는 의미다. 마치 악한 마법에 걸린 사람처럼 어찌 그런 것에 눈이 멀게 되어 받아들이게 되었는지 도대체 알 수 없다는 마음을 담고 있다.

2 내가 너희에게서 다만 이것을 알려 하노니 너희가 성령을 받은 것이 율법의 행위로냐 혹은 듣고 믿음으로냐
2 Tell me this one thing: did you receive God's Spirit by doing what the Law requires or by hearing the gospel and believing it?

3:2 너희가 성령을 받은 것이 율법의 행위로냐 혹은 듣고 믿음으로냐. 바울이 갈라디아 교회들과 함께 있을 때 그들은 성령을 받았다. 그때 바울은 결코 할례를 받아야 한다고 가르치지 않았다. 그러니 그들이 성령을 받은 것은 믿음으로 말미암은 것이다. 그렇다면 믿음으로 성령을 받았는데 왜 다시 율법의 의식적인 행위들을 더하려고 하느냐고 묻고 있다.

3 너희가 이같이 어리석으냐 성령으로 시작하였다가 이제는 육체로 마치겠느냐
3 How can you be so foolish! You began by God's Spirit; do you now want to finish by your own power?

3:3 육체로 마치겠느냐. 그들이 유대주의적 율법주의로 돌아가고 육체에 할례를 하는

것을 중요하게 여긴다면 그것은 결국 육체로 마치는 것이라고 말한다. 그것은 성령을 잃어버리는 것이다. 성령은 믿음으로 받은 것이기 때문이다.

4 너희가 이같이 많은 괴로움을 헛되이 받았느냐 과연 헛되냐
4 Did all your experience mean nothing at all? Surely it meant something!

3:4 많은 괴로움을 헛되이 받았느냐. 갈라디아 교회들이 유대인들의 핍박을 받은 것은 그리스도가 메시야인 것을 주장하였기 때문이다. 메시야의 대속의 죽으심과 구원을 말하였기 때문이다. 그런데 지금 다시 유대인들이 주장하는 것으로 돌아간다면 이전에 그렇게 핍박받은 것이 헛된 것이 된다. 갈라디아 교회들의 사람들은 지금까지 율법의 의식적인 일들을 지킴으로 성령이 임하고 교회를 세운 것이 아니다. 예수 그리스도의 죽으심과 부활을 믿고 그 안에서 교회가 세워졌다.

5 너희에게 성령을 주시고 너희 가운데서 능력을 행하시는 이의 일이 율법의 행위에서냐 혹은 듣고 믿음에서냐
6 아브라함이 하나님을 믿으매 그것을 그에게 의로 정하셨다 함과 같으니라
5 Does God give you the Spirit and work miracles among you because you do what the Law requires or because you hear the gospel and believe it?
6 Consider the experience of Abraham; as the scripture says, "He believed God, and because of his faith God accepted him as righteous."

3:6 믿으매 그것을 그에게 의로 정하셨다. 아브라함은 율법을 행함으로 의롭게 된 것이 아니라 믿음으로 의롭게 되었다. 그러니 시기적으로 보아도 율법보다 믿음이 앞섰다.

7 그런즉 믿음으로 말미암은 자들은 아브라함의 자손인 줄 알지어다
7 You should realize then, that the real descendants of Abraham are the people who have faith.

3:7 유대인들은 자신들이 아브라함의 자손인 것을 매우 자랑스럽게 생각한다. 그러나 바울은 믿음을 가진 사람이 아브라함의 자손인 것을 말한다. 그럼 누가 진짜 아브라함의 자손일까? 사실 구약 율법 시대 사람들도 모두 아브라함의 자손이 맞다. 율법은 그리스도를 담고 있기 때문이다. 그러나 예수님이 오셨고 대속하셨음에도 불구하고 여전히 율법의 것을 의식적으로 행해야 한다고 말한다면 그들은 아브라함의 진짜 자

손이 아니다.

> **8** 또 하나님이 이방을 믿음으로 말미암아 의로 정하실 것을 성경이 미리 알고 먼저 아브라함에게 복음을 전하되 모든 이방인이 너로 말미암아 복을 받으리라 하였느니라
>
> **8** The scripture predicted that God would put the Gentiles right with himself through faith. And so the scripture announced the Good News to Abraham: "Through you God will bless the whole human race."

3:8 아브라함에게 복음을 전하되 모든 이방인이 너로 말미암아 복을 받으리라 하였느니라. 유대인만 아브라함과 연결된 것이 아니다. 성경은 분명 아브라함을 이방인과도 연결하고 있다. 율법의 의식법을 행하는 시대를 넘어 이후에 그리스도의 대속 시대를 미리 내다보는 말씀이다. 그런데 유대인이 자신들의 의식법만 내세우고 있다면 그것은 복음에 역행하는 것이다.

> **9** 그러므로 믿음으로 말미암은 자는 믿음이 있는 아브라함과 함께 복을 받느니라
>
> **9** Abraham believed and was blessed; so all who believe are blessed as he was.

3:9 믿음이 있는 사람은 믿음이 있었던 아브라함과 함께 복을 받을 것임을 말한다. 그 사이에 율법의 어떤 의식이 있어야만 하는 것이 아니다. 하나님을 향한 믿음이 복의 근원이다. 아브라함이 그러하고 바울의 시대 사람들이 그러하며 오늘날 우리들도 그러하다.

> **10** 무릇 율법 행위에 속한 자들은 저주 아래에 있나니 기록된 바 누구든지 율법 책에 기록된 대로 모든 일을 항상 행하지 아니하는 자는 저주 아래에 있는 자라 하였음이라
>
> **10** Those who depend on obeying the Law live under a curse. For the scripture says, "Whoever does not always obey everything that is written in the book of the Law is under God's curse!"

3:10 누구든지 율법 책에 기록된 대로 모든 일을 항상 행하지 아니하는 자는 저주 아래에 있는 자라. 율법을 어길 때 그에 따른 재앙에 대한 이야기다. 모든 죄에는 재앙이 있다. 그러기에 율법을 어긴 모든 죄에 대해 재앙이 있는 것은 마땅하다.

11 또 하나님 앞에서 아무도 율법으로 말미암아 의롭게 되지 못할 것이 분명하니 이는 의인은 믿음으로 살리라 하였음이라

11 Now, it is clear that no one is put right with God by means of the Law, because the scripture says, "Only the person who is put right with God through faith shall live."

3:11 의인은 믿음으로 살리라. 여기에서 '믿음'을 율법의 대체로서 말하는 것일 수 있다. 그러나 하박국(합 2:4)에서 본래 '율법을 다 준수하는 것'을 의미하기에 여기에서도 다 준수하는 것으로 볼 수 있다. 나는 후자가 더 적당하다고 생각한다. 율법은 준수해야 의로운 것이고 다 준수해야 진정으로 의롭다 할 수 있는데 그렇게 다 준수하는 사람이 없다는 것을 말하는 것이다.

12 율법은 믿음에서 난 것이 아니니 율법을 행하는 자는 그 가운데서 살리라 하였느니라

12 But the Law has nothing to do with faith. Instead, as the scripture says, "Whoever does everything the Law requires will live."

3:12 후반부는 레위기(18:5)를 인용한 것이다. 이 구절에서도 율법을 다 준수해야 함을 말한다. 이러한 율법 준수는 원칙이다. 율법과 믿음(지킴)이 같아야 하는데 그렇지 못하다. 율법을 온전히 다 지킨 사람이 없기 때문이다.

13 그리스도께서 우리를 위하여 저주를 받은 바 되사 율법의 저주에서 우리를 속량하셨으니 기록된 바 나무에 달린 자마다 저주 아래에 있는 자라 하였음이라

13 But by becoming a curse for us Christ has redeemed us from the curse that the Law brings; for the scripture says, "Anyone who is hanged on a tree is under God's curse."

3:13 사람은 죄에 대해 재앙을 받아야 한다. 율법은 그 재앙이 무엇인지 잘 말해준다. 그래서 하나님께서 사람을 구원하기 위하여 길을 열어 주셨다. 아브라함을 통해서 그리고 율법 안에서도 늘 메시야에 대해 말씀하셨다. **그리스도께서 우리를 위하여 저주를 받은 바 되사 율법의 저주에서 우리를 속량하셨으니.** 율법에서 말하는 범죄에 대한 재앙을 예수님께서 직접 대속하셨다. 그래서 율법에서 말하는 재앙에 대해 대속하심으로 성취하시고 율법 준수에서 오는 복을 우리에게 주심으로 성취하셨다.

14 이는 그리스도 예수 안에서 아브라함의 복이 이방인에게 미치게 하고 또 우

리로 하여금 믿음으로 말미암아 성령의 약속을 받게 하려 함이라

14 Christ did this in order that the blessing which God promised to Abraham might be given to the Gentiles by means of Christ Jesus, so that through faith we might receive the Spirit promised by God.

3:14 아브라함의 복이 이방인에게 미치고. 아브라함의 복이 모든 사람들에게 미치게 되었다. 율법의 그림자 시대에는 유대인들에게 한정되어 있었던 것이 이제는 모든 사람들에게 열리게 되었다. 다시 유대인들에게 한정되었던 시기로 돌아가지 말아야 한다. **믿음으로 말미암아 성령의 약속을 받게 하려 함이라.** 갈라디아 교인들이 믿음(그리스도의 율법의 성취를 믿는 믿음)으로 성령을 받은 것을 통해 볼 때 성령은 믿음으로 주어지는 것이다. 이후 율법의 준수는 오직 성취라는 빛 아래에서 기능한다. 오직 그리스도의 대속 안에서만 의미를 가진다. 예수 그리스도의 대속으로 인하여 온전히 거룩(온전한 율법 준수)하게 된 시대가 열렸고 그래서 성령이 임하게 되었다. 그 백성이 거룩하니 거룩한 영이 그들 가운데 임하게 된 것이다. 만약 여전히 그림자로 제사를 통해 죄가 대속되는 것이 상징으로만 이루어지고 있었다면 모든 이들에게 성령이 임하는 일이 이루어지지 않을 것이다. 그러나 이제 실체가 오시고 실제로 대속하셨기 때문에 모든 이들이 거룩한 시대가 되었다. 그래서 성령이 임하시는 것이다.

15 형제들아 내가 사람의 예대로 말하노니 사람의 언약이라도 정한 후에는 아무도 폐하거나 더하거나 하지 못하느니라

15 My brothers and sisters, I am going to use an everyday example: when two people agree on a matter and sign an agreement, no one can break it or add anything to it.

3:15 사람의 언약이라도 정한 후에는 아무도 폐하거나 더하거나 하지 못하느니라. 일반적인 계약의 성격이다. 계약은 그렇게 중간에 바꿀 수 있는 것이 아니다.

16 이 약속들은 아브라함과 그 자손에게 말씀하신 것인데 여럿을 가리켜 그 자손들이라 하지 아니하시고 오직 한 사람을 가리켜 네 자손이라 하셨으니 곧 그리스도라

16 Now, God made his promises to Abraham and to his descendant. The scripture does not use the plural "descendants", meaning many people, but the singular "descendant", meaning one person only, namely, Christ.

3:16 이 약속들은 아브라함과 그 자손에게 말씀하신 것인데...곧 그리스도라. 하나님께

서 아브라함과 그 믿음의 자손에게 그리스도를 약속하셨음을 말한다. 그 약속은 하나님께서 하신 약속으로 결코 폐할 수 없다. 율법의 성취로서 약속이다.

17 내가 이것을 말하노니 하나님께서 미리 정하신 언약을 사백삼십 년 후에 생긴 율법이 폐기하지 못하고 그 약속을 헛되게 하지 못하리라
17 What I mean is that God made a covenant with Abraham and promised to keep it. The Law, which was given 430 years later, cannot break that covenant and cancel God's promise.

3:17 미리 정하신 언약을 사백삼십 년 후에 생긴 율법이 폐기하지 못하고. 율법이 매우 중요하다. 그러나 아브라함에게 하신 약속을 폐기할 수 있는 것은 결코 아니다. 율법은 아브라함의 약속과 예수님의 복음 사이의 기간에 자신의 역할을 하였다. 이제 율법의 그림자 시대가 끝나고 복음의 시대가 되었다. 아브라함의 약속과 율법의 그림자 시대를 지나 그리스도의 복음의 시대다. 복음의 시대는 아브라함의 약속의 성취이고 율법의 그림자의 성취다. 진정한 복음의 시대다.

18 만일 그 유업이 율법에서 난 것이면 약속에서 난 것이 아니리라 그러나 하나님이 약속으로 말미암아 아브라함에게 주신 것이라
19 그런즉 율법은 무엇이냐 범법하므로 더하여진 것이라 천사들을 통하여 한 중보자의 손으로 베푸신 것인데 약속하신 자손이 오시기까지 있을 것이라
18 For if God's gift depends on the Law, then it no longer depends on his promise. However, it was because of his promise that God gave that gift to Abraham.
19 What, then, was the purpose of the Law? It was added in order to show what wrongdoing is, and it was meant to last until the coming of Abraham's descendant, to whom the promise was made. The Law was handed down by angels, with a man acting as a go-between.

3:19 율법은...범법하므로 더하여진 것이라. 율법은 죄 때문에 주어진 것이다. 사람들이 무엇이 죄인지를 알고 또한 그 죄에 대해 제사를 통해 예수님의 대속으로 성취되는 속죄를 바라보게 하기 위해 주어진 것이다. **약속하신 자손이 오시기까지 있을 것이라.** 율법의 제사법이나 의식법은 예수님이 오셔서 대속하심으로 성취된다. 그래서 주님 오실 때까지 유효하다. 주님이 오신 이후에는 효과가 없다. 의식법만이 아니라 모든 율법이 그러하다. 모든 율법은 예수님의 성취라는 빛 아래에 다시 정립된다. 예수님의 성취의 빛 아래에서 더욱더 필요한 율법이 있고 더 이상 필요하지 않은 것도 있다. 필요 없다 하여도 읽을 필요도 없는 것은 아니다. 그것은 예수님의 성취의 의미를

잘 알게 해 주기 때문이다.

> **20** 그 중보자는 한 편만 위한 자가 아니나 하나님은 한 분이시니라
> **21** 그러면 율법이 하나님의 약속들과 반대되는 것이냐 결코 그럴 수 없느니라 만일 능히 살게 하는 율법을 주셨더라면 의가 반드시 율법으로 말미암았으리라
> 20 But a go-between is not needed when only one person is involved; and God is one.
> 21 Does this mean that the Law is against God's promises? No, not at all! For if human beings had received a law that could bring life, then everyone could be put right with God by obeying it.

3:21 율법이 하나님의 약속들과 반대되는 것이냐 결코 그럴 수 없느니라. 율법은 결코 하나님의 약속과 반대되지 않는다. 율법은 하나님께서 주신 것이다. 단지 그것의 때가 있다는 것을 알아야 한다. 임시적인 측면이 많다. **만일 능히 살게 하는 율법을 주셨더라면 의가 반드시 율법으로 말미암았으리라.** 율법은 죄에 대한 의식을 하게 한다. 그러나 해결될 수는 없다. 속죄제 같은 제사도 해결이 아니라 바라보게 하는 것이다. 율법은 결코 그것 자체로 완성이 아니다. 죄의 해결책이 되지 못한다.

> **22** 그러나 성경이 모든 것을 죄 아래에 가두었으니 이는 예수 그리스도를 믿음으로 말미암는 약속을 믿는 자들에게 주려 함이라
> **23** 믿음이 오기 전에 우리는 율법 아래에 매인 바 되고 계시될 믿음의 때까지 갇혔느니라
> 22 But the scripture says that the whole world is under the power of sin; and so the gift which is promised on the basis of faith in Jesus Christ is given to those who believe.
> 23 But before the time for faith came, the Law kept us all locked up as prisoners until this coming faith should be revealed.

3:23 율법 아래에 매인 바 되고 계시될 믿음의 때까지 갇혔느니라. 율법을 감옥의 교도관으로 이미지화한 것이다. 죄로부터의 철저한 분리를 위해 감옥과도 같은 벽과 성을 만들어 세상의 죄로부터 막는 역할을 한다. 감옥이라는 이미지처럼 조금 과하다 싶을 정도로 막는다. 정결법이 그러하다. 그러나 그것은 사실 보호하기 위함이다. 타락한 세상으로부터 철저히 보호하는 것이다.

> **24** 이같이 율법이 우리를 그리스도께로 인도하는 초등교사가 되어 우리로 하여금 믿음으로 말미암아 의롭다 함을 얻게 하려 함이라

24 And so the Law was in charge of us until Christ came, in order that we might then be put right with God through faith.

3:24 그리스도께로 인도하는 초등교사가 되어. 율법을 초등교사(헬. 파이다고고스)'로 설명한다. 초등교사는 당시 헬라 문화에서 6살부터 성인이 되기까지 아이들의 훈계와 교육을 담당하던 노예를 의미하는 단어다. 이들은 부모 대신 아이들을 엄격한 규율과 가혹한 처벌 등으로 사회예절과 지식 등의 교육을 담당하였다. '그리스도께로 인도하는'은 '그리스도께서 오실 때까지'라는 의미다. 시대의 변천을 의미한다.

25 믿음이 온 후로는 우리가 초등교사 아래에 있지 아니하도다
25 Now that the time for faith is here, the Law is no longer in charge of us.

3:25 믿음이 온 후로는...아래에 있지 아니하도다. 이 율법은 '그리스도께서 오실 때까지'로 한계가 정해져 있다. 그리스도께서 오심으로 믿음의 시대가 되었을 때는 훈육관의 역할이 끝난다. 훈육관이 아이가 장성할 때까지 만 교육을 맡았던 것과 같다.

26 너희가 다 믿음으로 말미암아 그리스도 예수 안에서 하나님의 아들이 되었으니
26 It is through faith that all of you are God's children in union with Christ Jesus.

3:26 그리스도 예수 안에서 하나님의 아들이 되었으니. 어린시절을 훈육관(노예)에 의해 교육을 받다가 장성하면 훈육관의 아래에 있지 않게 된다. 훈육관은 노예일 뿐이다. 그는 이제 훈육관의 지시를 받는 사람이 아니라 사회의 일원이 되어 부모의 지위와 재산을 상속받는 당당한 주인이 된다. 그것처럼 복음의 시대에는 신앙인이 더 이상 율법이라는 훈육관 아래에 있는 사람이 아니라 '하나님의 아들'이라는 당당한 자리를 차지하는 것을 말한다.

27 누구든지 그리스도와 합하기 위하여 세례를 받은 자는 그리스도로 옷 입었느니라
27 You were baptized into union with Christ, and now you are clothed, so to speak, with the life of Christ himself.

3:27 세례를 받은 자는 그리스도로 옷 입었느니라. 세례를 받은 사람은 할례가 더 필요

한 것이 아니라 세례 자체로 이미 그리스도로 옷 입었다고 말한다.

> 28 너희는 유대인이나 헬라인이나 종이나 자유인이나 남자나 여자나 다 그리스도 예수 안에서 하나이니라
> 28 So there is no difference between Jews and Gentiles, between slaves and free people, between men and women; you are all one in union with Christ Jesus.

3:28 유대인이나 헬라인이나...예수 안에서 하나이니라. 유대인은 여전히 관습에 의해 할례를 받았다. 여러 음식 정결법을 따랐다. 헬라인은 할례를 받지 않았다. 음식 정결법 등을 따라하지 않았다. 그러나 그들은 전혀 다르지 않다. 그리스도 안에서 이제 모두 같다. 복음의 시대이기 때문이다.

> 29 너희가 그리스도의 것이면 곧 아브라함의 자손이요 약속대로 유업을 이을 자니라
> 29 If you belong to Christ, then you are the descendants of Abraham and will receive what God has promised.

3:29 그리스도의 것이면...유업을 이을 자니라. 세례 받음으로 그리스도인이 되었으면 그는 약속된 평강의 나라를 유업으로 얻게 된다. 할례를 받아야 유업을 잇는 자가 되는 것이 아니다. 예수 그리스도가 이 땅에 오시고 대속하심으로 복음의 시대가 시작되었다. 복음의 시대는 종에게 훈육 받는 모습이 아니라 아들의 모습으로 살아간다. 모든 죄가 이미 대속되었기 때문에 당당한 의인으로 살아간다.

4장

> 1 내가 또 말하노니 유업을 이을 자가 모든 것의 주인이나 어렸을 동안에는 종과 다름이 없어서
> 1 But now to continue—the son who will receive his father's property is treated just like a slave while he is young, even though he really owns everything.

4:1 어렸을 동안에는 종과 다름이 없어서. 아들이 상속받기 전에는 부모의 유산에 대해 어떤 권한도 없었던 고대의 상속제도를 말한다.

2 그 아버지가 정한 때까지 후견인과 청지기 아래에 있나니
2 While he is young, there are men who take care of him and manage his affairs until the time set by his father.

4:2 후견인. '후견인(헬. 에피트로포스)'은 앞에서 율법에 대한 이미지로 나온 초등교사(훈육관)와 다른 헬라어다. '후견인'은 아들이 아버지가 정한 상속의 때가 되기까지 법적인 권한을 가지고 있는 사람을 말한다.

3 이와 같이 우리도 어렸을 때에 이 세상의 초등학문 아래에 있어서 종 노릇 하였더니
3 In the same way, we too were slaves of the ruling spirits of the universe before we reached spiritual maturity.

4:3 초등학문 아래에 있어서 종 노릇 하였더니. '초등학문(헬. 스토이케이온)'이 무엇을 의미하는지에 대해서는 다양한 해석이 있다. 우주의 기본 구성 요소인 흙, 공기, 물 등의 요소를 말하는 것일 수 있다. 철학적인 단어다. 또는 땅의 기본 원리를 의미할 수 있다. 관습적인 요소다. 아니면 악령의 힘을 의미할 수도 있다. 영적인 요소다. 이 당시 학문이나 모든 것에 대해 조금 더 영적인 요소가 많이 가미되어 있었기 때문에 영적인 요소가 가장 강하다 할 수 있다. 사람들은 세상의 다양한 것에 매여 있다. 철학적인 것이나 관습적인 것이나 우상의 것에 매여 있다. 그러한 것에 매이면 종처럼 행동한다.

4 때가 차매 하나님이 그 아들을 보내사 여자에게서 나게 하시고 율법 아래에 나게 하신 것은
4 But when the right time finally came, God sent his own Son. He came as the son of a human mother and lived under the Jewish Law,

4:4 때가 차매 하나님이 그 아들을 보내사. 후견인에 의해 제약 받고 있던 자녀는 부모가 정한 때에 재산을 상속받으면 당당한 주인이 된다. 마치 그것처럼 때가 차매 하나님께서 아들을 보내셔서 그 백성을 세상의 우상에서 풀어주시고 하나님의 당당한 아들이 되게 하심을 말한다.

5 율법 아래에 있는 자들을 속량하시고 우리로 아들의 명분을 얻게 하려 하심

이라
5 to redeem those who were under the Law, so that we might become God's sons and daughters.

4:5 율법 아래에 있는 자들을 속량하시고. 당당한 아들이 되기 위해서는 '속량' 되어야 한다. 죄에 매인 자로 있으면 종 노릇한다. 그래서 그리스도께서 오셔서 대속하심으로 종 노릇에서 해방시켜 주신 것이다. 더 이상 죄에 매인 자가 아니다. 대속되었기 때문이다. 율법 아래에 있는 자가 아니다. 율법의 재앙 아래에 있는 사람이 아니다. 대속되었기 때문이다.

6 너희가 아들이므로 하나님이 그 아들의 영을 우리 마음 가운데 보내사 아빠 아버지라 부르게 하셨느니라
6 To show that you are his sons and daughters, God sent the Spirit of his Son into our hearts, the Spirit who cries out, "Father, my Father."

4:6 아들의 영을 우리 마음 가운데 보내사. '아들의 영'은 성령을 의미한다. 믿는 사람에게 성령이 임하여 하나님을 '아버지'라 부르게 된다. **아빠 아버지.** '아빠 아버지(헬. 아바 파테르)'는 좋은 번역이 아니다. '아빠(헬. 아바)'는 어린아이가 아버지를 친근하게 부르는 언어로 착각하여 번역한 것이다. 이것은 아람어(나의 아버지)를 헬라어로 음역한 것으로 예수님께서 사용하신 언어를 그대로 사용한 것이다. 예수님이 하나님을 '아바'라 부르셨음을 말한다. 그리고 헬라어 '아버지'를 덧붙인 것이다. 이중으로 말한 것이다. '아버지 아버지'이다.

7 그러므로 네가 이 후로는 종이 아니요 아들이니 아들이면 하나님으로 말미암아 유업을 받을 자니라
8 그러나 너희가 그 때에는 하나님을 알지 못하여 본질상 하나님이 아닌 자들에게 종 노릇 하였더니
7 So then, you are no longer a slave but a son or daughter. And since that is what you are, God will give you all that he has for his heirs.
8 In the past you did not know God, and so you were slaves of beings who are not gods.

4:8 하나님을 알지 못하여...종 노릇 하였더니. 사람들이 하나님을 알지 못하였기 때문에 세상의 다양한 것을 신으로 여기고 그러한 것에 종 노릇 하였다. 하나님을 모르니 다른 것을 섬긴 것이다.

9 이제는 너희가 하나님을 알 뿐 아니라 더욱이 하나님이 아신 바 되었거늘 어찌하여 다시 약하고 천박한 초등학문으로 돌아가서 다시 그들에게 종 노릇 하려 하느냐

9 But now that you know God—or, I should say, now that God knows you—how is it that you want to turn back to those weak and pitiful ruling spirits? Why do you want to become their slaves all over again?

4:9 이제는 너희가 하나님을 알 뿐 아니라 더욱이 하나님이 아신 바 되었거늘. 갈라디아 교인들을 향한 말이다. 그들은 창조주 하나님을 믿음으로 하나님의 자녀가 되었다. **어찌하여 다시 약하고 천박한 초등학문으로 돌아가서 다시 그들에게 종 노릇 하려 하느냐.** '초등학문(헬. 스토이케이온)'은 우상을 포함한 생명이 없는 모든 지식을 의미한다. 바울은 유대주의적인 율법주의를 '천박한 초등학문'으로 표현한다. 아주 대범한 표현이다. 복음에 의식적 율법을 더하는 것은 복음의 가치를 더 빛나게 하는 것이 아니라 복음을 버리는 행위다. 세례에 할례를 더하는 것은 세례를 버리는 것이다. 그것은 그들이 이전에 종 노릇하던 세상의 초등학문과 전혀 다를 것이 없다. 그 안에 생명이 없기 때문이다. 오늘날 유대교에 생명이 없는 것과 같다.

10 너희가 날과 달과 절기와 해를 삼가 지키니

10 You pay special attention to certain days, months, seasons, and years.

4:10 갈라디아 교인들의 상당수가 이미 유대력을 사용하고 있다는 것을 의미한다. 오늘날 메시아닉 쥬가 있다. 유대인중에 한 랍비의 영향으로 기독교인이 된 사람들이다. 그들은 주일이 아니라 안식일에 모여 예배한다. 예수를 메시야로 인정하지만 많은 부분 유대적 절기를 여전히 중요하게 여긴다. 한국에 메시아닉 쥬 경향의 교회들이 있다. 그들이 달력을 배포한 것을 보았다. 유대력이 기입된 달력이었다. 그들은 유대교적 '날과 달과 절기'를 지키는 것을 중요하게 여겼다. 이들의 모습이 마치 갈라디아 교인들과 흡사 비슷하다는 생각을 하였다. 그들은 기독교인이지만 갈라디아 교회에 들어온 유대인들처럼 되지 않도록 조심해야 한다.

11 내가 너희를 위하여 수고한 것이 헛될까 두려워하노라

11 I am worried about you! Can it be that all my work for you has been for nothing?

4:11 기독교에 유대교적 절기를 더하는 것은 더하는 것이니 더 좋은 것이라 생각하

는 것 같다. 그러나 그것은 더하는 것이 아니라 빼기다. **너희를 위하여 수고한 것이 헛될까 두려워하노라.** 기독교에 유대적 의식법을 더하는 것은 신비하게 보일지는 몰라도 그것은 그리스도의 대속을 버리고 다시 과거로 회귀하는 것이다. 그리스도의 대속이 없다면 생명이 없다. 모든 것이 헛되이 되는 것이다. 그것은 다시 종 노릇으로 돌아가는 것이다. 오직 그리스도와 그리스도의 대속 안에 복음이 있다. 유대교적 의식법이나 날짜 지키는 것에 복음이 있는 것이 아니다.

> **12** 형제들아 내가 너희와 같이 되었은즉 너희도 나와 같이 되기를 구하노라 너희가 내게 해롭게 하지 아니하였느니라
>
> **12** I beg you, my brothers and sisters, be like me. After all, I am like you. You have not done me any wrong.

4:12 너희도 나와 같이 되기를 구하노라. 그리스도의 대속으로 죄 사함을 받고 영원한 나라를 상속으로 받는 모습을 닮아 가기를 원한다는 말이다. 바울은 갈라디아 교인들을 통해 개인적인 이득이나 자신의 성공을 원하지 않았다. 오직 그들의 구원을 바랐다.

> **13** 내가 처음에 육체의 약함으로 말미암아 너희에게 복음을 전한 것을 너희가 아는 바라
>
> **13** You remember why I preached the gospel to you the first time; it was because I was ill.

4:13 육체의 약함으로 말미암아 너희에게 복음을 전한 것. 갈라디아 지역은 바울이 1차 전도여행으로 간 곳이다. 처음에는 에베소까지 갈 계획이었던 것으로 보인다. 그런데 여행 중에 생긴 질병인지 아니면 갈라디아 지역에서 돌을 맞아 생긴 부상인지는 모르지만 병으로 갈라디아 지역에 복음을 전하는 것으로 만족해야 했던 것을 말하고 있다.

> **14** 너희를 시험하는 것이 내 육체에 있으되 이것을 너희가 업신여기지도 아니하며 버리지도 아니하고 오직 나를 하나님의 천사와 같이 또는 그리스도 예수와 같이 영접하였도다
>
> **14** But even though my physical condition was a great trial to you, you did not despise or reject me. Instead, you received me as you would an angel from heaven; you received me

as you would Christ Jesus.

4:14 너희가 업신여기지 아니하며 버리지도 아니하고...예수와 같이 영접하였도다. 환자는 주변 사람에게 불편을 끼친다. 그러나 갈라디아 지역 교회들은 바울을 진심으로 대하며 대접하였다.

15 너희의 복이 지금 어디 있느냐 내가 너희에게 증언하노니 너희가 할 수만 있었더라면 너희의 눈이라도 빼어 나에게 주었으리라

15 You were so happy! What has happened? I myself can say that you would have taken out your own eyes, if you could, and given them to me.

4:15 너희의 복이 지금 어디 있느냐. '복(헬. 마카리스모스)'은 '행복'으로 번역해도 좋다. 바울과 함께 했던 행복을 말한다. **너희의 눈이라도 빼어 나에게 주었으리라.** '눈'은 가장 소중한 것을 상징적으로 의미할 수 있다. 아니면 바울이 눈에 병이 생겨 자신들의 눈이라도 빼 주고 싶어했던 갈라디아 교인들의 마음을 나타내는 것일 수도 있다.

16 그런즉 내가 너희에게 참된 말을 하므로 원수가 되었느냐

16 Have I now become your enemy by telling you the truth?

4:16 원수가 되었느냐. 갈라디아 교인 중에 바울을 향하여 적대적인 말을 하는 사람들이 있었던 것으로 보인다. 바울이 갈라디아 지역에 다녀 온지 1년도 되지 않은 시점이다. 그런데 그 사이에 이렇게 바뀌었다. 어떻게 이렇게 바뀔 수 있었을까?

17 그들이 너희에게 대하여 열심 내는 것은 좋은 뜻이 아니요 오직 너희를 이간시켜 너희로 그들에게 대하여 열심을 내게 하려 함이라

17 Those other people show a deep interest in you, but their intentions are not good. All they want is to separate you from me, so that you will have the same interest in them as they have in you.

4:17 그들이 너희에게 대하여 열심 내는 것은 좋은 뜻이 아니요. 열심은 많은 일을 이루어 낸다. 세상의 많은 일들이 열심으로 이룬 업적이다. 그런데 열심이 옳음을 보장하지는 못한다.

열심의 목적을 잘 살펴야 한다. 열심의 근원을 잘 살펴야 한다. 오직 하나님께 영광이

되어야 하고 사랑이어야 옳은 열심이다. 그렇지 않은 열심이 많은 것을 파괴하고 있다. 이단들을 보라. 얼마나 열심이 큰가? 이단들이 파고드는 가장 큰 무기는 인간관계의 열심이다. 때로는 아주 열심히 도와준다. 그러나 그러한 열심은 결국 이단에 빠지게 하기 위한 열심에 불과하다.

18 좋은 일에 대하여 열심으로 사모함을 받음은 내가 너희를 대하였을 때뿐 아니라 언제든지 좋으니라
18 Now, it is good to have such a deep interest if the purpose is good—this is true always, and not merely when I am with you.

4:18 좋은 일에 대하여 열심...언제든지 좋으니라. 선한 열심은 바울이 있을 때나 없을 때나 언제든지 좋은 일이다. 그러한 열심은 아주 좋은 소식이다. 그러나 잘못된 일에 대한 열심은 더욱더 빠르게 악한 곳에 빠지게 한다.

19 나의 자녀들아 너희 속에 그리스도의 형상을 이루기까지 다시 너희를 위하여 해산하는 수고를 하노니
19 My dear children! Once again, just like a mother in childbirth, I feel the same kind of pain for you until Christ's nature is formed in you.

4:19 다시 너희를 위하여 해산하는 수고를 하노니. 바울은 갈라디아 교회를 해산하는 수고와 고통 속에 낳았다. 그런데 생명이 없는 것을 가르치는 유대주의적 율법주의자로 인하여 다시 배 속에 집어 넣어 해산하는 수고를 해야 하는 상황이 되었다. 문제가 생겼다. 그래서 진짜 사랑이 필요하다. 해산하는 수고까지 감당하는 사랑이 필요하다.
바울은 지금 아팠다. 그러나 그것을 해산하는 수고로 여겼다. 산모가 아기를 배 속에서 키우고 출산할 때 아주 많이 아파도 참는다. 아기를 사랑하기 때문이다. 사실 사랑에는 해산하는 수고가 필요하다. 사람들은 모두 연약하기 때문이다.

20 내가 이제라도 너희와 함께 있어 내 언성을 높이려 함은 너희에 대하여 의혹이 있음이라
20 How I wish I were with you now, so that I could take a different attitude towards you. I am so worried about you!

4:20 '높이려(헬. 알라쏘)'는 '바꾸다'로 번역하는 것이 더 좋을 것 같다. 바울은 앞에서 '어리석도다 갈라디아 사람들아'(3:1)라고 말하기까지 하였다. 그렇게 강조하였다. 얼굴을 보고 있으면 그렇게까지 말하지 않아도 될 텐데 바울이 강조를 위해 그렇게 표현하고 나니 마음이 아파 이렇게 말하고 있는 것으로 보인다. 함께 있었으면 이렇게까지 말하지는 않았을 텐데 하는 마음이다. 갈라디아에 가고 싶은 마음이 가득하다. 바울은 1년도 지나지 않아 2차 전도여행을 갈 때 갈라디아 지역의 교회들을 들리며 지나간다.

> 21 내게 말하라 율법 아래에 있고자 하는 자들아 율법을 듣지 못하였느냐
> 22 기록된 바 아브라함에게 두 아들이 있으니 하나는 여종에게서, 하나는 자유 있는 여자에게서 났다 하였으며
> 21 Let me ask those of you who want to be subject to the Law: do you not hear what the Law says?
> 22 It says that Abraham had two sons, one by a slave woman, the other by a free woman.

4:22 아브라함에게 두 아들이 있으니. 이스마엘과 이삭에 대한 이야기다. 아브라함은 여종 하갈을 통해 이스마엘을 낳았고 아내 사라를 통해 이삭을 낳았다.

> 23 여종에게서는 육체를 따라 났고 자유 있는 여자에게서는 약속으로 말미암았느니라
> 23 His son by the slave woman was born in the usual way, but his son by the free woman was born as a result of God's promise.

4:23 이 둘은 모두 아브라함의 아들이었지만 완전히 달랐다. '육체를 따라' 난 아들과 '약속을 따라' 난 아들이 있다. 이것을 가지고 바울은 비유적으로 '율법 아래 사는 것'과 '복음 아래 사는 것'의 차이를 설명한다.
율법과 복음의 차이는 '죄가 해결되었는가 그렇지 않은가'의 차이다. '율법 아래 산다는 것'은 죄를 깨닫기만 할 뿐 해결이 되지 않은 상태를 말한다. '복음 아래 산다는 것'은 죄가 해결된 상태를 말한다. 율법은 죄에 대해 인식하게 해 준다. 물론 율법은 죄에 대해 해결할 방법으로 정결법과 제사법이 있다. 그러나 그것은 지극히 제한적인 방식이다. 제사는 실제로 죄가 사해지는 것이 아니라 사해지는 것을 바라보는 역할이다. 그러니 죄의 문제가 해결된 것이 아니다. 죄의 해결은 여전히 미래에 있다. 그러나 복음의 시대는 죄의 문제가 완전히 해결되었다. 예수님이 이미 대속하셨기 때문이다.

죗값이 과거에 이미 치러졌다.

> **24** 이것은 비유니 이 여자들은 두 언약이라 하나는 시내 산으로부터 종을 낳은 자니 곧 하갈이라
>
> **24** These things can be understood as a figure: the two women represent two covenants. The one whose children are born in slavery is Hagar, and she represents the covenant made at Mount Sinai.

4:24 이 여자들은 두 언약이라. 두 여자를 언약으로 비유하여 설명한다. '하갈'은 시내산에서 맺어진 '모세 언약'을 상징한다. 갈라디아서에서 율법을 말할 때 '율법의 저주'와 '노예' 등 부정적인 표현이 많다. 이것은 율법 자체가 그렇다는 것이 아니다. 율법이 말하는 '죄'에 대해 말하는 것이다. 율법을 어김으로 죄에 매인 종과 같은 처지가 되고 재앙을 받아야 하는 처지를 말한다. 그것이 율법 아래 있는 모습이다. 죄의 영향 아래 있는 것이다.

> **25** 이 하갈은 아라비아에 있는 시내 산으로서 지금 있는 예루살렘과 같은 곳이니 그가 그 자녀들과 더불어 종 노릇 하고
> **26** 오직 위에 있는 예루살렘은 자유자니 곧 우리 어머니라
>
> **25** Hagar, who stands for Mount Sinai in Arabia, is a figure of the present city of Jerusalem, in slavery with all its people.
> **26** But the heavenly Jerusalem is free, and she is our mother.

4:26 위에 있는 예루살렘은 자유자니. '위에 있는 예루살렘'은 땅 위의 모세 율법을 따르는 유대인 공동체 예루살렘과 대조되는 개념으로 하나님께서 세우신 진정한 예루살렘을 말한다. 기독교 공동체를 의미한다. 우리가 찬양 부를 때 '예루살렘'이 나오면 대부분 여기에서 말하는 '위에 있는 예루살렘'을 의미한다. 영적 예루살렘이다.
영적 예루살렘 곧 기독교 공동체는 '자유자'이고 '어머니'라고 말한다. 죄로부터 자유자다. 이것이 중요하다. 신분의 변화다. 그리스도의 대속으로 죄의 굴레를 완전히 벗고 자유자가 되었음을 의미한다. 죄에서 자유하다. 더 이상 거짓말이 거짓말을 낳는 방식으로 죄에 끌려 다니는 사람이 아니다.
죄에 대한 승리자로 이제는 죄와 싸우는 것을 무서워하지 않는다. 타인의 죄를 보면 무서워 어쩔 줄 몰라 하고 쉽게 정죄하는 것이 아니라 어머니처럼 안아주고 사랑해주며 기다려줄 수 있다. 성도는 이웃을 향하여 어머니가 되어야 한다. 교회 공동체는

교인과 세상을 향하여 어머니가 되어야 한다.

> **27** 기록된 바 잉태하지 못한 자여 즐거워하라 산고를 모르는 자여 소리 질러 외치라 이는 홀로 사는 자의 자녀가 남편 있는 자의 자녀보다 많음이라 하였으니
> 27 For the scripture says: "Be happy, you childless woman! Shout and cry with joy, you who never felt the pains of childbirth! For the woman who was deserted will have more children than the woman whose husband never left her."

4:27 잉태하지 못한 자여 즐거워하라. 이 구절은 이사야 54:1절을 인용한 것이다. 이것은 반전을 말한다. 예루살렘이 멸망할 때 아이가 있는 사람보다는 오히려 아이가 없는 사람이 나았다. 그리고 그들은 바벨론으로 포로로 잡혀 가서 오히려 그곳에서 더 번창하게 될 것이다. 사라는 잉태하지 못하였지만 오히려 나중에 아들을 낳고 더 번창하게 된다. 바울 시대에 유대주의적 율법주의자들에 의해 곤란을 겪은 갈라디아 지역 교회들은 오히려 다시 더 번창하게 될 것이다.

> **28** 형제들아 너희는 이삭과 같이 약속의 자녀라
> 28 Now, you, my brothers and sisters, are God's children as a result of his promise, just as Isaac was.

4:28 약속의 자녀라. 하나님께서 아브라함에게 아들을 약속하셨다. 그 약속을 듣고 아브라함은 기뻤다. 그 아들을 낳았을 때는 더욱더 기뻤을 것이다. 갈라디아 교인들도 약속의 자녀다. 아브라함에게 하늘의 별과 같은 자녀를 주시겠다고 하신 그 약속의 자녀다. 그 약속의 첫 열매와 같은 자녀다. 그러니 이삭처럼 매우 귀한 자녀다.
유대인들은 1등 국민이고 갈라디아 교인들은 2등 국민이 아니다. 갈라디아에 온 유대주의자들은 갈라디아 교인들에게 1등 국민이 되기 위해 할례를 받아야 하고 의식법을 지켜야 한다고 가르쳤다. 그러나 그것은 복음을 모르는 말이다. 아브라함에게 이삭이 소중했던 것처럼 갈라디아 교인들은 이미 그 자체로 이삭과 같은 존재다. 아브라함이 약속에 따라 이삭을 고대하여 얻은 것처럼 갈라디아 교인들도 약속에 따라 고대하여 얻은 것이다.

> **29** 그러나 그 때에 육체를 따라 난 자가 성령을 따라 난 자를 박해한 것 같이 이제도 그러하도다

29 At that time the son who was born in the usual way persecuted the one who was born because of God's Spirit; and it is the same now.

4:29 이스마엘이 자신이 나이가 더 많다는 이유로 이삭을 놀렸다. 그것처럼 유대주의적 율법주의자들이 자신들이 더 먼저라고 갈라디아 교인들 위에 서서 조롱하였다. 먼저 난 자라고 더 나은 것이 아니다. 이스마엘이 이삭보다 더 나은 것이 아닌 것처럼 유대인들은 이방인보다 더 낫지 않았다. 유대주의자들이 갈라디아 교인들에게 자신들의 의식적 율법을 강요하는 것은 이스마엘이 이삭을 박해하는 것과 같다. 종의 자녀가 주인의 자녀를 박해하는 것과 같다. 자신의 위치를 모르는 월권이다.

30 그러나 성경이 무엇을 말하느냐 여종과 그 아들을 내쫓으라 여종의 아들이 자유 있는 여자의 아들과 더불어 유업을 얻지 못하리라 하였느니라
30 But what does the scripture say? It says, "Send the slave woman and her son away; for the son of the slave woman will not have a part of the father's property along with the son of the free woman."

4:30 여종과 그 아들을 내쫓으라. 결국 여종과 이스마엘이 쫓겨났다. 주제 파악을 하지 못하다가 쫓겨난 것이다. 바울 시대에도 그렇다. 유대인들이 주제 파악을 하지 못하고 있기에 쫓겨날 것이다. **여종의 아들이...유업을 얻지 못하리라.** 여종의 아들은 유업을 얻지 못한다. 오직 사라의 아들인 이삭이 유업을 받게 된다. 갈라디아 교인들에게 약속이 있고 유업이 있다. 그들은 그리스도의 대속으로 죄 사함을 얻었고 영원한 나라에 대한 유업을 받는 백성이다.

31 그런즉 형제들아 우리는 여종의 자녀가 아니요 자유 있는 여자의 자녀니라
31 So then, my brothers and sisters, we are not the children of a slave woman but of a free woman.

4:31 형제들아 우리는...자유 있는 여자의 자녀니라. 바울은 갈라디아 교인들에게 그들이 사라의 자손이요 아브라함의 자손이라고 말하였다. 이것은 당시 유대인들에게 매우 충격적인 말이었을 것이다. 그들은 자신들이 아브라함의 자손이라고 늘 자랑하였다. 그런데 바울은 유대인들은 여종의 자녀요 갈라디아 교인들이 아브라함의 아내 사라의 자녀라고 말한다.
혈통적 유대인은 하나님의 선민이었다. 아브라함으로 시작되어 예수님이 오실 때까지

그들은 선민으로서 역할을 잘 감당하였다. 그러나 그들은 이제 더 이상 선민이 아니다. 성경이 말하고 있는 메시야를 받아들이지 않아 더 이상 믿음의 사람이 아니다. 아브라함의 자손이 아니다. 그들은 이제 진정한 유대인이 아니다. 아브라함의 자손은 아브라함에게 주어진 약속을 이어받은 영적 유대인들에게 이어진다. 예수님을 믿는 영적 유대인이 진정한 아브라함의 자손으로 아브라함에게 주신 약속대로 하늘의 별과 바다의 모래알같이 많게 될 것이다.

4부

성령 안에서
복음으로 사는 삶

(5:1-6:10)

1 그리스도께서 우리를 자유롭게 하려고 자유를 주셨으니 그러므로 굳건하게 서서 다시는 종의 멍에를 메지 말라

1 Freedom is what we have—Christ has set us free! Stand, then, as free people, and do not allow yourselves to become slaves again.

5:1 다시는 종의 멍에를 메지 말라. 율법 시대로 돌아가지 말라는 말이다. 복음의 시대에 율법의 시대로 돌아가는 것은 이전에 율법 시대에 살던 것과는 차원이 다르다. 율법의 시대에 할례는 진리였으나 복음의 시대에 다시 할례를 행하는 것은 거짓이다.

2 보라 나 바울은 너희에게 말하노니 너희가 만일 할례를 받으면 그리스도께서 너희에게 아무 유익이 없으리라

2 Listen! I, Paul, tell you that if you allow yourselves to be circumcised, it means that Christ is of no use to you at all.

5:2 너희가 만일 할례를 받으면 그리스도께서 너희에게 아무 유익이 없으리라. 예수님이 오시기 전 율법 시대는 오실 메시야를 바라보며 사람들이 죄를 범하지 않도록 하는 선한 역할이었다. 그러나 메시야가 오시고 율법을 완성하셨는데도 불구하고 과거로 돌아가 할례를 받는 것은 메시야를 부정하는 것이다. 그것은 메시야를 기다리는 율법 전체를 부정하는 것과 같다.

3 내가 할례를 받는 각 사람에게 다시 증언하노니 그는 율법 전체를 행할 의무를 가진 자라

3 Once more I warn any man who allows himself to be circumcised that he is obliged to obey the whole Law.

5:3 그는 율법 전체를 행할 의무를 가진 자라. 이것은 '율법 전체를 행해야 한다'는 말이 아니다. 그렇게 하면 구원을 받는다는 말도 아니다. 할례를 행하는 사람이 율법 전체의 정결법과 의식법은 행하지도 않으면서 쉬운 할례만 행하려는 태도에 대해 비판하는 말이다.

4 율법 안에서 의롭다 함을 얻으려 하는 너희는 그리스도에게서 끊어지고 은혜에서 떨어진 자로다

4 Those of you who try to be put right with God by obeying the Law have cut yourselves off from Christ. You are outside God's grace.

5:4 율법 안에서 의롭다 함을 얻으려 하는...은혜에서 떨어진 자로다. 율법이 메시야를 이야기하고 있는데 과거로 돌아가 행하려는 것은 결국 예수님과 주시는 은혜를 부정하는 것이다.

5 우리가 성령으로 믿음을 따라 의의 소망을 기다리노니

5 As for us, our hope is that God will put us right with him; and this is what we wait for by the power of God's Spirit working through our faith.

5:5 의의 소망을 기다리노니. 신앙인은 그리스도의 율법의 성취를 통해 끝나는 것이 아니라 그 안에서 가야 하는 길이 있다. 성령으로 믿음을 따라 가야 한다. 그리스도의 율법의 성취는 우리에게 율법과 상관없는 삶을 말하는 것이 아니라 더욱더 율법을 따라 가야 한다는 것을 의미한다.

우리는 예수 그리스도의 대속으로 의인이 되었으며 그리스도의 재림으로 의인으로 완전히 서는 영화의 때를 기다리며 걸어가야 한다. 영화의 때를 '의'라고 표현하고 있다. 하나님의 백성으로 온전히 서는 그 날을 바라보며 오늘 이곳에서 우리는 더욱더 의(말씀)를 이루며 걸어가야 한다.

6 그리스도 예수 안에서는 할례나 무할례나 효력이 없으되 사랑으로써 역사하는 믿음뿐이니라

6 For when we are in union with Christ Jesus, neither circumcision nor the lack of it makes any difference at all; what matters is faith that works through love.

5:6 예수 안에서는 할례나 무할례나 효력이 없으되. 할례는 예수 안에서 성취된 법이다. 그러니 그것은 더 이상 지켜야 하는 것이 아니다. 아무 의미가 없다. 대신 이제 더욱 집중하여 이루어 가야 하는 법이 있다.

믿음의 법이다. '믿음'은 하나님의 뜻을 찾고 따라가는 것이다. 하나님을 신뢰하여 하나님의 뜻을 따라가는 것이 복이라는 것을 알기 때문에 믿음으로 산다. 그 중에 가장 중요한 현실적인 모습이 '사랑'이다. 사랑으로 우리의 믿음이 역사하고 활동한다. 쓸데

없는 할례 타령하지 말고 오늘 한 번이라도 더 사랑하면서 살아야 한다.

> 7 너희가 달음질을 잘 하더니 누가 너희를 막아 진리를 순종하지 못하게 하더냐
> 8 그 권면은 너희를 부르신 이에게서 난 것이 아니니라
> 9 적은 누룩이 온 덩이에 퍼지느니라
> 7 You were doing so well! Who made you stop obeying the truth? How did he persuade you?
> 8 It was not done by God, who calls you.
> 9 "It takes only a little yeast to make the whole batch of dough rise," as they say.

5:9 적은 누룩. 유대주의적 율법주의를 가르치는 이들이 소수였던 것 같다. 그러나 그것을 가만히 놔두면 전체에 악영향을 미칠 수 있음을 말한다. 그러기에 그대로 놔두면 안 된다고 강하게 말하였다.

> 10 나는 너희가 아무 다른 마음을 품지 아니할 줄을 주 안에서 확신하노라 그러나 너희를 요동하게 하는 자는 누구든지 심판을 받으리라
> 11 형제들아 내가 지금까지 할례를 전한다면 어찌하여 지금까지 박해를 받으리요 그리하였으면 십자가의 걸림돌이 제거되었으리니
> 10 But I still feel confident about you. Our life in union with the Lord makes me confident that you will not take a different view and that the man who is upsetting you, whoever he is, will be punished by God.
> 11 But as for me, my brothers and sisters, if I continue to preach that circumcision is necessary, why am I still being persecuted? If that were true, then my preaching about the cross of Christ would cause no trouble.

5:11 내가 지금까지 할례를 전한다면 어찌하여 지금까지 박해를 받으리요. 바울에 대한 거짓 정보가 있었던 같다. 바울이 할례를 찬성한다는 거짓 정보다. 물론 바울은 유대인이 유대인의 관습으로 할례를 받는 것에 대해서는 반대하지 않았다. 바울이 지금 반대하는 것은 이방인 기독교인이 할례를 마치 신앙의 요소로 받는 것을 거절하고 있는 것이다. 이 원칙에 있어서 바울은 바뀐 적이 없다. 그것을 분명히 말하고 있다. 바울에 대한 이런 소문이 거짓 정보인 것은 바울은 할례 문제 때문에 많은 유대인들로부터 박해를 받고 있기 때문이다. 그러기에 그러한 소문은 앞뒤가 맞지 않는 거짓 정보다. **그리하였으면 십자가의 걸림돌이 제거되었으리니.** 바울은 할례 문제 때문에 많은 박해를 받았다. 그가 그렇게 전하고 싶어하던 십자가의 은혜를 만약 그가 할례 문제만 양보하였다면 유대인들은 그렇게 반대하지 않았을 것이다. 그러나 그것이 중요하였기에 그가 전하는 십자가에 걸림돌이 되어도 그는 할례를 반대하였다고 말하고

있다.

12 너희를 어지럽게 하는 자들은 스스로 베어 버리기를 원하노라
12 I wish that the people who are upsetting you would go all the way; let them go on and castrate themselves!

5:12 스스로 베어 버리기를 원하노라. 유대주의적 율법주의를 가르치는 사람들이 '자기 자신을 스스로 거세하기'를 원한다는 말이다. 매우 통렬한 풍자적 의미일 수 있다. 그렇게 할례를 좋아하면 표피를 제거하는 할례만이 아니라 아예 거세를 해 버리라는 말이다. 비논리적인 말이지만 이것은 논리를 말하는 것이 아니라 수사학적인 표현이다. 그러면서도 바울은 이들이 하는 일이 당시 우상 신을 섬기는 제사장들이 하던 거세를 연상하면서 그들을 아예 우상 신의 제사장으로 취급하는 마음을 담고 있을 것이다. 아니면 구약 율법에서 거세자는 '여호와의 총회'에 들어가지 못하였는데 그것을 생각하며 공동체에서의 제거를 생각하며 말하고 있을 수 있다.

13 형제들아 너희가 자유를 위하여 부르심을 입었으나 그러나 그 자유로 육체의 기회를 삼지 말고 오직 사랑으로 서로 종 노릇 하라
13 As for you, my brothers and sisters, you were called to be free. But do not let this freedom become an excuse for letting your physical desires control you. Instead, let love make you serve one another.

5:13 자유로 육체의 기회를 삼지 말고. 죄에서의 자유는 '죄 지을 자유'가 아니라 '죄짓지 않을 자유'를 얻은 것이다. 그래서 이제 선을 행할 수 있는 사람이 되었다. **그 자유로...서로 종 노릇 하라.** 많은 율법 조항이 그리스도의 대속으로 완성되었다. 더 이상 그것을 지키지 않아도 된다. 이제 그 시간과 노력을 사랑하는데 사용할 수 있게 되었다. 사람을 사랑하여 종처럼 섬기는 사람이 되어야 한다. 이전에 죄의 종일 때는 강압적이었지만 이제 사람을 섬기는 것은 자유로 하는 자발적인 것이다. 그러나 강압적으로 하는 것에 결코 뒤지지 말아야 한다.

14 온 율법은 네 이웃 사랑하기를 네 자신 같이 하라 하신 한 말씀에서 이루어졌나니
14 For the whole Law is summed up in one commandment: "Love your neighbour as you love yourself."

5:14 온 율법은...한 말씀에서 이루어졌나니. 레위기 19장 18절 말씀이다. 사실 이전의 모든 율법의 목적도 사랑이다. 예수님께서도 그것을 말씀하셨다. 신앙인은 그리스도의 대속으로 율법이 성취된 것이지 폐기된 것이 아니다. 그러기에 그리스도의 성취라는 빛 아래에서 다시 율법을 해석하고 순종해야 한다. 그러한 율법 순종의 핵심은 '사랑'이다.

> 15 만일 서로 물고 먹으면 피차 멸망할까 조심하라
> 15 But if you act like wild animals, hurting and harming each other, then watch out, or you will completely destroy one another.

5:15 물고 먹으면. 야생 동물들의 세계를 묘사한 것이다. 사람이 야생 동물들의 세계처럼 살지 말고 사랑하며 살아야 한다. 그런데 현실은 야생 동물들처럼 서로 물고 뜯어먹는 모습이 많다. 그러면 멸망한다는 말씀이다.

> 16 내가 이르노니 너희는 성령을 따라 행하라 그리하면 육체의 욕심을 이루지 아니하리라
> 16 What I say is this: let the Spirit direct your lives, and you will not satisfy the desires of the human nature.

5:16 성령을 따라 행하라. 그리스도께서 '죗값을 치름'으로 죄에서 자유인이 되었으나 사람은 실제적으로는 여전히 죄의 영향 아래 있다. 우리 안의 죄가 주인도 아니면서 여전히 주인 행세를 하려고 한다. 그래서 '성령을 따라 행하라'는 말씀을 잘 기억해야 한다.

> 17 육체의 소욕은 성령을 거스르고 성령은 육체를 거스르나니 이 둘이 서로 대적함으로 너희가 원하는 것을 하지 못하게 하려 함이라
> 18 너희가 만일 성령의 인도하시는 바가 되면 율법 아래에 있지 아니하리라
> 17 For what our human nature wants is opposed to what the Spirit wants, and what the Spirit wants is opposed to what our human nature wants. These two are enemies, and this means that you cannot do what you want to do.
> 18 If the Spirit leads you, then you are not subject to the Law.

5:18 만일 성령의 인도하시는 바가 되면. 성령의 인도하심에 순종하면 우리는 죄의 영향력을 이길 수 있다. 이전에 죄의 종처럼 어쩔 수 없이 죄를 행하는 것에서 벗어날

수 있다. 그러기에 우리는 성령의 인도하심을 구하면서 살아야 한다.

> **19** 육체의 일은 분명하니 곧 음행과 더러운 것과 호색과
> **19** What human nature does is quite plain. It shows itself in immoral, filthy, and indecent actions;

5:19 육체의 일은 분명하니. 육체의 욕심을 따라 사는 모습은 애매모호한 것이 아니다. **음행과 더러운 것과 호색.** 주로 성적인 죄와 관련되며 자기 자신과의 관계적 측면이다. 절제하지 못하고 자기 뜻대로 하지만 결국 자기 자신을 망가뜨리는 것이다.

> **20** 우상 숭배와 주술과 원수 맺는 것과 분쟁과 시기와 분냄과 당 짓는 것과 분열함과 이단과
> **20** in worship of idols and witchcraft. People become enemies and they fight; they become jealous, angry, and ambitious. They separate into parties and groups;

5:20 우상 숭배와 주술. 하나님과의 관계다. 그들은 신을 찾는 마음을 우상과 주술로 채운다. 진정한 하나님과의 관계를 깨트리는 것이다. **원수 맺는 것과 분쟁과 시기와 분냄과 당 짓는 것과 분열함과 이단.** '당 짓는 것'은 공동번역처럼 '이기심'으로 '이단'은 '당파심'으로 번역하는 것이 더 낫다. 이 모든 것은 사람과의 관계를 깨트리는 것과 관련된 것이다. 육체의 일은 샬롬(바른 관계)을 깨트린다. 자기 자신과의 관계, 하나님과의 관계, 이웃과의 관계를 깨트린다.

> **21** 투기와 술 취함과 방탕함과 또 그와 같은 것들이라 전에 너희에게 경계한 것 같이 경계하노니 이런 일을 하는 자들은 하나님의 나라를 유업으로 받지 못할 것이요
> **21** they are envious, get drunk, have orgies, and do other things like these. I warn you now as I have before: those who do these things will not possess the Kingdom of God.

5:21 투기와 술 취함과 방탕함. 위 세가지 측면의 종합 셋트로 모든 관계가 깨진 멋대로의 삶을 나타내는 것으로 보인다. **이런 일을 하는 자들은 하나님의 나라를 유업으로 받지 못할 것이요.** 모든 관계를 깨트림으로 하나님 나라에 들어가지 못할 것이다. 하나님 나라는 평강의 나라다. 관계를 깨트리면서 살았기 때문에 '평강(샬롬)의 나라'에 들어가지 못하는 것이 당연하다.

22 오직 성령의 열매는 사랑과 희락과 화평과 오래 참음과 자비와 양선과 충성과
22 But the Spirit produces love, joy, peace, patience, kindness, goodness, faithfulness,

5:22 성령의 열매. 예수님의 포도나무 열매를 생각나게 한다. 가지는 나무와 잘 연결되어 있어야 열매를 잘 맺을 수 있다. 성령 안에서 믿음으로 살아가는 신앙인은 자신 안에 있는 성령께 순종함으로 성령의 열매를 맺어가게 된다. **사랑과 희락과 화평.** 이것은 주로 하나님과의 관계적 측면이 기본이다. 관계의 회복은 하나님과의 관계가 기본이다. '사랑'은 하나님의 백성이 되면서 가지는 가장 큰 마음이다. 하나님을 사랑하는 마음을 더욱 키워가라. '희락'은 세상의 무엇 때문이 아니라 하나님 때문에 기뻐하는 것이 가장 크다. 하나님을 기뻐하고 하나님의 통치를 기뻐하라. 그래야 항상 기뻐할 수 있다. '화평'은 하나님과의 관계가 회복되는 것이다. 더욱 가까이 가는 것이다. 하나님께 날마다 더 가까이 가야 한다. **오래 참음과 자비와 양선.** 이것은 주로 타인과의 관계다. 사람을 향해 오래 참아 주고 그들에게 친절('자비'는 '친절이라 함이 낫다)하고 선을 베푸는 마음(양선)을 가져야 한다. 사람은 참 많은 다름과 어리석음이 있다. 그래서 사람을 향해서는 오래 참음이 가장 중요하다.

23 온유와 절제니 이같은 것을 금지할 법이 없느니라
23 humility, and self-control. There is no law against such things as these.

5:22-23 충성과 온유와 절제. 자기 자신과 관련된 측면이 많다. '충성'은 '신실함'이다. 신실한 사람이 되는 것을 말한다. '절제'는 '자제력'이다. 자기 자신을 조절할 줄 아는 것을 말한다.

24 그리스도 예수의 사람들은 육체와 함께 그 정욕과 탐심을 십자가에 못 박았느니라
24 And those who belong to Christ Jesus have put to death their human nature with all its passions and desires.

5:24 십자가에 못 박았느니라. 십자가는 예수님의 대속의 자리다. 모든 죗값을 치르심으로 죄에 대해 승리한 자리다. 신앙인이 지는 십자가는 이제 죄의 잔당 처리다. 이미 승리하였고 의인이 되었음에도 우리 안에는 정욕과 탐욕이 있다. 우리는 그러한 것을 성령의 힘을 입어 우리의 십자가에 못 박았고 그것을 실제적으로 이루어 가야 한다.

25 만일 우리가 성령으로 살면 또한 성령으로 행할지니
26 헛된 영광을 구하여 서로 노엽게 하거나 서로 투기하지 말지니라
25 The Spirit has given us life; he must also control our lives.
26 We must not be proud or irritate one another or be jealous of one another.

5:26 헛된 영광을 구하여...서로 투기하지 말지니라. '헛된 영광'을 구하는 것이 성령의 열매를 방해하는 입구에 놓여 있다. 우리는 세상에서 남보다 더 높이 되는 것이 복된 것이 아니라 남을 사랑하는 것만큼 복된 것임을 알아야 한다. 높이 가려고 하지 말라. 아래로 가라. 높이가면 미워할 일이 많고 아래로 가면 사랑할 일이 많다.

6장

1 형제들아 사람이 만일 무슨 범죄한 일이 드러나거든 신령한 너희는 온유한 심령으로 그러한 자를 바로잡고 너 자신을 살펴보아 너도 시험을 받을까 두려워하라
1 My brothers and sisters, if someone is caught in any kind of wrongdoing, those of you who are spiritual should set him right; but you must do it in a gentle way. And keep an eye on yourselves, so that you will not be tempted, too.

6:1 형제들아 사람이 만일 무슨 범죄한 일이 드러나거든. '형제'는 교회 교인을 의미한다. 이것은 교인의 죄에 대한 이야기다. 우리가 하나님의 백성이지만 여전히 죄를 범하는 의인이다. 그러한 죄에 대해 그 사람이 다시 일어나도록 서로를 도와야 한다. 인내하면서 도우라. **온유한 심령으로 그러한 자를 바로잡고.** 누군가의 죄를 지적할 때 자신이 마치 판사나 교사처럼 바로잡으려고 하면 안 된다. 온유한 심령으로 그들의 죄를 깨닫게 해주어야 한다. 온유로 대하지 않으면 상대방은 결코 자신의 죄를 고치지 않을 것이다. **너 자신을 살펴보아 너도 시험을 받을까 두려워하라.** 누군가를 바로잡아 준다는 것은 나도 그러한 죄에 잡혀 있을 수 있다는 것을 의미한다. 그러기에 누군가의 죄를 보게 되면 그 눈으로 자기 자신을 돌아보는 것이 매우 중요하다. 중요한 것은 죄를 이기는 것이다. 형제와 자기 자신 안에 있는 죄를 발견하고 바로잡는 것이 중요하다.

2 너희가 짐을 서로 지라 그리하여 그리스도의 법을 성취하라

2 Help to carry one another's burdens, and in this way you will obey the law of Christ.

6:2 너희가 짐을 서로 지라. 다른 누군가의 짐을 지는 것은 힘든 일이다. 그 사람에게 짐이라면 나에게도 짐이 될 것이기 때문이다. 그러나 그럼에도 불구하고 그렇게 돕는 것이 그리스도의 법을 성취하는 길이다. 그렇게 사랑하는 것이 그리스도의 뜻을 성취하는 것이다.

3 만일 누가 아무 것도 되지 못하고 된 줄로 생각하면 스스로 속임이라
3 If someone thinks he or she is somebody when really they are nobody, they are only deceiving themselves.

6:3 된 줄로 생각하면 스스로 속임이라. 우리는 모두 연약함이 있다. 자신의 연약함을 생각하지 못하고 다른 사람의 연약함을 보고 경멸한다면 그것은 어리석은 것이다. 우리 모두 연약하다. 그러니 서로 대신 져 주어야 하는 짐이 있다.

4 각각 자기의 일을 살피라 그리하면 자랑할 것이 자기에게는 있어도 남에게는 있지 아니하리니
4 You should each judge your own conduct. If it is good, then you can be proud of what you yourself have done, without having to compare it with what someone else has done.

6:4 각각 자기의 일을 살피라. 우리는 남의 짐을 지며 도와줄 때 마음가짐이 중요하다. **자랑할 것이 자기에게는 있어도.** 자신이 다른 사람을 도와주는 일에 대해 뿌듯함을 느끼는 것은 좋다. **남에게는 있지 아니하리니.** 도와줄 때 상대방을 낮게 여기면 안 된다. 자신이 도와줄 수 있는 것을 기뻐해야지 도움을 받아야 하는 상대방을 비방해서는 안 된다.

5 각각 자기의 짐을 질 것이라
5 For we each have our own load to carry.

6:5 자기의 짐. 이것은 두 가지 가능성이 있다. 남의 짐을 지는 것이 아니라 자신의 짐을 지는 것을 말할 수 있다. 각자가 지어야 하는 고유한 영역이 있다. 그러니 그것을 넘어 돕지 않도록 하는 것에 대한 말일 수 있다. 아니면 남을 돕는 것이 실제로는 '자

신의 짐'이라는 것을 의미할 수도 있다. 이웃을 돕는 것은 해도 되고 안 해도 되는 것이 아니라 가진 자의 책임이고 힘 있는 사람의 의무일 수 있다. 문맥 속에서는 이것이 더 가능성이 있어 보인다.

6 가르침을 받는 자는 말씀을 가르치는 자와 모든 좋은 것을 함께 하라
6 Those who are being taught the Christian message should share all the good things they have with their teachers.

6:6 가르치는 자와 모든 좋은 것을 함께 하라. 가르치는 자의 경제적인 짐을 대신 지는 것은 좋은 일이다. 그래야 가르치는 자가 가르치는 일에 전념할 수 있기 때문이다. 그렇다면 가르치는 자의 경제적인 짐을 지는 것은 좋은 일을 넘어 의무다. 나의 짐이다.

7 스스로 속이지 말라 하나님은 업신여김을 받지 아니하시나니 사람이 무엇으로 심든지 그대로 거두리라
7 Do not deceive yourselves; no one makes a fool of God. People will reap exactly what they sow.

6:7 사람이 무엇으로 심든지 그대로 거두리라. 밭에 심은 것을 거두는 것처럼 이 땅의 삶은 우리가 심은 대로 거둔다. 그러니 핑계거리를 만들면서 다른 사람을 돕는 것을 피하지 말아야 한다. 다른 사람을 도와야 이후에 그대로 거두게 된다. 돕지 않으면 결국 거둘 것이 없다.

8 자기의 육체를 위하여 심는 자는 육체로부터 썩어질 것을 거두고 성령을 위하여 심는 자는 성령으로부터 영생을 거두리라
8 If they sow in the field of their natural desires, from it they will gather the harvest of death; if they sow in the field of the Spirit, from the Spirit they will gather the harvest of eternal life.

6:8 자기의 육체를 위하여 심는 자는 육체로부터 썩어질 것을 거두고. 세상 사람들은 영원한 나라라는 복음을 모르기 때문에 자기의 육체를 위하여 심는다. 오직 자기 자신의 일시적인 이익과 만족을 위해 수고한다. **성령을 위하여 심는 자는 성령으로부터 영생을 거두리라.** 영원한 하나님의 나라를 아는 사람은 성령의 뜻을 따라 수고한다. 그러면 성령의 인도하심으로 영생에 이르게 될 것이다.

9 우리가 선을 행하되 낙심하지 말지니 포기하지 아니하면 때가 이르매 거두리라

9 So let us not become tired of doing good; for if we do not give up, the time will come when we will reap the harvest.

6:9 선을 행하되 낙심하지 말지니. 선을 행하는 것이 어렵다. 나의 짐을 지기도 힘든데 다른 사람의 짐까지 지는 것은 힘든 일이다. 그래서 어느 순간 그만두고 싶을 때가 있다. 그러나 그러할 때 포기하지 말아야 한다. **거두리라.** 7-9절에서 계속 반박하여 나오는 단어다. 수고의 열매를 거둘 때가 반드시 있다.

10 그러므로 우리는 기회 있는 대로 모든 이에게 착한 일을 하되 더욱 믿음의 가정들에게 할지니라

10 So then, as often as we have the chance, we should do good to everyone, and especially to those who belong to our family in the faith.

6:10 기회 있는 대로 모든 이에게 착한 일을 하되. 우리가 누군가를 도울 수 있는 것은 기회다. 두 번 다시 돌아오지 않는 기회다. 그러니 인생을 살면서 누군가를 도울 기회가 생기면 아주 좋은 기회인 줄 알고 도와야 한다. **더욱 믿음의 가정들에게 할지니라.** 모든 사람에게 하는 착한 일이 좋은 것이지만 믿음의 가정에 하는 것은 더욱더 그렇다. 믿음의 사람은 우리의 가족이기 때문이다. 육체적인 가족을 먼저 돕는 것이 당연한 것처럼 믿음의 사람을 돕는 것이 당연하다. 또한 믿음의 가정에게 착한 일을 하면 그것이 하나님 나라의 일과 직접적으로 관련이 되기 때문일 것이다. 세상 사람을 돕는 것은 착한 일로서 하나님 나라 확장에 간접적인 영향을 주는 것이지만 믿음의 사람을 돕는 것은 하나님 나라 확장에 직접적인 영향을 주는 것이기 때문이다.

5부

나가는 말

(6:11-18)

11 내 손으로 너희에게 이렇게 큰 글자로 쓴 것을 보라

11 See what big letters I make as I write to you now with my own hand!

6:11 내 손으로...쓴 것을 보라. 편지를 다른 사람이 대필하다가 마지막 부분은 바울이 직접 쓰고 있다는 것을 말한다. 자신이 쓴 편지인 것을 확인하고 있다. 여기에서는 강조가 될 수도 있다. **큰 글자.** 그가 눈이 안 좋다는 것을 생각할 수 있다.

12 무릇 육체의 모양을 내려 하는 자들이 억지로 너희에게 할례를 받게 함은 그들이 그리스도의 십자가로 말미암아 박해를 면하려 함뿐이라

12 The people who are trying to force you to be circumcised are the ones who want to show off and boast about external matters. They do it, however, only so that they may not be persecuted for the cross of Christ.

6:12 할례를 받게 함은 그들이 그리스도의 십자가로 말미암아 박해를 면하려 함뿐이라. 유대인들은 할례를 중요하게 여기니 타협안으로 기독교인들이 할례를 받을 수 있다. 그러나 그것은 타협이 아니라 야합이 될 것이다. 그것은 십자가로부터 멀어지는 결과를 낳기 때문이다.

13 할례를 받은 그들이라도 스스로 율법은 지키지 아니하고 너희에게 할례를 받게 하려 하는 것은 그들이 너희의 육체로 자랑하려 함이라
14 그러나 내게는 우리 주 예수 그리스도의 십자가 외에 결코 자랑할 것이 없으니 그리스도로 말미암아 세상이 나를 대하여 십자가에 못 박히고 내가 또한 세상을 대하여 그러하니라

13 Even those who practice circumcision do not obey the Law; they want you to be circumcised so that they can boast that you submitted to this physical ceremony.
14 As for me, however, I will boast only about the cross of our Lord Jesus Christ; for by means of his cross the world is dead to me, and I am dead to the world.

6:14 그리스도의 십자가 외에 결코 자랑할 것이 없으니. '십자가를 자랑한다'는 것은 무엇을 의미하는 것일까? 십자가를 신뢰하고 의지한다는 의미다. 십자가에서의 그리스도의 대속을 믿으며 의지한다는 말이다. 할례처럼 다른 무엇이 있어야 구원을 받는 것이 아니라 오직 그리스도의 십자가의 대속으로 구원을 받는다는 것을 믿는다는 말이다. 그리스도의 십자가로 대속되어 의인이 되었으니 그것이 자랑할 일이다. **세상이 나를 대하여 십자가에 못 박히고 내가 또한 세상을 대하여 그러하니라.** '십자가'는 그리

스도의 십자가와 달리 죽음을 상징적으로 사용하였다. 바울은 자신과 세상의 관계를 '죽음'으로 표현한다. 세상의 가치관이 이전에는 중요하였다. 그러나 이제는 전혀 중요하지 않다. 세상이 그를 구원하는 것이 아니기 때문이다. 세상이 아무리 바울을 건들어도 바울은 세상에 대해 죽었기 때문에 꿈쩍도 하지 않았다.

> 15 할례나 무할례가 아무 것도 아니로되 오직 새로 지으심을 받는 것만이 중요하니라
> 15 It does not matter at all whether or not one is circumcised; what does matter is being a new creature.

6:15 할례나 무할례가 아무 것도 아니로되. 예수님의 십자가 대속이 있기 전에는 할례는 매우 중요하였다. 그러나 할례의 완성이 되신 그리스도의 대속 이후에는 그것은 전혀 의미가 없다. **오직 새로 지으심을 받는 것만이 중요하니라.** '새로운 피조물'이다. 1 창조의 질서가 끝나고 2창조의 질서 속에서 우리는 새로운 삶을 살아간다. 죄인이 아니라 의인이다. 세상을 향한 모든 관계가 새로워진다. 새로운 피조물처럼 말이다. 새로 태어난 사람처럼 모든 관계가 새로워진다. 오직 예수님의 존귀한 백성으로 살아가게 된다.

> 16 무릇 이 규례를 행하는 자에게와 하나님의 이스라엘에게 평강과 긍휼이 있을지어다
> 16 As for those who follow this rule in their lives, may peace and mercy be with them—with them and with all God's people!

6:16 이 규례. 율법 완성의 규례다. 이제 율법도 새로워졌다. 그리스도의 대속의 빛 아래 해석되기 때문이다. **하나님의 이스라엘.** 성경 전체에서 이곳에 만 사용된 특이한 문구다. 이것은 '영적 이스라엘'로 해석하는 것이 맞다. '이스라엘'이라고 말하는데 이 안에 갈라디아 교인들을 포함하고 있다는 것은 자명해 보인다. 그렇다면 이것은 새로운 이스라엘이다. 혈통의 이스라엘이 아니라 진정한 이스라엘이다. 과거 유대인과 이제 이방인들까지 포함한 모든 하나님의 백성을 말한다. 그래서 영적 이스라엘이라고 말할 수 있다.

> 17 이 후로는 누구든지 나를 괴롭게 하지 말라 내가 내 몸에 예수의 흔적을 지

니고 있노라

18 형제들아 우리 주 예수 그리스도의 은혜가 너희 심령에 있을지어다 아멘

17 To conclude: let no one give me any more trouble, because the scars I have on my body show that I am the slave of Jesus.

18 May the grace of our Lord Jesus Christ be with you all, my brothers and sisters. Amen.

6:17 이 후로는 누구든지 나를 괴롭게 하지 말라. 할례 문제와 같은 과거의 일에 힘을 낭비하지 않기를 바라고 있다. 앞으로 가야 하는 길이 많기 때문이다. **내 몸에 예수의 흔적을 지니고 있노라.** 바울은 어려서 할례를 받았다. 그러나 그것이 그에게는 전혀 중요하지 않았다. 그에게는 '예수의 흔적'이 중요하였다. '흔적(헬. 스티그마)'은 동물이나 노예의 주인을 표시하는 낙인이나 우상 제사장들의 표식 등으로 사용하는 말이다. 몸의 문신이나 장신구를 의미할 수 있다. 바울은 자신이 오직 예수님의 것이라는 의미로 이것을 사용하는 것 같다. 그것은 그가 예수님을 전하다 당한 육체의 상처를 생각하며 말하고 있는 것 같다. 그러나 여기에서도 중요한 것은 상처보다는 예수님이 그의 주인이라는 사실이다. 오직 그리스도께 속하였으니 세상의 것이 그에게 중요하지 않다는 의미로 사용하는 것으로 보인다.

세상의 영광보다 예수의 흔적이 더 낫다. 세상에서 많은 것을 가지고 행복하게 살고 있는 것보다 예수님 때문에 당한 아픔이 더 낫다. 예수님의 길을 따라 가다 보면 아픔을 겪을 때가 많다. 바울이 그러하고 있다. 그러나 그것은 모두 예수의 흔적이 된다. 영광의 흔적이 된다. 우리는 예수의 흔적을 많이 가지고 있는가? 교회에서 울고 웃었던 많은 흔적이 예수의 흔적이 될 것이다.

에베소서

에베소서
목 차

에
베
소
서

에베소서는 에베소에 보낸 편지다. 에베소는 지금의 튀르키예 남서쪽 해안에 위치하고 있으며 그리스의 아테네에서 볼 때는 동쪽으로 바다 건너에 있는 도시다. 당시 로마에서 다섯 손가락으로 꼽을 정도로 큰 도시였다. 바울은 2차 전도에서 이곳에 가고자 하였으나 가지 못하고 3차 전도 여행 때 가게 되었다. 바울은 에베소에서 2년간 두란노에서 날마다 성경을 가르쳤다. 그의 전도 여행 중 가장 오랫동안 가르쳤다. 튀르키예 내륙의 도시에서 사람들이 와서 성경을 배웠을 것이다. 후에 기독교가 왕성하였다. 복음 전파의 중심 도시가 되었으며 사도요한도 이곳에서 사역하였다.

내 용

에베소서는 교회에 대해 이야기한다. 교회가 어떤 존재인지, 어떤 모습을 가져야 하는지. 오늘날 교회라는 단어를 들으면 어떤 생각이 먼저 떠오르는가? 거룩한 영광인가, 초라한 모습인가? 성경에서 말하는 교회와 우리의 머릿속에 있는 교회를 함께 비교하며 말씀을 상고해 보라.

에베소서에서 가장 많이 나오는 단어 중에 하나는 '영광'이다. 영광과 비슷한 부류의 단어도 많다. 측량할 수 없는 풍성함, 기업의 영광, 능력의 지극히 크심, 흠이 없게 하려고, 선한 일을 위하여 지으심을 받은 자, 하나님의 모든 충만하심, 넘치도록 하실 이, 빛의 자녀, 장성한 분량, 강건, 담대히 등의 단어들은 모두 교회와 관련된 활기차고 영광스러운 그 무엇을 풍기고 있다.

"능히 모든 성도와 함께 지식에 넘치는 그리스도의 사랑을 알고 그 너비와 길이와 높이와 깊이가 어떠함을 깨달아 하나님의 모든 충만하신 것으로 너희에게 충만하게 하시기를 구하노라"(엡 3:18-19) 이 구절은 나의 인생을 바꾼 구절이다. 예배 드리기 전 혼자 이 구절을 읽다가 '지식에 넘치는 사랑'을 묵상하면서 창조주 하나님께서 피조물의 몸으로 오신 사실에 얼마나 많이 울었던지. 눈물 한 방울 흘리지 않던 나의 독한 인생은 눈물을 하염없이 흘리는 풍성한 인생으로 바뀌었다.

에베소서의 분위기는 매우 활기차다. 왜 활기찰까? 교회에 대한 이야기이기 때문이다. 옥중 서신인데 감옥에서 쓰고 있는 것이라고 전혀 여겨지지 않는 생기와 영광이 가득하다.

나는 에베소 말씀을 읽고 묵상할 때마다 '영광'이라는 단어에 압도된다. 교회는 영광스럽다. 교회된 우리가 영광스럽다. 세상이 보기에는 보잘 것 없는 교회, 힘 없는 성도일지 몰라도 교회라는 이름 하나만으로 지극히 큰 영광스러운 존재다. 그리스도의 지식에 넘치는 사랑을 받는 존재다. 이 영광을 가슴에 품고 누리면서 살아가고 있는가? 교회가 영광스러우니 우리는 교회라는 이름에 가슴 벅차다. 교회로 살아가는 삶이 가슴 벅차다.

1부

들어가는 말

(1:1-23)

1 하나님의 뜻으로 말미암아 그리스도 예수의 사도 된 바울은 에베소에 있는 성도들과 그리스도 예수 안에 있는 신실한 자들에게 편지하노니

1 From Paul, who by God's will is an apostle of Christ Jesus— To God's people in Ephesus, who are faithful in their life in union with Christ Jesus:

1:1 에베소에 있는 성도들...편지하노니. 바울은 감옥에서 편지를 쓰고 있지만 에베소서의 내용은 매우 활기차다. 감옥에서 쓰고 있다는 인상을 거의 받을 수 없다. 매우 활기가 있고 힘 있는 내용이 많다. 아마 교회에 대한 이야기이기 때문일 것이다.

에베소는 그가 3차 전도 여행 때 가서 세운 교회다. 세워진지 몇 년 안 된 상태다. 그러나 그가 에베소에서 사역할 때 이미 그 지역의 복음의 중심지가 되었다. 바울이 가장 오랫동안 가르친 곳이기도 하다.

2 하나님 우리 아버지와 주 예수 그리스도로부터 은혜와 평강이 너희에게 있을지어다

2 May God our Father and the Lord Jesus Christ give you grace and peace.

3절-14절은 헬라어로는 한 문장이다. 매우 긴 문장으로 찬가를 기록하고 있다. 다른 서신에서는 이 자리에 감사에 대한 것을 주로 기록하였다. 그러나 에베소서에서는 찬가를 기록하고 있다. 찬가는 하나님을 향한 최고의 감사이기 때문에 일맥상통한다.

3 찬송하리로다 하나님 곧 우리 주 예수 그리스도의 아버지께서 그리스도 안에서 하늘에 속한 모든 신령한 복을 우리에게 주시되

3 Let us give thanks to the God and Father of our Lord Jesus Christ! For in our union with Christ he has blessed us by giving us every spiritual blessing in the heavenly world.

1:3 '찬송하리로다'라는 단어로 시작한다. 먼저 성부에 대한 찬가를 기록한다. **아버지께서...하늘에 속한 모든 신령한 복을 우리에게 주시되.** '하늘에 속한'은 영적인 영역을 의미하는 것 같다. 하나님께서 영적인 놀라운 복을 교회에 주셨다. 교회는 그들이 받은 영적인 복을 잘 알아야 한다.

4 곧 창세 전에 그리스도 안에서 우리를 택하사 우리로 사랑 안에서 그 앞에 거룩하고 흠이 없게 하시려고
4 Even before the world was made, God had already chosen us to be his through our union with Christ, so that we would be holy and without fault before him. Because of his love

1:4 창세 전에...택하사...거룩하고 흠이 없게 하시려고. 하나님께서 그 백성을 창세 전에 택하셨다. 계획하신 것이다. 하나님의 선하신 뜻에 따라 그 백성을 선택하셨다. 이 큰 그림을 볼 수 있어야 한다. 교회는 하나님 아버지의 놀라운 계획 속에 있다. 선택되었다. 참으로 존귀한 일이다. **거룩하고 흠이 없게 하시려고.** '거룩하고 흠이 없기 때문'이 아니라 '거룩하고 흠이 없게 하려고' 택하신 것이다. '거룩'은 선택의 근거가 아니라 목적이다. 우리를 거룩하고 흠이 없게 하시는 것은 거룩하신 하나님과 동행할 수 있도록 하기 위함이다. 오늘날 우리는 하나님의 선택을 결코 모른다. '창세 전'을 함부로 예단하지 말아야 한다. 이것은 시간이 창조되기 전이기 때문에 시간 개념이 없는 초월적 영역이다. 열매로 추측만 가능하다. 중요한 것은 하나님의 목적에 따라 오늘 거룩하고 흠이 없게 사는 것이 중요하다.

5 그 기쁘신 뜻대로 우리를 예정하사 예수 그리스도로 말미암아 자기의 아들들이 되게 하셨으니
6 이는 그가 사랑하시는 자 안에서 우리에게 거저 주시는 바 그의 은혜의 영광을 찬송하게 하려는 것이라
5 God had already decided that through Jesus Christ he would make us his sons and daughters—this was his pleasure and purpose.
6 Let us praise God for his glorious grace, for the free gift he gave us in his dear Son!

1:6 그의 은혜의 영광을 찬송하게 하려는 것이라. 우리는 교회가 되어 그것이 창세 전의 하나님의 선택이라는 계획부터 시작되었음을 알게 되었을 때 그 은혜를 찬송하게 된다. 하나님의 은혜가 없이는 우리는 결코 거룩한 백성이 될 수 없었을 것이다. 지금 우리가 신앙인이 되어 거룩한 삶을 살게 된 것은 오직 하나님의 은혜다. 그래서 찬송하게 된다. 찬송하는 것이 중요하다.

7 우리는 그리스도 안에서 그의 은혜의 풍성함을 따라 그의 피로 말미암아 속량 곧 죄 사함을 받았느니라
7 For by the blood of Christ we are set free, that is, our sins are forgiven. How great is the grace of God,

1:7 그리스도 안에서. 앞에서부터 계속 반복된 구절이다. 이후에도 계속 반복될 것이다. 그리스도 안에서 하나님의 선택이 있었다. **그의 피로 말미암아 속량 곧 죄 사함을 받았느니라.** 교회된 우리는 그리스도의 피로 속량 받았다. 어떤 사람은 자신의 삶의 가치를 참으로 가볍게 여긴다. 세상 사람들이 그렇게 보기 때문이다. 그러나 교회된 모든 성도의 몸값은 그리스도의 피다. 그리스도의 생명이다. 그리스도의 생명을 존귀히 여기는 사람이라면 자신을 존귀히 여겨야 한다.

8 이는 그가 모든 지혜와 총명을 우리에게 넘치게 하사
9 그 뜻의 비밀을 우리에게 알리신 것이요 그의 기뻐하심을 따라 그리스도 안에서 때가 찬 경륜을 위하여 예정하신 것이니
8 which he gave to us in such large measure! In all his wisdom and insight
9 God did what he had purposed, and made known to us the secret plan he had already decided to complete by means of Christ.

1:9 그 뜻의 비밀을 우리에게 알리신 것이요. 하나님의 뜻과 그리스도의 십자가는 참으로 놀라운 것이어서 다른 사람들에게는 비밀이다. 결코 알 수 없다. 그것을 알게 된 신앙인들은 비밀을 아는 복된 사람이다. 그것 하나를 아는 것만으로도 세상 모든 철학과 지식을 다 아는 것보다 더 귀하다.

10 하늘에 있는 것이나 땅에 있는 것이 다 그리스도 안에서 통일되게 하려 하심이라
10 This plan, which God will complete when the time is right, is to bring all creation together, everything in heaven and on earth, with Christ as head.

1:10 그리스도 안에서 통일되게 하려 하심이라. 그리스도의 머리되심, 그리스도 안에서 재정비, 회복되는 것을 통해 그리스도 안에서 통일되고 있음을 말한다.

11 모든 일을 그의 뜻의 결정대로 일하시는 이의 계획을 따라 우리가 예정을 입어 그 안에서 기업이 되었으니
12 이는 우리가 그리스도 안에서 전부터 바라던 그의 영광의 찬송이 되게 하려 하심이라
11 All things are done according to God's plan and decision; and God chose us to be his own people in union with Christ because of his own purpose, based on what he had decided from the very beginning.

12 Let us, then, who were the first to hope in Christ, praise God's glory!

1:12 그의 영광의 찬송이 되게 하려 하심이라. 그리스도의 속량을 깨달은 교회가 찬송하도록 그러한 일이 있음을 말한다. 그리스도의 속량을 깨달은 교회는 찬송해야 한다. 찬송하지 않는 것은 깨닫지 못하였기 때문이다. 그러면 속량은 그와 상관없는 일이다. 찬양이 없으면 속량도 없다.

13 그 안에서 너희도 진리의 말씀 곧 너희의 구원의 복음을 듣고 그 안에서 또한 믿어 약속의 성령으로 인치심을 받았으니

13 And you also became God's people when you heard the true message, the Good News that brought you salvation. You believed in Christ, and God put his stamp of ownership on you by giving you the Holy Spirit he had promised.

1:13 약속의 성령으로 인치심을 받았으니. 교회는 성령으로 도장을 받았다. 믿는 사람에게 성령이 임재하신다. 각 사람 안에 있는 성령은 하나님의 계획과 그리스도의 속량을 확증해 주신다. 성령이 그 안에 계심으로 교회는 그들의 믿음을 확신할 수 있게 된다.

14 이는 우리 기업의 보증이 되사 그 얻으신 것을 속량하시고 그의 영광을 찬송하게 하려 하심이라

14 The Spirit is the guarantee that we shall receive what God has promised his people, and this assures us that God will give complete freedom to those who are his. Let us praise his glory!

1:14 우리 기업의 보증이 되사. 성령은 교회가 받을 기업 즉 영원한 나라에 대한 보증이 되신다. 성령이 그것을 확증해 주신다. 성령의 보증과 역사하심으로 교회는 그들이 받을 영원한 나라를 확실히 믿게 된다. 놀라운 기업의 소유주가 된다. **그의 영광을 찬송하게 하려 하심이라.** 성령의 역사를 생각할 때 교회는 찬송하게 된다. 그러한 보증은 결국 교회가 성부 성자 성령 하나님을 찬송하도록 하게 한다는 것을 볼 수 있다. 결론은 찬송이다. 그러한 것을 아는 사람은 찬송해야 한다. 찬송하지 않는다면 가장 중요한 것을 놓치고 있는 것이다. 그러한 것을 모르는 것일 수 있다.

15 이로 말미암아 주 예수 안에서 너희 믿음과 모든 성도를 향한 사랑을 나도

듣고

15 For this reason, ever since I heard of your faith in the Lord Jesus and your love for all God's people,

1:15 너희 믿음과 모든 성도를 향한 사랑을 나도 듣고. 바울은 에베소 교인의 믿음과 사랑을 듣고 감사했다. 신앙인은 다른 무엇보다 믿음이 있어야 한다. 그것이 가장 중요하고 기뻐할 일이다. 사랑이 있어야 한다. 그것은 믿음이 있다는 증거가 되기 때문이다. 그래서 바울은 그것을 듣고 기뻐하고 감사하고 있다.

16 내가 기도할 때에 기억하며 너희로 말미암아 감사하기를 그치지 아니하고

16 I have not stopped giving thanks to God for you. I remember you in my prayers

17절-23절은 또 하나의 긴 기도문으로 한 문장으로 되어 있다.

17 우리 주 예수 그리스도의 하나님, 영광의 아버지께서 지혜와 계시의 영을 너희에게 주사 하나님을 알게 하시고

17 and ask the God of our Lord Jesus Christ, the glorious Father, to give you the Spirit, who will make you wise and reveal God to you, so that you will know him.

1:17 지혜와 계시의 영을 너희에게 주사 하나님을 알게 하시고. 바울은 에베소 교회가 하나님을 더욱더 알기를 원하였다. '하나님을 알기를 원한다'는 말은 더욱 '깊이 알기를 원한다'는 말이다. 지혜와 계시를 통해 하나님을 더 알아가기를 기도하였다. '하나님을 아는 것'에 날마다 더 풍성해져야 한다. 하나님을 더 알아가는 것을 결코 멈추어서는 안 된다. 하나님을 아는 지식이 존귀하고 하나님을 알아야 하는 지식의 양이 끝없이 풍성하기 때문이다.

18 너희 마음의 눈을 밝히사 그의 부르심의 소망이 무엇이며 성도 안에서 그 기업의 영광의 풍성함이 무엇이며

18 I ask that your minds may be opened to see his light, so that you will know what is the hope to which he has called you, how rich are the wonderful blessings he promises his people,

1:18 마음의 눈을 밝히사. 우리는 믿음의 일에 더욱더 눈이 밝아져야 한다. 눈에 보이

는 것을 보는 일에 시력의 차이가 있다. 그것처럼 마음의 눈으로 보이지 않는 하나님과 하나님의 역사하심을 보는 것에도 시력 차이가 있다. 그래서 마음의 눈이 더욱더 밝아 지기를 기도하는 것은 마땅히 해야 하는 일이다. **부르심의 소망이 무엇이며.** 하나님께서 교회에 주신 '소망'이 무엇인지를 더 많이 알아야 한다. 하나님께서 주신 소망은 '막연히 바라는 것'이 아니다. '분명한 확신'이다. 오늘 일어나고 있는 일에 대한 것보다 더 확실히 믿고 사실로서 기대하는 것이다. 하나님께서 하나님의 영원한 나라를 약속하셨다. 그렇다면 그것을 오늘 소망해야 한다. 천국을 소망할 수 있는 영적인 눈이 열려야 한다. 더 깊이 열정적으로 소망해야 한다. **기업의 영광의 풍성함이 무엇이며.** 하나님께서 약속하신 '기업'의 영광스러움을 더 보아야 한다. '기업'은 두 가지 해석이 가능하다. 하나님께서 우리를 하나님의 기업으로 여기시는 것과 우리가 하나님께서 주시는 기업을 얻는 것이다. 둘 중 어느 것으로 해석하든 기업의 영광과 풍성함을 알아야 한다. 둘 다 영원한 나라에서의 풍성함을 의미한다.

영원한 나라에서의 풍성함을 생각하고 있는가? 이 땅에서의 가난함에 대해서는 많이 생각하면서 영원한 나라에서 우리가 누릴 찬란함에 대해서는 많이 생각하지 못하는 경향이 있다. 그러나 교회는 비록 지금 가난함 속에 살고 있어도 영원한 나라에서 누릴 기업의 풍요로움을 더 많이 가슴에 품고 보면서 살아야 한다. 우리는 지금 그곳으로 가고 있기 때문이다. 달리기를 하는 사람이 주변을 보는 것보다는 달리기를 마치는 골인 지점을 더 생각하고 보면서 달리는 것처럼 우리는 그렇게 기업의 영광의 풍성함을 바라보면서 살아야 한다.

> **19** 그의 힘의 위력으로 역사하심을 따라 믿는 우리에게 베푸신 능력의 지극히 크심이 어떠한 것을 너희로 알게 하시기를 구하노라
>
> **19** and how very great is his power at work in us who believe. This power working in us is the same as the mighty strength

1:19 능력의 지극히 크심이 어떠한 것을 너희로 알게 하시기를 구하노라. 하나님의 능력이 얼마나 큰지를 우리가 볼 수 있어야 한다. 하나님의 능력에 대해 말하면 교회 다니는 사람들은 대부분 '전능하사 천지를 창조하신 하나님을 나는 믿습니다'라고 말할 것이다. 그러나 바울이 기도하고 있는 것처럼 실제로는 하나님의 능력을 많이 보지 못하고 있다. 우리는 하나님의 능력을 더 많이 볼 수 있도록 더욱더 기도해야 한다.

20 그의 능력이 그리스도 안에서 역사하사 죽은 자들 가운데서 다시 살리시고 하늘에서 자기의 오른편에 앉히사

20 which he used when he raised Christ from death and seated him at his right side in the heavenly world.

1:20 죽은 자들 가운데서 다시 살리시고. 하나님은 사람을 영원한 존재로 창조하셨다. 그러나 죄가 질서를 깨트렸다. 그래서 죽음이 왔다. 예수님의 부활은 다시 생명으로의 회복이다. 세상에서 가장 큰 기적은 부활이다. 죽을 운명의 사람들이 영원한 생명으로 구원을 받는다는 사실이다. 그 능력을 보아야 한다. 구원과 부활의 능력을 더 많이 알아야 한다. 많은 사람들이 여전히 죽음의 공포 속에 살고 있다. 죽음의 일을 하고 있다. **하늘에서 자기의 오른편에 앉히사.** 예수님께서 하나님의 우편에 앉아 계신다. 예수님께서 모든 것을 다스리신다. 교회를 위해 자신의 생명까지 주신 예수님께서 교회를 위해 무엇을 아끼시겠는가? 예수님의 힘은 고스란히 교회의 힘이 된다. 오늘날 교회들이 여전히 힘 타령을 하는 것을 본다. 그러나 결코 힘이 없어 구원이 없는 것이 아니다. 힘은 이미 충분하다.

21 모든 통치와 권세와 능력과 주권과 이 세상뿐 아니라 오는 세상에 일컫는 모든 이름 위에 뛰어나게 하시고

21 Christ rules there above all heavenly rulers, authorities, powers, and lords; he has a title superior to all titles of authority in this world and in the next.

1:21 예수님이 영적인 어떤 존재보다 더 뛰어난 힘을 가지고 계심을 말한다. 악령 때문에 무엇을 못하는 것은 결코 없다. 세상의 어떤 힘도 교회를 가로막지는 못한다. 예수님의 힘이 교회와 함께 하기 때문이다. 그러니 교회는 힘을 걱정할 필요가 없다. 오직 믿음을 걱정해야 한다.

22 또 만물을 그의 발 아래에 복종하게 하시고 그를 만물 위에 교회의 머리로 삼으셨느니라

22 God put all things under Christ's feet and gave him to the church as supreme Lord over all things.

1:22 만물을 그의 발 아래에 복종하게 하시고. 만물이 예수님의 힘 아래에 있다. 그리스도께서 만물 위에 계심은 만물 위에 권위와 힘을 가지고 계심을 말한다. 만물의 머

리 되신 예수님을 교회에 주셨다.

> **23** 교회는 그의 몸이니 만물 안에서 만물을 충만하게 하시는 이의 충만함이니라
> 23 The church is Christ's body, the completion of him who himself completes all things everywhere.

1:23 교회는 그의 몸이니. 교회 전체가 그리스도의 몸이다. 교회에 그리스도가 임재하시기 때문이다. 그리스도께서 만물의 주인이시기 때문에 만물에 임재하신다. 그러나 교회에 임재하는 것은 더욱 특별하다. 성전인 교회 위에 임재하시는 것이 특별하며 임재의 중심이다.

2장

1 그는 허물과 죄로 죽었던 너희를 살리셨도다
1 In the past you were spiritually dead because of your disobedience and sins.

2:1 죄로 죽었던. 신자가 아닌 세상 사람들을 모두 '죽은 자'라고 말한다. 본래는 생명의 존재로 창조되었는데 죄로 인하여 죽은 자가 되었다. 아담의 죄에 의해 그렇고 자신의 죄로 인하여 더욱더 그렇다.

세상 사람들은 자신이 죽었다고 생각하지 않는다. 지금 멀쩡히 살아 있다고 생각한다. 그러나 성경이 죽었다고 말하고 있다. 믿음 밖의 사람은 모두 죽은 사람이다. 영적으로 죽은 자다. 그들은 창조주 하나님께 전혀 반응하지 못하기에 죽은 자다. 그의 본질이 하나님을 떠나 있으며 어둠에 속한 자이기에 죽은 자다. 지옥 백성이기에 죽은 자다.

2 그 때에 너희는 그 가운데서 행하여 이 세상 풍조를 따르고 공중의 권세 잡은 자를 따랐으니 곧 지금 불순종의 아들들 가운데서 역사하는 영이라
2 At that time you followed the world's evil way; you obeyed the ruler of the spiritual powers in space, the spirit who now controls the people who disobey God.

2:2 이 세상 풍조를 따르고. 불신 자들은 이 세상을 중요하게 여긴다. 그들은 세상의 가치관을 가지고 있다. 그것에 따라 살고 있다. 그들은 영원한 삶을 모른다. 기대할 수도 없다. 그래서 오직 이 세상에만 관심을 가지고 살아간다. 세상에 매인 세상의 종이 되었다. **공중의 권세 잡은 자를 따랐으니.** '공중의 권세 잡은 자'는 사탄을 의미한다. 불신 자들은 사탄의 권세 아래에 있다. 그것의 종이다. 사탄이 그를 조종하고 종처럼 부린다. 사람들은 어쩔 수 없다는 말을 한다. 종이기 때문에 어쩔 수 없이 하는 것이다. 때로는 죄를 어쩔 수 없이 행한다. 목구멍이 포도청이기 때문이라고 말한다. 그러나 사실 궁극적으로는 사탄의 종이기 때문이다. 불신자들은 대부분 사탄의 존재를 모를 것이다. 그러나 모르면서도 사탄의 종으로 살고 있다. 결국 사탄의 의도대로 지옥에 떨어진다.

3 전에는 우리도 다 그 가운데서 우리 육체의 욕심을 따라 지내며 육체와 마음

의 원하는 것을 하여 다른 이들과 같이 본질상 진노의 자녀이었더니

3 Actually all of us were like them and lived according to our natural desires, doing whatever suited the wishes of our own bodies and minds. In our natural condition we, like everyone else, were destined to suffer God's anger.

2:3 육체와 마음의 원하는 것을 하여. 자신의 육체와 마음이 원하는 대로 하니 좋은 것 같다. 그러나 육체와 마음이 타락하였다. 그래서 육체와 마음이 원하는 것은 결국 더욱 멸망의 선악과다. **본질상 진노의 자녀이었더니.** 육체와 마음이 원하는 대로 하면 좋은 것 같지만 결코 그렇지 않다. 그것은 멸망의 지름길이다. 그들이 악하고 멸망의 길을 가기 때문에 하나님께서 진노하신다. 그들의 악한 일에 대해 하나님의 진노라는 심판이 있을 것이다. 사람들은 세상 무섭고 돈 무서운 줄은 알면서 심판하시는 하나님이 무서운 것을 모른다. 그러나 하나님께서 그들을 심판하실 때의 진노는 참으로 크고 두려운 일이다.

4 긍휼이 풍성하신 하나님이 우리를 사랑하신 그 큰 사랑을 인하여

4 But God's mercy is so abundant, and his love for us is so great,

2:4 긍휼이 풍성하신 하나님이. 헬라어는 '그러나 하나님이'로 시작한다. 완전한 반전이 있다. 죽은 자로 처절하게 살아가는 사람들을 긍휼이 풍성하신 하나님께서 그들을 방치하지 않으셨다.

5 허물로 죽은 우리를 그리스도와 함께 살리셨고 (너희는 은혜로 구원을 받은 것이라)

5 that while we were spiritually dead in our disobedience he brought us to life with Christ. It is by God's grace that you have been saved.

2:5 죽은 우리를 그리스도와 함께 살리셨고. 그리스도께서 대속하시고 부활하셨다. 예수님의 부활은 모든 사람의 부활의 첫 열매다. 믿음을 가진 사람은 이미 그리스도와 함께 부활한 사람이다. 아직 완전한 부활은 아니지만 운명이 죽음에서 생명으로 바뀜으로 부활한 것이라 말할 수 있다. 신자는 이제 산 자가 되었다. 죽은 자와 산 자가 완전히 다르다. 영적으로 죽은 자와 산 자는 더욱더 다르다. 믿음의 사람은 자신이 영적으로 산 자라는 사실을 깊이 알고 참으로 기뻐해야 한다. 무엇보다 이제 하나님께 반응해야 한다.

6 또 함께 일으키사 그리스도 예수 안에서 함께 하늘에 앉히시니

6 In our union with Christ Jesus he raised us up with him to rule with him in the heavenly world.

2:6 하늘에 앉히시니. 불신자는 사탄의 종이었다. 그러나 신자는 예수님의 통치의 자리에 함께 앉게 되었다. 종이 아니라 자녀다. 종으로서 매인 자가 아니라 통치자로서 자유한 자다. 신자는 이미 종이 아니라 통치자다. 믿는 모든 사람이 그러하다. 이것을 실제로 느끼고 누리면서 살아야 한다. 끌려 다니는 인생이 되지 말아야 한다.

7 이는 그리스도 예수 안에서 우리에게 자비하심으로써 그 은혜의 지극히 풍성함을 오는 여러 세대에 나타내려 하심이라
8 너희는 그 은혜에 의하여 믿음으로 말미암아 구원을 받았으니 이것은 너희에게서 난 것이 아니요 하나님의 선물이라

7 He did this to demonstrate for all time to come the extraordinary greatness of his grace in the love he showed us in Christ Jesus.
8 For it is by God's grace that you have been saved through faith. It is not the result of your own efforts, but God's gift, so that no one can boast about it.

2:8 은혜에 의하여 믿음으로 말미암아 구원을 받았으니. 우리는 믿음으로 구원을 받았지만 그 이전에 이미 은혜가 있었기 때문에 가능하였다. 정확히 말하면 은혜로 구원을 받는 것이다. 혹시 믿음이 있어도 은혜가 없었으면 구원받을 수 없었다. **하나님의 선물.** '은혜에 의하여 믿음으로 말미암아 구원을 받은 것'이 하나님의 선물이라고 말한다. 하나님의 놀라운 선물이다. 신앙인은 하나님의 이 놀라운 선물을 받은 사람이라는 사실을 기억해야 한다. 가장 귀하고 놀라운 이 선물을 받은 자로서 기뻐하면서 살아야 한다.

9 행위에서 난 것이 아니니 이는 누구든지 자랑하지 못하게 함이라

2:9 행위에서 난 것이 아니니. '은혜'는 우리가 주어가 될 수 없다. 오직 하나님만이 주어가 될 수 있다. 하나님의 은혜로 구원을 받았다. 우리의 어떤 것도 개입할 여지가 없다. 그런데 그것에 머물러 있으면 안 된다.

10 우리는 그가 만드신 바라 그리스도 예수 안에서 선한 일을 위하여 지으심을

받은 자니 이 일은 하나님이 전에 예비하사 우리로 그 가운데서 행하게 하려 하심이니라

10 God has made us what we are, and in our union with Christ Jesus he has created us for a life of good deeds, which he has already prepared for us to do.

2:10 선한 일을 위하여 지으심을 받은 자니. 은혜를 아는 사람은 이제 '선한 일을 행하는' 사람이 되어야 한다. 은혜를 주신 목적은 우리가 선한 일을 하도록 하기 위함이라고 말씀하고 있다. 말씀에 불순종하는 사람이 아니라 순종하는 사람이 되어 선한 일을 해야 한다. **우리로 그 가운데서 행하게 하려 하심이니라.** 선한 일을 할 때 우리의 영이 순결해지고 거룩해진다. 거룩하신 하나님과 동행하는 것이다. 하나님과 하나가 된다.

11 그러므로 생각하라 너희는 그 때에 육체로는 이방인이요 손으로 육체에 행한 할례를 받은 무리라 칭하는 자들로부터 할례를 받지 않은 무리라 칭함을 받는 자들이라
12 그 때에 너희는 그리스도 밖에 있었고 이스라엘 나라 밖의 사람이라 약속의 언약들에 대하여는 외인이요 세상에서 소망이 없고 하나님도 없는 자이더니

11 You Gentiles by birth—called "the uncircumcised" by the Jews, who call themselves "the circumcised" (which refers to what men do to their bodies)—remember what you were in the past.
12 At that time you were apart from Christ. You were foreigners and did not belong to God's chosen people. You had no part in the covenants, which were based on God's promises to his people, and you lived in this world without hope and without God.

2:12 너희는 그리스도 밖에 있었고 이스라엘 나라 밖의 사람이라. 에베소 교인들은 이전까지 유대인과 상관 없는 사람이었으며 그리스도 밖에 있던 사람이다.

13 이제는 전에 멀리 있던 너희가 그리스도 예수 안에서 그리스도의 피로 가까워졌느니라

13 But now, in union with Christ Jesus, you who used to be far away have been brought near by the blood of Christ.

2:13 그리스도의 피로 가까워졌느니라. 그리스도의 피는 '죄 사하는 능력'의 피다. 죄 사함을 받음으로 거룩하신 하나님께 가까이 가게 되었다. 그리고 그것은 모든 믿는 자가 하나됨을 의미하기도 한다.

14 그는 우리의 화평이신지라 둘로 하나를 만드사 원수 된 것 곧 중간에 막힌 담을 자기 육체로 허시고

14 For Christ himself has brought us peace by making Jews and Gentiles one people. With his own body he broke down the wall that separated them and kept them enemies.

2:14 원수 된 것 중간에 막힌 담을 자기 육체로 허시고. 에베소 교인들은 이전에는 유대인과 사이에 막힌 담이 있었다. 유대인들은 이방인들을 부정하게 생각하였다. 그들은 죄인이었다. 그래서 하나님과 죄로 가로막혀 있었다. 그런데 그리스도께서 십자가에서 피 흘리심으로 모든 담을 허셨다. 모든 죄 값을 치르셨기 때문이다.

15 법조문으로 된 계명의 율법을 폐하셨으니 이는 이 둘로 자기 안에서 한 새 사람을 지어 화평하게 하시고

15 He abolished the Jewish Law with its commandments and rules, in order to create out of the two races one new people in union with himself, in this way making peace.

2:15 법조문으로 된 계명의 율법을 폐하셨으니. 유대인들이 이방인들과 함께 하지 않은 것은 그들이 부정하기 때문이었다. 유대인들은 자신들의 부정함을 깨끗하게 하는 많은 법조문을 가지고 있었다. 정결하게 하는 법조문이다. 그러나 그리스도께서 오심으로 모든 그림자는 사라졌다. 더 이상 짐승의 피로 속죄하는 예표를 사용하지 않고 그리스도의 피로 직접 속죄함을 입을 수 있게 되었다. 이제 유대인과 이방인의 구분은 사라지게 되었다. 제사법이나 정결법은 완전히 쓸모없게 되었다. 그 의미만 남아 있을 뿐이다. **이 둘로 자기 안에서 한 새 사람을 지어.** 이제 유대인과 이방인으로 구분되는 것이 아니다. 믿는 자와 믿지 않는 자로 구분된다. 이제 건물 성전에서 제사를 드리는 유대인은 의미가 없다. 그리스도께서 그림자를 다 완성하셨기 때문이다. 이 당시(60년경) 여전히 건물 성전이 있었고 제사를 드리고 있었다. 그러나 그것은 더 이상 성전과 제사가 아니다. 이미 그리스도 안에서 이방인과 유대인을 하나로 묶어 '한 새 사람'이 창조되었기 때문이다. 에베소 교인들은 유대인이 되는 것이 아니라 한 새 사람이 되어야 한다.

16 또 십자가로 이 둘을 한 몸으로 하나님과 화목하게 하려 하심이라 원수 된 것을 십자가로 소멸하시고

16 By his death on the cross Christ destroyed their enmity; by means of the cross he united both races into one body and brought them back to God.

2:16 한 몸으로 하나님과 화목하게 하려 하심이라. 이방인과 유대인의 구별은 죄 때문이었다. 모든 사람이 죄 때문에 하나님과 원수가 되었다. 그런데 그리스도의 십자가가 원수 된 것을 소멸하셨다. 십자가가 모든 죄를 씻으셨기 때문이다.

> 17 또 오셔서 먼 데 있는 너희에게 평안을 전하시고 가까운 데 있는 자들에게 평안을 전하셨으니
> 18 이는 그로 말미암아 우리 둘이 한 성령 안에서 아버지께 나아감을 얻게 하려 하심이라
> 17 So Christ came and preached the Good News of peace to all—to you Gentiles, who were far away from God, and to the Jews, who were near to him.
> 18 It is through Christ that all of us, Jews and Gentiles, are able to come in the one Spirit into the presence of the Father.

2:18 한 성령 안에서 하나님께 나아감을 얻게. 에베소 교인이나 유대인이나 이제 구별되지 않는다. 그리스도의 피로 새로운 한 사람이 되었고 성령 안에서 함께 하나님께 나가게 되었다. 더 이상 유대인과 에베소 교인을 구분할 필요가 전혀 없다. 중요한 것은 이제 한 몸이 되어 하나님께 가까이 나가는 것이다.

> 19 그러므로 이제부터 너희는 외인도 아니요 나그네도 아니요 오직 성도들과 동일한 시민이요 하나님의 권속이라
> 19 So then, you Gentiles are not foreigners or strangers any longer; you are now fellow-citizens with God's people and members of the family of God.

2:19 외인도 아니요 나그네도 아니요. 에베소 교인들이 유대인이 아닌 것은 이제 전혀 의미가 없다. 교회라는 이름으로 한 새 사람이 되어 믿음의 길을 갈 때 결코 가치 없는 사람처럼 생각해서는 안 된다. **성도들과 동일한 시민이요 하나님의 권속이라.** 이제는 하나님의 백성인 것을 생각해야 한다. 유대인도 자신들이 유대인인 것을 생각하면 안 되고 에베소 교인들도 자신들이 이방인인 것을 생각하면 안 된다. 모두 하나 되어 하나님의 백성인 것을 생각해야 한다.

> 20 너희는 사도들과 선지자들의 터 위에 세우심을 입은 자라 그리스도 예수께서 친히 모퉁잇돌이 되셨느니라
> 20 You, too, are built upon the foundation laid by the apostles and prophets, the cornerstone

being Christ Jesus himself.

2:20 사도들과 선지자들의 터 위에 세우심을 입은 자. 그들이 배운 복음을 토대로 해야 한다. 복음은 구약의 율법의 완성에 대해 말한다. 구약의 율법은 여전히 그들이 살아야 할 규정이다. 그러나 제사법이나 정결법이 완성되었음을 알아야 한다. 그리고 그들이 이제 새 성전을 지어가는 사람이라는 것을 알아야 한다. **예수께서 친히 모퉁잇돌이 되셨느니라.** 그들이 섬겨야 하는 성전은 예루살렘에 있는 건물 성전이 아니다. 이것은 에베소 교인이나 유대인이나 마찬가지다. 예루살렘의 성전은 그들에게 더 이상 성전이 아니다. 제사법이 완성되었듯이 성전법도 완성되었다. 그들은 이제 새로운 성전을 지어가는 사람들이다. 새 성전은 '예수님'을 기초로 삼는다. 사실 구약의 모든 성경은 예수님에 대해 말한 것이다. 그러나 본체이신 예수님이 오시기 전까지는 그것을 완전히 이해하지 못하고 오해한 것도 있었다. 그리스도께서 오심으로 이제는 예수라는 기초 위에 성전을 지어갈 수 있게 되었다. 모든 것을 오직 그리스도 위에 지어야 한다. **너희는...세우심을 입은 자.** 이전에는 '건물'이 성전이었다. 그러나 이제는 '사람'이 성전이다. 그리스도를 믿는 사람 위에 하나님께서 특별히 충만하게 거하신다. 그들은 모두 성전의 한 재료가 된다. 그들이 모여 거룩한 성전이 된다.

21 그의 안에서 건물마다 서로 연결하여 주 안에서 성전이 되어 가고
21 He is the one who holds the whole building together and makes it grow into a sacred temple dedicated to the Lord.

2:21 건물마다 서로 연결하여. 모든 신앙인은 함께 연결된다. 이방인과 유대인의 구별이 없다. 모두 함께 연결되기 때문에 서로를 세워주어야 한다. 한 쪽이 무너진 성전은 있을 수 없다. **성전이 되어 가고.** 모두가 함께 성전이 되어 가는 것이다. 믿는 사람 모두가 성전이 되어 가는 것이다. 거룩한 성전이 되어갈 책임이 있다. 이 성전은 예루살렘에 있는 건물 성전보다 더 완벽하고 중요하다. 우리는 성전이 되어 가야 할 책임을 다해야 한다.

22 너희도 성령 안에서 하나님이 거하실 처소가 되기 위하여 그리스도 예수 안에서 함께 지어져 가느니라
22 In union with him you too are being built together with all the others into a place where God lives through his Spirit.

2:22 하나님이 거하실 처소가 되기 위하여. 우리가 성전이라는 것은 하나님께서 거하신다는 것을 의미한다. 교회는 성전이다. 교회된 우리는 성전이다. 그래서 교회는 거룩하다. 영광이다. 교인이 된 사람은 모두 이것을 명심해야 한다. 우리 모두 거룩하고 찬란한 성전을 건축하고 있는 것이다. 우리 안에 하나님이 더욱더 거하실 거룩한 성전이 되도록 자라가야 한다. 지어져 가야 한다.

3장

1 이러므로 그리스도 예수의 일로 너희 이방인을 위하여 갇힌 자 된 나 바울이 말하거니와
1 For this reason I, Paul, the prisoner of Christ Jesus for the sake of you Gentiles, pray to God.

3:1 예수의 일로 너희 이방인을 위하여 갇힌 자 된 나 바울. 바울은 감옥에 갇혀 있는 상태였다. 에베소 교인들은 그것을 걱정하고 있었을 것이다. 바울은 그것에 대해 간략히 설명할 필요를 느낀 것 같다.

2 너희를 위하여 내게 주신 하나님의 그 은혜의 경륜을 너희가 들었을 터이라
2 Surely you have heard that God in his grace has given me this work to do for your good.

3:2 하나님의 그 은혜의 경륜. 하나님께서 바울을 통하여 일하시는 방식이다. 은혜로 가득하다. 지금 비록 감옥에 갇혔으나 하나님의 통치 방식은 은혜로 가득하다고 고백한다. 감옥에 갇힌 것에 대해서도 은혜로 볼 수 있어야 한다.

3 곧 계시로 내게 비밀을 알게 하신 것은 내가 먼저 간단히 기록함과 같으니
4 그것을 읽으면 내가 그리스도의 비밀을 깨달은 것을 너희가 알 수 있으리라
3 God revealed his secret plan and made it known to me. (I have written briefly about this,
4 and if you will read what I have written, you can learn about my understanding of the secret of Christ.)

3:4 바울은 이 땅을 통치하시고 구원하시는 하나님의 비밀을 깨달아 알았다. 특별히 바울은 이방인들을 위해 부름을 받았다. 그가 감옥에 갇힌 것은 이방인들을 향한 하

나님의 구원 사역 가운데 있음을 알았다.

5 이제 그의 거룩한 사도들과 선지자들에게 성령으로 나타내신 것 같이 다른 세대에서는 사람의 아들들에게 알리지 아니하셨으니
6 이는 이방인들이 복음으로 말미암아 그리스도 예수 안에서 함께 상속자가 되고 함께 지체가 되고 함께 약속에 참여하는 자가 됨이라
5 In past times human beings were not told this secret, but God has revealed it now by the Spirit to his holy apostles and prophets.
6 The secret is that by means of the gospel the Gentiles have a part with the Jews in God's blessings; they are members of the same body and share in the promise that God made through Christ Jesus.

3:6 이방인들이...예수 안에서 함께 상속자가 되고. 하나님께서 인류를 구원하는 계획을 가지고 계신다. 그 구원에 이방인도 포함되었다. 함께 상속자가 되도록 하셨다. 그래서 바울은 이방인의 본부가 되는 로마에 가서 복음을 전해야 했다. 그런데 그 방식이 죄수로 가는 것이었다. 3차 전도 여행까지는 자유롭게 가서 전하였다. 4차 전도로 가려고 했던 로마는 바울의 계획과 다르게 로마의 심장부로 갈 수 있도록 죄수로 가게 하셨다. 중요한 것은 죄수가 되었다는 것이 아니라 '복음'이 전해지고 있다는 사실이다.

7 이 복음을 위하여 그의 능력이 역사하시는 대로 내게 주신 하나님의 은혜의 선물을 따라 내가 일꾼이 되었노라
7 I was made a servant of the gospel by God's special gift, which he gave me through the working of his power.

3:7 이 복음을 위하여...내가 일꾼이 되었노라. 바울은 복음을 전하는 일꾼이 되었다. 그것은 하나님의 은혜의 선물이다. 그가 감옥에 있어도 여전히 복음을 전하고 있었으니 전혀 문제가 되지 않았다. 감옥에서도 일꾼으로 살고 있었다.

8 모든 성도 중에 지극히 작은 자보다 더 작은 나에게 이 은혜를 주신 것은 측량할 수 없는 그리스도의 풍성함을 이방인에게 전하게 하시고
8 I am less than the least of all God's people; yet God gave me this privilege of taking to the Gentiles the Good News about the infinite riches of Christ,

3:8 지극히 작은 자보다 더 작은 나. 바울은 자신이 핍박자였으나 이제 복음을 전하는 자가 되었으니 그것이 감사했다. 그것을 생각하면 지금 아무리 힘들어도 힘든 것이 아니었다.

> 9 영원부터 만물을 창조하신 하나님 속에 감추어졌던 비밀의 경륜이 어떠한 것을 드러내게 하심이라
> 10 이는 이제 교회로 말미암아 하늘에 있는 통치자들과 권세들에게 하나님의 각종 지혜를 알게 하심이니
> 9 and of making all people see how God's secret plan is to be put into effect. God, who is the Creator of all things, kept his secret hidden through all the past ages,
> 10 in order that at the present time, by means of the church, the angelic rulers and powers in the heavenly world might learn of his wisdom in all its different forms.

3:10 이제 교회로 말미암아. 바울이 전하는 복음은 바울만이 아니라 교회된 모든 사람들이 알고 있는 지식이다. 비밀 지식이 아니라 영광의 지식이 되었다. **하늘에 있는 통치자들과 권세들에게 하나님의 각종 지혜를 알게 하려 하심이니.** 이 지식은 하늘의 존재들 즉 선한 천사나 악한 천사들조차도 알지 못하였던 것이다. 그들이 어찌 성자 하나님께서 이 땅에 사람이 되셔서 십자가를 질 것을 알았겠는가? 그것은 실로 비밀이었다. 너무 높고 고상해서 결코 알 수 없는 지식이었다. 그러나 그리스도께서 이 땅에 오심으로 드러나게 되었다. 그들도 알게 되었다. 참으로 영광스러운 지식이다.

> 11 곧 영원부터 우리 주 그리스도 예수 안에서 예정하신 뜻대로 하신 것이라
> 11 God did this according to his eternal purpose, which he achieved through Christ Jesus our Lord.

3:11 영원부터...예정하신 뜻대로. 바울이 감옥에 갇힌 것은 우연한 일이 아니다. 억울하게 갇힌 것이 아니다. 하나님의 선하신 뜻과 계획에 의하여 진행되고 있는 일이다. 그러니 걱정할 필요가 없다. 영원 전부터의 일이기에 우리는 알 수 없지만 분명한 사실은 하나님의 선한 계획 속에서 일어나고 있다는 것이다.

> 12 우리가 그 안에서 그를 믿음으로 말미암아 담대함과 확신을 가지고 하나님께 나아감을 얻느니라
> 12 In union with Christ and through our faith in him we have the boldness to go into God's

presence with all confidence.

3:12 담대함...하나님께 나아감을 얻느니라. 하나님께서 하나님 나라를 준비하고 우리에게 영원한 상속을 주신다. 하나님께 우리는 죄인이라 가까이 갈 수 없었다. 그러나 예수 그리스도의 대속의 피로 인하여 우리는 이제 의인이 되었고 하나님께 나갈 수 있게 되었다. 그래서 담대히 나가도 된다. 신앙인에게 중요한 것은 '이 땅에서 감옥에 갇히느냐 자유하느냐'가 아니다. 영원한 상속이 있는 '하나님께 가까이 가느냐 멀어지느냐'이다. 바울은 감옥에 있었지만 하나님 나라에 가까이 가고 있었다. 그래서 감사했다.

> 13 그러므로 너희에게 구하노니 너희를 위한 나의 여러 환난에 대하여 낙심하지 말라 이는 너희의 영광이니라
> 13 I beg you, then, not to be discouraged because I am suffering for you; it is all for your benefit.

3:13 너희를 위한 나의 여러 환난에 대하여 낙심하지 말라. 바울은 자신이 당하는 환난이 낙심할 것이 아니라고 말한다. 감옥에 갇힌 것은 실패가 아니다. 복음의 퇴보도 아니다. 바울은 그것을 괴로워하지 않았다. **이는 너희의 영광이니라.** 바울이 환난을 당하는 것이 어떻게 에베소 교인들에게 영광이 될까? 바울이 환난을 기쁨으로 당하는 것을 보고 배워 에베소 교인들도 이후에 그들이 당할 환난을 기쁨으로 감당하게 될 것이다. 그래서 영광이 된다. 복음을 위하여 고난을 받으면 영광이 되기 때문이다. 하늘의 영광의 기업을 상속받게 되기 때문이다.

> 14 이러므로 내가 하늘과 땅에 있는 각 족속에게
> 15 이름을 주신 아버지 앞에 무릎을 꿇고 비노니
> 14 For this reason I fall on my knees before the Father,
> 15 from whom every family in heaven and on earth receives its true name.

3:15 이름을 주신. '존재를 주신'으로 해석할 수 있다. 이 땅의 모든 것이 존재할 수 있도록 하신 분은 오직 하나님 한 분이다. 그러기에 우리는 하나님을 의지해야 한다. 세상 사람들은 하나님을 보이지 않는다 하여 믿지 않는다. 그러나 우리는 보이지 않는 하나님을 보이는 어떤 존재보다 더 믿는다. 우리의 모든 것이 하나님께로부터 왔음을 믿는다. 그러기에 전적으로 하나님을 의지해야 한다. 그래서 기도해야 한다.

16 그의 영광의 풍성함을 따라 그의 성령으로 말미암아 너희 속사람을 능력으로 강건하게 하시오며
16 I ask God from the wealth of his glory to give you power through his Spirit to be strong in your inner selves,

3:16 너희 속사람을 능력으로 강건하게 하시오며. 바울은 교회된 교인들이 더욱 강건해야 함을 말한다. 그것을 위해 기도하고 있다. 하나님의 능력은 무한하다. '영광의 풍성함'을 가지고 계신다. 그러기에 그 풍성한 영광으로 에베소 교인들을 강하게 하시기를 기도하고 있다. 교회는 더욱더 강해야 한다. 더욱더 많이 강해져야 한다. 교회의 강함이 무엇을 의미하는지를 잘 알아야 한다. 우리의 속사람이 강해야 한다. 강한 마음을 가지라.

17 믿음으로 말미암아 그리스도께서 너희 마음에 계시게 하시옵고 너희가 사랑 가운데서 뿌리가 박히고 터가 굳어져서
17 and I pray that Christ will make his home in your hearts through faith. I pray that you may have your roots and foundation in love,

3:17 믿음으로 말미암아 그리스도께서 너희 마음에 계시게 하시옵고. 믿음으로 살아야 한다. 믿지 않는 사람에게는 그리스도가 함께 하시지 않는다. 하나님의 뜻이 있는 곳에 하나님이 계신다. 믿음을 따라 사는 거룩한 사람과 하나님이 함께 하신다. **사랑 가운데서 뿌리가 박히고 터가 굳어져서.** 믿음의 실제 영역에서 가장 중요한 것은 사랑이다. 사랑이 기초가 되고 열매가 되어야 한다. 나무의 뿌리가 튼튼하고 건물의 기초가 튼튼해야 하는 것처럼 사랑이라는 튼튼한 기초가 되어야 교회다운 교회가 될 수 있다. 강한 교회, 강한 성도가 될 수 있다.

18 능히 모든 성도와 함께 지식에 넘치는 그리스도의 사랑을 알고
19 그 너비와 길이와 높이와 깊이가 어떠함을 깨달아 하나님의 모든 충만하신 것으로 너희에게 충만하게 하시기를 구하노라
18 so that you, together with all God's people, may have the power to understand how broad and long, how high and deep, is Christ's love.
19 Yes, may you come to know his love—although it can never be fully known—and so be completely filled with the very nature of God.

3:18-19 지식에 넘치는 그리스도의 사랑을 알고. 그리스도를 알아야 한다. 그리스도의

사랑을 알아야 한다. 예수님께서 우리를 얼마나 많이 사랑하시는지를 알아야 한다. 예수님께서 우리를 사랑하시는 것을 우리는 결코 다 알 수 없다. 그래서 매일 더 알아야 한다. 계속 더 알아도 다 알지 못한다. 더 알면 알수록 더 복될 것이다. 경험하여 알아가야 한다. 그리스도께서 우리를 얼마나 사랑하셨고 지금도 사랑하시는지를 더 알아야 한다. 지식에 넘치기 때문에 경험하며 알아야 한다. 기도하면서 알아야 한다. 하나님께 깨닫게 하시기를 간구하며 힘을 다해 알아야 한다. 나는 대학생 때 이 구절을 묵상하며 창조주 하나님께서 피조물인 나를 위해 이 땅에 오셨다는 사실에 하염없이 눈물을 흘렸다. 이전에는 눈물을 모르다가 이 구절 때문에 끊임없이 눈물 흘리는 것을 알게 되었다. **너비와 길이와 높이와 깊이가 어떠함을 깨달아.** 그리스도의 사랑을 우리는 구체적으로 알아야 한다. 때로는 길이를 때로는 높이를 더 알아야 한다. 그리스도의 사랑을 깨닫는 순간 더 깊이 안 것이 된다. **너희에게 충만하게 하시기를 구하노라.** 교회는 하나님을 충만하게 알아야 한다. 영광의 하나님을 더욱더 깨달아 알아야 한다. 하나님을 아는 지식으로 채워지고 하나님을 닮은 성품으로 채워져야 한다. 하나님의 영광이 풍성하니 그 풍성함을 따라 우리 안에 가득히 채워지도록 해야 한다.

20 우리 가운데서 역사하시는 능력대로 우리가 구하거나 생각하는 모든 것에 더 넘치도록 능히 하실 이에게

20 To him who by means of his power working in us is able to do so much more than we can ever ask for, or even think of:

3:20 우리가 구하거나 생각하는 모든 것에 더 넘치도록 능히 하실 이에게. 우리는 죄스럽고 힘이 없지만 하나님은 힘이 있다. 우리는 생각도 못하였어도 하나님께서는 실제로 하실 수 있고 주실 수 있다. 하나님은 긍휼이 풍성하셔서 우리가 구한 것 이상으로 주신다. 그래서 희망이 있다. 더 적게 주시는 것이 아니라 더 많이 주신다. 우리에게 부족한 것은 하나님께서 조금 주셨기 때문이 아니라 우리가 적게 구하였기 때문이다. 하나님을 아는 지식으로 가득한가? 하나님의 사랑으로 가득한가? 더 많이 구하라. 그래서 더 많이 채워지라.

21 교회 안에서와 그리스도 예수 안에서 영광이 대대로 영원무궁하기를 원하노라 아멘

21 to God be the glory in the church and in Christ Jesus for all time, for ever and ever! Amen.

3:21 교회 안에서와 그리스도 예수 안에서 영광이 대대로. 모든 교회는 영광을 가지고 있다. 교회에서 볼멘소리를 들을 때가 많다. 그러나 교회는 영광의 소리로 더욱 채워져야 한다. 교회인 우리들 안에서 힘 없고 나약한 소리를 듣기도 한다. 그것은 주로 세상적인 영광 개념을 가지고 있기 때문이다. 세상적인 관점으로 교만한 소리를 듣기도 한다. 그것은 영광이 아니다.

교회는 하나님의 사랑을 더욱더 깨닫고 찬양하는 소리로 채워져야 한다. 한 사람이든 만 명이든 동일하게 하나님을 찬양해야 한다. 그 교회에 임하시는 하나님의 영광은 변함이 없다. 교회는 영광에서 영광으로 이어진다. 작은 교회고 목회자 생계도 안 된다고 눌려 있으면 안 된다. 존재감 없는 교인이라고 마음까지 구석에 있으면 안 된다. 영광으로 가득해야 한다. 무엇인가 없으면 오히려 오직 하나님 때문에 영광할 수 있는 기회다.

3부

교회의 영광의 길

(4:1-6:20)

에베소서 후반부가 시작된다. 앞 부분은 하나님께서 하신 일을 중심으로 배워야 하는 것이라면 후반부는 신앙인이 해야 하는 일로서 구체적으로 걸어가야 하는 것이다.

1 그러므로 주 안에서 갇힌 내가 너희를 권하노니 너희가 부르심을 받은 일에 합당하게 행하여

1 I urge you, then—I who am a prisoner because I serve the Lord: live a life that measures up to the standard God set when he called you.

4:1 '주 안에서 갇힌 내가'와 '합당하게'가 강조된 문장이다. 바울은 에베소 교인들에게 교회로서 그들이 가야 하는 영광의 길에 대해 당당하게 말할 수 있었는데 그 근거는 그가 감옥에 갇힌 자라는 사실이다. 바울은 교회로서 가야 하는 영광의 길에 대해 말할 것인데 사람들이 보통 생각하는 영광과는 근본적으로 다른 영광이다. 어쩌면 사람들이 들으면 비웃을 수 있다. 그러나 바울은 영광의 길이라고 말한다. 바울이 편안한 길을 가면서 그 말을 하면 '너나 잘해'라고 말할 것이다. 그러나 바울은 자신이 직접 그 길을 가고 있다. 그래서 당당히 말할 수 있었다. 그래서 자신이 감옥에 갇힌 자로 있는 상태에서 글을 쓰고 있다고 당당히 말하고 있다. **부르심을 받은 일에 합당하게 행하여.** 교회는 어떤 부르심을 받았는가? 영광의 부르심을 받았다. 죽음에서 생명으로, 새 성전으로, 기업의 상속자로 부르심을 받았다. 하나님의 부르심이 영광의 자리다. 그렇다면 이제 교회는 어떻게 응답해야 할까? 영광으로 응답해야 한다. '영광의 부르심에 영광의 응답'을 하는 것이 당연하다.

2 모든 겸손과 온유로 하고 오래 참음으로 사랑 가운데서 서로 용납하고

2 Be always humble, gentle, and patient. Show your love by being tolerant with one another.

4:2 영광의 응답은 무엇일까? 부르심을 받은 것에 합당한 영광의 일은 무엇일까? 이 구절은 모두 약한 모습이다. 관계에서의 '낮아짐'이라고 말할 수 있다. 이것을 위해서는 낮아짐이 필요하다. 당시 세상은 겸손보다는 자긍심을 높이 여겼다. 자기 광고 시대에 겸손은 어울리지 않는다. 그러나 성경은 겸손이 영광의 길이라 말한다.
높아지는 것을 원하는 것은 누구나 할 수 있다. 그러나 낮아지는 것은 누구나 할 수 있는 일이 아니다. 오직 교회가 하나님의 이름으로 할 수 있다. 바울은 지금 감옥에서 편지를 쓰고 있다. 지극히 낮아졌다. 그리고 그 자리를 영광의 자리라 말한다. 오직 기독교인만이 낮은 자리를 영광의 자리로 여기고 기뻐할 수 있다. **오래 참음.** 나만 손해 보는 것 같은 일이다. 그러나 고통스러울 수는 있어도 손해보는 일은 결코 아니다. 그

것이 믿음의 길이라면 그 길은 십자가의 길이고 영광의 길이다. 그 영광을 생각하고 고통을 넘어 기쁨이 되게 해야 한다. 고통으로만 생각하면 십자가의 영광이 되지 못한다. 오래 참는 일을 영광으로 알고 영광이 될 수 있도록 하라. 상대의 허물은 아마 죽을 때까지 변하지 않을 가능성이 더 높다. 그러나 그 모습까지도 용납해야 한다. 우리가 죄인 되었을 때 예수님께서 우리를 용납하셨다는 것을 우리는 믿기 때문이다.

> **3** 평안의 매는 줄로 성령이 하나 되게 하신 것을 힘써 지키라
> **3** Do your best to preserve the unity which the Spirit gives by means of the peace that binds you together.

4:3 성령이 하나 되게 하신 것을 힘써 지키라. 우리가 교회가 되었다는 것은 하나가 되었다는 의미다. 우리가 해야 하는 일은 하나가 된 것을 지키는 것이다. 교회가 되면 교회 생활을 하게 된다. 공동체로서 함께 하다 보면 불협화음이 생기기 마련이다. 부부도 맞지 않는 것이 있고 화나는 일이 있는데 어찌 교회에서 그런 일이 없겠는가? 그래서 하나 되지 못하고 교회를 떠나게 되는 경우가 많다. 떠나지 않아도 물과 기름처럼 지내기도 한다. 그러나 교회는 하나이어야 한다. 그래서 하나 되도록 '힘써' 지켜야 한다. **평안의 매는 줄.** 하나 되기 위해 '평화'라는 줄로 묶어서 지키라고 말한다. 평화는 성령이 하시는 일이요 불화는 악한 영이 하는 일이다. '평화한다'는 것이 무엇일까? 소극적으로는 싸우지 말아야 함을 의미한다. 분노하지 말아야 한다. 싸우면 상처가 생긴다. 적극적으로는 소통해야함을 의미한다. 한 몸은 서로 소통함으로 도움을 주고 받아야 한다.

> **4** 몸이 하나요 성령도 한 분이시니 이와 같이 너희가 부르심의 한 소망 안에서 부르심을 받았느니라
> **5** 주도 한 분이시요 믿음도 하나요 세례도 하나요
> **6** 하나님도 한 분이시니 곧 만유의 아버지시라 만유 위에 계시고 만유를 통일하시고 만유 가운데 계시도다
> **4** There is one body and one Spirit, just as there is one hope to which God has called you.
> **5** There is one Lord, one faith, one baptism;
> **6** there is one God and Father of all, who is Lord of all, works through all, and is in all.

4:4-6 하나가 되어야 할 이유를 말한다. 7가지 이유가 나온다. 이유를 살펴보라. 절대적 기준이다. **몸이 하나요.** 교회가 예수님의 몸이라는 측면을 말한다. **주도 한 분이시**

요. 예수님을 말한다. 성령, 성자, 성부의 하나됨을 말한다.

사람들이 하나됨을 깨트리는 것은 자신의 생각과 감정 때문이다. 개인적 기준이다. 개인적 기준이 아니라 절대적 기준 앞에 서야 한다. 자신이 자신을 구원하는 것이 아니라 성부 성자 성령 하나님께서 우리를 구원하신다. 그 분이 우리의 창조주고 주관자고 심판자이시다. 그 분 앞에 서는 것이 영광의 길이고 자신의 생각과 감정에 매여 있는 것은 멸망의 길이다.

> 7 우리 각 사람에게 그리스도의 선물의 분량대로 은혜를 주셨나니
> 7 Each one of us has received a special gift in proportion to what Christ has given.

4:7 분량대로 은혜를 주셨나니. 하나님께서 사람들에게 은사를 주셨다. 매우 다양하다. 은사의 종류만 다양한 것이 아니라 그것을 해 낼 수 있는 능력도 다양하다. 한 은사 안에도 각종 다양함이 있다. 사람이 모여 있으면 어쩌면 사람의 수만큼 다양성이 있을 것이다. 그래서 하나가 되지 못할 이유가 더 많다. 그런데 그런 다양함은 하나되지 못하라고 주어진 것이 아니라 '하나가 되라'고 주어진 것이다. 다양하기 때문에 하나가 되어야 하고 하나가 되기 위해 노력해야 한다.

> 8 그러므로 이르기를 그가 위로 올라가실 때에 사로잡혔던 자들을 사로잡으시고 사람들에게 선물을 주셨다 하였도다
> 8 As the scripture says: "When he went up to the very heights, he took many captives with him; he gave gifts to people."

4:8 사로잡으시고 사람들에게 선물을 주셨다. 예수님께서 부활 승천하심으로 악한 영은 완전히 굴복하였다. 사람들에게 더 영향력을 행사할 수 없게 되었다. 대속으로 사람들 가운데 있는 죄의 영향력이 줄었기 때문이다. 예수님께서 각 사람에게 선물을 주셨다. 그 은사를 악령의 방해 없이 마음껏 사용할 수 있게 되었다.

> 9 올라가셨다 하였은즉 땅 아래 낮은 곳으로 내리셨던 것이 아니면 무엇이냐
> 10 내리셨던 그가 곧 모든 하늘 위에 오르신 자니 이는 만물을 충만하게 하려 하심이라
> 9 Now, what does "he went up" mean? It means that first he came down to the lowest depths of the earth.

10 So the one who came down is the same one who went up, above and beyond the heavens, to fill the whole universe with his presence.

4:10 만물을 충만하게 하려 하심이라. 그리스도께서 하늘에 오르셔서 하나님 아버지 우편에 앉아 계심으로 인해 이 세상은 예수 그리스도의 뜻과 통치가 더욱더 이루어지게 되었다. 그것을 '충만'이라고 표현하고 있다. 그렇게 충만하게 하시는 일에 그리스도께서 사람을 일꾼으로 사용하신다.

11 그가 어떤 사람은 사도로, 어떤 사람은 선지자로, 어떤 사람은 복음 전하는 자로, 어떤 사람은 목사와 교사로 삼으셨으니
11 It was he who "gave gifts"; he appointed some to be apostles, others to be prophets, others to be evangelists, others to be pastors and teachers.

4:11 여기에서 말하는 5가지 혹은 4가지(목사와 교사를 하나로 해석) 은사는 모두 교회의 리더들에게 주어진 은사다. 말씀을 전하는 일에 관련된 은사다. 말씀을 전하는 일과 관련된 은사에도 이렇게 다양한 은사가 있다. 말씀을 전하는 일에 있어 이런 다양함은 하나됨을 깨트리기 위함이 아니라 하나됨을 위하여 주어진 은사다. 그러기에 우리는 다양한 은사를 깨트리는데 사용할 것이 아니라 하나됨을 위해 사용할 방식을 찾아야 한다.

12 이는 성도를 온전하게 하여 봉사의 일을 하게 하며 그리스도의 몸을 세우려 하심이라
12 He did this to prepare all God's people for the work of Christian service, in order to build up the body of Christ.

4:12 성도를 온전하게 하여 봉사의 일을 하게 하며. 다양한 부분의 사역을 통해 성도는 더욱더 준비된 사람이 된다. 그래서 섬길 수 있는 사람이 된다. **그리스도의 몸을 세우려 하심이라.** '그리스도의 몸'은 교회를 의미한다. 말씀사역을 하는 이들은 다양한 사람을 통해 교회를 세운다. 다른 은사를 가진 사람들 속에서도 마찬가지다. 결국 모든 다양한 은사와 차이점은 결국 '교회를 세우기 위함'이라는 사실을 명심해야 한다. 자신의 은사가 교회를 세우는데 사용되어야 한다. 어떤 은사이든 어떤 크기의 은사이든 마찬가지다. 모든 성도는 죽을 때까지 어느 곳에 있든지 그곳에서 교회를 세우는 일에 사용되어야 한다.

13 우리가 다 하나님의 아들을 믿는 것과 아는 일에 하나가 되어 온전한 사람을 이루어 그리스도의 장성한 분량이 충만한 데까지 이르리니

13 And so we shall all come together to that oneness in our faith and in our knowledge of the Son of God; we shall become mature people, reaching to the very height of Christ's full stature.

4:13 하나님의 아들을 믿는 것...하나가 되어. 우리의 믿음은 하나다. 모두 옳은 것은 아니다. '틀린 것이 아니라 다른 것이다'라는 말을 많이 하지만 또한 '다른 것이 아니라 틀린 것'도 있다는 것을 알아야 한다. 우리는 화평해야 하지만 그 화평은 진리를 위한 화평이다. 화평을 위해 진리가 희생되면 안 된다. 화평한 것이 좋은 것은 그래야 진리를 이룰 수 있기 때문이어야 한다. 진리 없는 화평은 거짓 화평이다. **아는 일에 하나가 되어.** '하나님의 아들을 아는 일'에도 하나가 되어야 한다. 그 안에도 다양성이 있다. 그러나 포용 가능한 다양성과 그렇지 못한 다양성이 있다. 구원 없는 이단이라면 포용 가능하지 않다. 대신 다양함이 있다는 것을 또한 알아야 한다. 다양성 속에서 서로 배워야 한다. 하나(진리)라는 틀 속에서 배워야 한다.

14 이는 우리가 이제부터 어린 아이가 되지 아니하여 사람의 속임수와 간사한 유혹에 빠져 온갖 교훈의 풍조에 밀려 요동하지 않게 하려 함이라

14 Then we shall no longer be children, carried by the waves and blown about by every shifting wind of the teaching of deceitful people, who lead others into error by the tricks they invent.

4:14 어린 아이가 되지 아니하여...속임수...유혹...풍조에 밀려 요동하지 않게. 어린아이는 온갖 유혹에 쉽게 넘어간다. 세상의 말에 요동한다. 그러나 교회는 진리를 가지고 영광의 길을 가는 사람이다. 자신이 영광의 길을 가고 있다는 것을 알아야 어둠의 말에 유혹되지 않을 것이다. 유혹하여 넘어지지 않기 위해 신앙인은 자라가야 한다.

15 오직 사랑 안에서 참된 것을 하여 범사에 그에게까지 자랄지라 그는 머리니 곧 그리스도라

15 Instead, by speaking the truth in a spirit of love, we must grow up in every way to Christ, who is the head.

4:15 범사에 그에게까지 자랄지라. 모든 일에 그리스도의 뜻을 알아야 한다. 어떤 일을 하든 그것을 향한 그리스도의 뜻이 무엇인지를 구분할 수 있어야 한다. 사람들을

보면 그리스도의 뜻을 구분하지 못하는 것을 많이 본다. 우리는 그리스도의 뜻을 따라 살아야 한다는 것을 알면서도 실제로는 그리스도의 뜻을 몰라 잘못된 선택을 할 때가 많다. 그래서 우리는 모든 방면에서 그리스도의 뜻을 구분할 줄 알아야 한다. 그리스도의 뜻을 구분하고 그것을 따라 살 수 있는 능력이 자라가야 한다. 죽을 때까지 계속 자라가야 한다. 더욱더 많이 그리스도의 뜻을 따라 살아야 한다. 그것이 진정 남는 인생이다.

> **16** 그에게서 온 몸이 각 마디를 통하여 도움을 받음으로 연결되고 결합되어 각 지체의 분량대로 역사하여 그 몸을 자라게 하며 사랑 안에서 스스로 세우느니라
> **16** Under his control all the different parts of the body fit together, and the whole body is held together by every joint with which it is provided. So when each separate part works as it should, the whole body grows and builds itself up through love.

4:16 각 지체의 분량대로 역사하여 그 몸을 자라게 하며. 우리는 교회를 자라가게 해야 한다. 교회의 구성원이 그리스도의 뜻을 따라 더 살아가도록 하는 것이 더 자라가는 것이다. 또한 믿지 않는 누군가가 교회에 들어와 그리스도를 주로 믿고 자라가는 것 또한 그러할 것이다. 그렇게 내가 누군가의 자라감을 위해 수고하면 어느새 나 또한 더욱더 자라갈 것이다. 그래서 영광에 영광이 더해진다.

> **17** 그러므로 내가 이것을 말하며 주 안에서 증언하노니 이제부터 너희는 이방인이 그 마음의 허망한 것으로 행함 같이 행하지 말라
> **17** In the Lord's name, then, I warn you: do not continue to live like the heathen, whose thoughts are worthless

4:17 이제부터...이방인이 그 마음의 허망한 것으로 행함 같이 행하지 말라. '이방인'은 믿지 않는 모든 사람을 말한다. 그들은 '허망한' 삶을 살고 있다. 그들은 하나님께서 창조하셨음을 모른다. 창조주를 모르기 때문에 창조주의 뜻을 모르고 삶의 이유를 자신 멋대로 정하여 살고 있다. 결국 목적 없는 삶이 되고 허망하다. '마음(헬. 누스)'로 번역한 헬라어는 인간의 지정의에서 지적인 측면을 말할 때 주로 사용하며 때로는 지정의 모든 측면을 한꺼번에 담아서 사용하기도 한다. 여기에서는 모든 측면을 말하는 것 같다. 마음이 어떤 목적을 가지고 살지 않고 상황에 맞추어 임기응변식으로 살아가는 것을 말한다.

18 그들의 총명이 어두워지고 그들 가운데 있는 무지함과 그들의 마음이 굳어짐으로 말미암아 하나님의 생명에서 떠나 있도다
18 and whose minds are in the dark. They have no part in the life that God gives, for they are completely ignorant and stubborn.

4:18 총명이 어두워지고. '총명(헬.디아노이아)'으로 번역한 헬라어는 주로 '생각' '사고방식' '인식'을 의미한다. 지정의 인격에서 지적인 측면이다. 지적인 이해가 어두워 있다. 어둠 가운데 있다. 물론 세상 사람들의 지적인 수준이 떨어진다는 것을 의미하는 것은 아니다. 그러나 가장 중요한 하나님을 아는 지식에 있어서는 어둡다. **하나님의 생명에서 떠나 있도다.** 하나님께서 주시는 생명에서 멀어져 있다는 것이다. 하나님께서 주시는 생명에 대한 지식을 가지고 있지 않다는 의미다. **마음이 굳어짐으로.** '마음(헬.카르디아)'으로 번역한 단어는 주로 감정적인 측면을 말하는 단어다. 마음이 굳어 있고 냉냉하여 하나님의 사랑하는 마음을 깨닫지 못하는 것을 말한다. 세상은 하나님의 사랑으로 가득하다. 그러나 그들은 그 속에서 하나님의 사랑을 느끼지 못한다. 마음이 굳어 있기 때문이다.

19 그들이 감각 없는 자가 되어 자신을 방탕에 방임하여 모든 더러운 것을 욕심으로 행하되
19 They have lost all feeling of shame; they give themselves over to vice and do all sorts of indecent things without restraint.

4:19 방탕에 방임하여. 지식과 감정적인 측면에 있어 기준이 없기 때문에 그들의 행동은 방임 가운데 놓이게 된다. 그래서 수많은 방탕함이 있다. **더러운 것을 욕심으로 행하되.** 기준이 없기 때문에 욕심을 따라 행동한다. 욕심으로 무엇을 하고자 하여도 그것을 막을 것이 없다. 그래서 의지적인 면에 있어 많은 잘못된 행동이 나온다.
물론 세상 모든 사람이 방탕함에 이른다는 것은 세상적인 윤리가 기준은 아니다. 세상적인 윤리에 있어서도 불신자들은 신자보다 더 방탕할 수밖에 없다. 그들은 기준 자체가 신자들과는 다르기 때문이다. 그러나 때로는 양심이나 사회적 윤리에 뛰어난 사람이 있어 일상적으로 보기에 신자보다 더 훌륭한 사람이 있을 수 있다. 그러나 그래도 그것은 방탕이다. 왜 그럴까? 그들의 행동은 하나님의 뜻을 따라 하는 것이 아니기 때문이다. 창조주의 뜻과 목적이 아니기 때문이다.

20 오직 너희는 그리스도를 그같이 배우지 아니하였느니라
20 That was not what you learnt about Christ!

4:20 첫 부분에 '그러나'를 생략하고 번역하였다. 헬라어는 '그러나'가 들어가 있다. **그리스도를 그같이 배우지 아니하였느니라.** 교회가 된다는 것은 그가 그리스도를 주로 받아들였음을 의미한다. 그리스도를 주로 받아들였으면 그리스도의 뜻과 마음과 삶을 알아야 한다. 지정의가 조화된 인격적인 '그리스도의 주 되심'이 이루어져야 믿는 것이다. 교회가 된 것이다. 그러니 교회가 되었다는 것은 더 이상 그들이 옛날에 살던 방식으로 살면 안 된다는 것을 의미한다.

21 진리가 예수 안에 있는 것 같이 너희가 참으로 그에게서 듣고 또한 그 안에서 가르침을 받았을진대
22 너희는 유혹의 욕심을 따라 썩어져 가는 구습을 따르는 옛 사람을 벗어 버리고
21 You certainly heard about him, and as his followers you were taught the truth that is in Jesus.
22 So get rid of your old self, which made you live as you used to—the old self that was being destroyed by its deceitful desires.

4:22 유혹의 욕심을 따라. 거짓된 욕심을 따르는 것을 말한다. 욕심은 그것이 거짓인지 참인지를 구분하지 못하게 한다. **구습을 따르는.** 과거의 삶 방식을 말한다. **벗어 버리고.** 이 당시 세례를 받을 때 옛날의 옷을 벗고 깨끗한 옷으로 갈아 입었다. 그렇게 옷을 갈아 입는 것만이 아니라 삶의 방식도 갈아 입어야 함을 의미한다. 그러기에 일단 과거의 삶의 방식을 벗어 던져야 한다. 자신의 생각과 욕심대로 살던 방식을 벗어 던져야 한다. 자신의 생각과 욕심을 벗고 무엇을 입어야 할까?

23 오직 너희의 심령이 새롭게 되어
23 Your hearts and minds must be made completely new,

4:23 심령이 새롭게 되어. '심령(헬. 누스)'은 17절의 '마음'과 같은 단어다. 지정의 총체적으로 우리의 마음을 새롭게 하여야 한다. 지식과 감정과 의지가 새로워야 한다. 자신의 생각대로가 아니라 그리스도의 뜻을 따라 생각해야 한다. 자신의 감정에 따라 마음대로 미워하는 것이 아니라 그리스도의 마음을 따라 우리의 마음도 그렇게 느껴

야 한다. 그리스도께서 기뻐하시는 것을 기뻐하고 싫어하시는 것을 싫어하도록 해야 한다. 그리스도의 마음에 자신의 마음을 포개야 한다. 모든 것에 있어 그렇게 새로워야 한다.

결혼한 사람은 자신의 생각과 감정으로만 하면 안 된다. 배우자의 생각과 감정을 고려해야 한다. 만약 과거에 어떤 집 종으로 들어갔다면 더욱더 그러해야 할 것이다. 그리스도를 자신의 주인으로 받아들인 사람이라면 어떨까? 더욱더 모든 면에서 새롭게 되어야 한다. 철저히 새롭게 되어야 한다.

> **24** 하나님을 따라 의와 진리의 거룩함으로 지으심을 받은 새 사람을 입으라
> **24** and you must put on the new self, which is created in God's likeness and reveals itself in the true life that is upright and holy.

4:24 하나님...지으심을 받은 새 사람. 이것은 마치 재창조와 같다. 하나님께서 우리를 뿌리부터 새롭게 하실 것이다. 다시 태어난 것이다. 다시 창조된 것이다. **의.** 늘 '의'가 기준이 되어 사는 사람이다. 우리를 향한 하나님의 뜻이 있다. 일반 계시와 특별 계시로 주어진 하나님의 뜻이 있다.하나님의 뜻이라면 무엇이든지 하겠다는 단호한 결심과 하나님의 뜻을 더욱더 알아가기 위한 수고가 함께 어우러져 '의'를 이루어 간다. **거룩.** 성결이고 경건이다. 우리의 모든 삶이 성결하고 경건한 행동이 되도록 해야 한다. 그렇게 새 사람이 되어가는 것이다. 옛 삶의 패턴을 완전히 버려야 한다. 새 사람으로서 새 삶의 패턴을 배워가고 그것을 따라가야 한다.

> **25** 그런즉 거짓을 버리고 각각 그 이웃과 더불어 참된 것을 말하라 이는 우리가 서로 지체가 됨이라
> **25** No more lying, then! Each of you must tell the truth to one another, because we are all members together in the body of Christ.

4:25 거짓을 버리고 각각 그 이웃과 더불어 참된 것을 말하라. 거짓말을 하지 말고 참된 것을 말하라고 말한다. 거짓말은 거짓과 참에 대해 말할 때 대표적인 행동으로 사용한 것으로 보인다.

믿음의 사람은 기본적으로 진리 위에 있어야 한다. 그래서 수없이 하는 말을 참되게 하는 사람으로 바뀌어야 한다. 말을 참되게 바꾸고 다른 모든 것도 참되게 바꾸어야 한다. 신앙인은 진리를 발견한 사람이다. 진리가 그 안에 있는 사람이다. 그러기에 이

제 거짓과는 완전히 이별하고 참과 하나가 되어야 한다. 세상에서는 수많은 이유로 거짓말이 합리화될 때가 많다. 그러나 진리의 사람은 진리를 말해야 한다. **우리가 서로 지체가 됨이라.** 교회 안에서 서로를 향해 거짓말을 하면 결국 거짓이 순환하게 된다. 한 몸이기 때문이다. 그래서 더욱더 거짓이 왕성하게 될 것이다. 그러기에 교회 안에서는 더욱더 거짓말을 하지 말아야 한다. 참된 것을 말하여 참이 교회 안에 가득하게 해야 한다.

26 분을 내어도 죄를 짓지 말며 해가 지도록 분을 품지 말고
26 If you become angry, do not let your anger lead you into sin, and do not stay angry all day.

4:26 분을 내어도 죄를 짓지 말며. 분은 가능한 표출되지 않는 것이 좋다. '선의의 분노'라 말하여도 주로 악한 경우가 많다. 그래서 분을 내지 않되 혹 선의의 경우라 생각하여 분을 내어도 그것이 죄로 연결되지 않도록 해야 한다. **해가 지도록 분을 품지 말고.** 선한 분노라 하여도 해가 지나도록 품지는 말아야 한다. 분노는 열매를 맺지 못한다. 진정 선을 이루기 원한다면 분노 가운데 있을 것이 아니라 분노의 방에서 나와 방법을 찾아야 한다.

27 마귀에게 틈을 주지 말라
27 Don't give the Devil a chance.

4:27 '틈(헬. 토포스)'은 '공간'을 의미한다. 분노하고 있으면 마귀가 움직일 공간을 주는 것이다. 분노하고 있으면 마귀가 그 사람 안에 파고 들 공간이 만들어진다. 마귀의 속삭임으로 인하여 죄로 이어지는 행동을 하게 만든다.
거룩한 분노는 보통 처음에는 그 사람이 잘못하고 나는 잘못이 없었다. 그런데 분노가 지속되면 마귀의 사악이 끼어듦으로 인해 그 사람의 잘못에 나의 잘못까지 더하는 결과를 만들어 낸다. 그러니 진정 나의 감정이 아니라 진리를 위하는 사람이라면 분노를 빨리 멈추어야 한다. 분노하면 처음에는 분명 거짓에 대한 분노였는데 분노하는 순간 진리가 아니라 나의 감정에 사로잡히게 된다. 나의 감정이 커지면서 거짓으로 치닫게 된다. 결국 거짓이 승리한다.

28 도둑질하는 자는 다시 도둑질하지 말고 돌이켜 가난한 자에게 구제할 수 있도록 자기 손으로 수고하여 선한 일을 하라
28 Those who used to rob must stop robbing and start working, in order to earn an honest living for themselves and to be able to help the poor.

4:28 도둑질하지 말고 돌이켜 가난한 자에게 구제. 새 사람은 도둑질하지 말아야 한다. 그런데 도둑질하지 않는 것에 그치는 것이 아니라 구제하는 사람이 되어야 한다. '거짓의 사람이 안 되는 것'만으로는 안 된다. '진리의 사람이 되는 것'까지 나가야 한다. 거짓을 행하지 않으려는 노력이 좋다. 그러나 그것을 노력만 하면 더 힘들 것이다. 그 안에 진리가 채워져야 거짓이 들어가지 못한다.

29 무릇 더러운 말은 너희 입 밖에도 내지 말고 오직 덕을 세우는 데 소용되는 대로 선한 말을 하여 듣는 자들에게 은혜를 끼치게 하라
29 Do not use harmful words, but only helpful words, the kind that build up and provide what is needed, so that what you say will do good to those who hear you.

4:29 더러운 말은 너희 입 밖에도 내지 말고 오직 덕을 세우는 데 소용되는 대로 선한 말. 무가치한 말을 안 하는 것으로 그치는 것이 아니라 가치 있는 말을 하기 위해 생각해야 한다. 그렇게 거짓을 안 하는 것만이 아니라 진리를 행하는 자리로 나가야 한다.

30 하나님의 성령을 근심하게 하지 말라 그 안에서 너희가 구원의 날까지 인치심을 받았느니라
30 And do not make God's Holy Spirit sad; for the Spirit is God's mark of ownership on you, a guarantee that the Day will come when God will set you free.

4:30 하나님의 성령을 근심하게 하지 말라. 믿음의 사람에게는 '성령의 내주'가 있다. 성령이 근심하지 않도록 살아야 한다. 세상 사람은 그 안에 성령의 내주가 없다. 그들은 하나님 때문이 아니라 자기 자신 때문에 착한 행동을 한다. 자신의 인내하는 능력으로 참고, 체면 때문에 참고, 명예 때문에 참는다. 그것도 가치 있다. 그러나 기독교의 성령의 내주와는 전적으로 다르다. 기독교인은 그 안에 성령이 내주하신다. 그래서 하나님의 뜻이 아닌 일을 하면 마음이 불편하다. 성령이 싫어하시는 것을 느낀다. 그래서 성경이 말하는 것을 행한다. 자신의 뜻이 아니라 하나님의 뜻을 따라 행동한다.

31 너희는 모든 악독과 노함과 분냄과 떠드는 것과 비방하는 것을 모든 악의와 함께 버리고

31 Get rid of all bitterness, passion, and anger. No more shouting or insults, no more hateful feelings of any sort.

4:31 떠드는 것. 다툼을 의미한다. 이 구절에서 버리라고 말하는 것들은 상식적인 일이다. 상식적이지만 행동으로는 어렵다. 왜 그럴까? 여전히 자신이 주인이기 때문이다. 자신의 생각과 감정을 따르기 때문이다. 이 때 성경이 말하는 것처럼 성령을 따라야한다. 내가 어떻게 생각하고, 어떤 느낌이고, 어떻게 하고 싶은 것이 아니라 성령이 어떤 생각을 가지고 계신지를 생각하고 그것에 따라 사는 것이 성령의 사람이다. 자기 자신 때문이 아니라 성령 하나님 때문에 행동해야 한다.

32 서로 친절하게 하며 불쌍히 여기며 서로 용서하기를 하나님이 그리스도 안에서 너희를 용서하심과 같이 하라

32 Instead, be kind and tender-hearted to one another, and forgive one another, as God has forgiven you through Christ.

4:32 서로 친절하게. 우리는 서로를 향하여 친절해야 한다. 마음에 들지 않더라도 친절해야 한다. **불쌍히 여기며.** '따스한 마음으로'가 더 어울리는 해석이다. 서로를 따뜻한 마음으로 대해야 한다. 서로 용서해야 한다. 도저히 용서할 수 없다고 말하는 경우를 본다. 그러나 그리스도께서 우리를 용서하실 때는 더욱더 용서할 수 없는데 용서하신 것이다. 그러기에 우리에게 용서할 수 없는 사람은 없다. 그것이 용서에 있어 '대전제'다. 그리스도의 마음을 따라 용서해야 한다. 그것이 성령의 사람이다. 내 마음이 아니라 성령의 마음을 따라 행동해야 한다.

5장

1 그러므로 사랑을 받는 자녀 같이 너희는 하나님을 본받는 자가 되고

1 Since you are God's dear children, you must try to be like him.

5:1 하나님을 본받는 자가 되고. 신앙인은 하나님을 본받는 사람이어야 한다. 사람은 본래 하나님의 형상 따라 창조함을 받았다. 타락으로 많이 깨졌으나 그것을 다시 회

복해야 한다. **사랑을 받는 자녀 같이.** 하나님을 닮는 삶은 종이 주인에게 의무적으로 복종하는 것과 다르다. 신앙인은 하나님의 사랑을 받는 존재다. 사랑받는 자녀가 부모에게 순종하는 것처럼 순종하는 것이다.

> 2 그리스도께서 너희를 사랑하신 것 같이 너희도 사랑 가운데서 행하라 그는 우리를 위하여 자신을 버리사 향기로운 제물과 희생제물로 하나님께 드리셨느니라
> 2 Your life must be controlled by love, just as Christ loved us and gave his life for us as a sweet-smelling offering and sacrifice that pleases God.

5:2 우리가 하나님을 닮는 것은 모든 면에서 그래야 한다. 그 중에 한 가지를 구체적으로 말한다. **그리스도께서 너희를 사랑하신 것 같이 너희도 사랑 가운데서 행하라.** 우리는 그리스도의 사랑을 닮아야 한다. **자신을 버리사 향기로운 제물과 희생제물로 하나님께 드리셨느니라.** 그리스도께서 우리를 사랑하셨고 특별히 희생적 사랑까지 하셨다. 우리도 이웃을 사랑해야 한다. 특별히 희생적 사랑까지 해야 한다. 자신을 제물로 드리는 희생적 사랑을 닮아가야 한다.

> 3 음행과 온갖 더러운 것과 탐욕은 너희 중에서 그 이름조차도 부르지 말라 이는 성도에게 마땅한 바니라
> 3 Since you are God's people, it is not right that any matters of sexual immorality or indecency or greed should even be mentioned among you.

5:3 사람들은 이웃이 아니라 자기 자신의 마음과 욕심에 잡혀 있는 경우가 많다. **음행과 온갖 더러운 것과 탐욕.** 이름조차도 발음하지 말라고 한다. 이것은 모두 음행과 관련된 것이다. 사람의 헛되고 추한 욕심 중에 음행을 구체적인 예로 들어 말하고 있다. 이웃을 생각하기 보다는 자신의 욕심만 챙기는 것은 잘못이다. 특히 간음은 철저히 자신의 욕심에 사로잡힌 행동이다. 하나님을 닮아가고 그리스도의 희생적 사랑으로 이웃을 바라보는 것과 거리가 멀다.

> 4 누추함과 어리석은 말이나 희롱의 말이 마땅치 아니하니 오히려 감사하는 말을 하라
> 4 Nor is it fitting for you to use language which is obscene, profane, or vulgar. Rather you

should give thanks to God.

5:4 감사하는 말을 하라. 감사는 하나님이나 이웃을 향하는 말이다. 자신의 삶에서 하나님을 바라보고 이웃을 배려하는 마음이 감사로 나온다. 자신의 감정에 집중된 헛된 말이 아니라 하나님을 향하고 이웃을 배려하는 마음으로 감사의 말을 해야 한다.

5 너희도 정녕 이것을 알거니와 음행하는 자나 더러운 자나 탐하는 자 곧 우상 숭배자는 다 그리스도와 하나님의 나라에서 기업을 얻지 못하리니
5 You may be sure that no one who is immoral, indecent, or greedy (for greed is a form of idolatry) will ever receive a share in the Kingdom of Christ and of God.

5:5 음행하는 자...하나님의 나라에서 기업을 얻지 못하리니. 자신의 마음 욕심(구체적인 예로는 음행)에 집중하고 있는 이들에 대한 말이다. 하나님을 닮아가지 않는 사람은 결코 구원에 이르지 못할 것이다.

6 누구든지 헛된 말로 너희를 속이지 못하게 하라 이로 말미암아 하나님의 진노가 불순종의 아들들에게 임하나니
6 Do not let anyone deceive you with foolish words; it is because of these very things that God's anger will come upon those who do not obey him.

5:6 헛된 말로 너희를 속이지 못하게 하라. 탐욕으로 똘똘 뭉쳐 있으면서도 회개하지 않고 '믿음으로 구원을 얻는다'고 말하는 사람이 있다. 하나님을 닮아가지 않으면서 믿음을 가지고 있다고 말할 수 없다. 그런 말은 헛된 말이다. 하나님의 말씀에 불순종하는 이들은 결코 믿음의 사람이 아니다. 하나님의 자녀는 하나님을 닮은 사람이다. 자녀가 부모를 닮지 않으면 자녀가 아니다. 우리는 하나님의 자녀로서 하나님을 닮는 사람이 되어야 한다. 특별히 희생하는 사랑을 닮아야 한다.

7 그러므로 그들과 함께 하는 자가 되지 말라
8 너희가 전에는 어둠이더니 이제는 주 안에서 빛이라 빛의 자녀들처럼 행하라
7 So have nothing at all to do with such people.
8 You yourselves used to be in the darkness, but since you have become the Lord's people, you are in the light. So you must live like people who belong to the light,

5:8 하나님을 닮아가야 하는 부분으로서 또 하나를 구체적으로 말한다. **빛의 자녀들**

처럼 행하라. 우리는 하나님의 자녀이다. 빛의 자녀다. 그래서 빛의 자녀로서 행하는 일을 닮아가야 한다.

9 빛의 열매는 모든 착함과 의로움과 진실함에 있느니라
9 for it is the light that brings a rich harvest of every kind of goodness, righteousness, and truth.

5:9 빛의 자녀로서 이루어야 하는 열매를 보라. **착함과 의로움과 진실함.** 무엇을 하든지 착하고(좋음, 덕스러움, 관대함) 의롭고(진리) 진실(신실)해야 한다. 때로는 착함과 의로움이 상충될 때도 있는 것 같지만 그렇지 않다. 잘 분별해야 한다.

10 주를 기쁘시게 할 것이 무엇인가 시험하여 보라
10 Try to learn what pleases the Lord.

5:10 시험하여 보라. 주를 기쁘시게 할 것을 '시험'하라고 말한다. 시험은 '조사하다' '살펴보다'도 된다. 무엇이 주를 기쁘시게 할 것인지를 고민하고 잘 생각해 보아야 한다. 우리는 많이 모른다. 그래서 말씀을 더 많이 배워서 주의 뜻을 알아야 한다. 기도 가운데 하나님의 뜻을 알아야 한다. 실제적으로 고민하면서 적용하면서 배워가야 한다. 주를 기쁘시게 하는 것을 행하겠다는 원칙을 가지는 것도 쉽지 않지만 그것을 실제 적용해 가는 것도 결코 쉽지 않다. 오직 주를 기쁘시게 하고자 하는 깊은 열정을 가지고 있고 실제로 배워가야만 할 수 있다.

11 너희는 열매 없는 어둠의 일에 참여하지 말고 도리어 책망하라
11 Have nothing to do with the worthless things that people do, things that belong to the darkness. Instead, bring them out to the light.

5:11 어둠의 일에 참여하지 말고. 우리는 빛의 자녀이기에 어둠의 일에 참여하면 안 된다. 그것이 어둠의 일인지 빛의 일인지 궁금하다면 드러내 보면 알 수 있다. '책망하라'는 말은 '드러내다' '빛으로 비추다' '자세히 조사하다' 등으로 번역해도 좋다. 여기에서는 그것이 더 나을 것 같다.

12 그들이 은밀히 행하는 것들은 말하기도 부끄러운 것들이라

12 (It is really too shameful even to talk about the things they do in secret.)

5:12 말하기도 부끄러운 것. 어둠의 일이 어둠 안에 있을 때는 혼란스러워도 빛에 비추어 보면 명확해지는 경우가 많다.

13 그러나 책망을 받는 모든 것은 빛으로 말미암아 드러나나니 드러나는 것마다 빛이니라

13 And when all things are brought out to the light, then their true nature is clearly revealed;

5:13 빛으로 말미암아 드러나나니. 우리의 삶에 빛을 비추어야 한다. 착함과 의로움과 진실함이라는 빛을 비추어야 한다. 하나님의 뜻이라는 빛을 비추어야 한다. 그러면 어느새 어둠의 일이 빛의 일이 될 것이다. '드러나는 것마다 빛이니라'는 말씀처럼 우리의 삶이 빛으로 바뀔 것이다.

14 그러므로 이르시기를 잠자는 자여 깨어서 죽은 자들 가운데서 일어나라 그리스도께서 너에게 비추이시리라 하셨느니라

14 for anything that is clearly revealed becomes light. That is why it is said: "Wake up, sleeper, and rise from death, and Christ will shine on you."

5:14 잠자는 자여 깨어서 죽은 자들 가운데서 일어나라. 신앙인에게는 생명이 있다. 잠자고 있으면 활동하지 못한다는 면에서 죽은 자와 같다. 죽은 자처럼 어둠의 일을 하고 있을 수 있다. 이제 깨어야 한다. 우리의 삶이 빛의 열매를 맺게 해야 한다. 우리는 빛의 자녀다. 그러니 빛의 열매를 맺으며 살고 있어야 한다.

15 그런즉 너희가 어떻게 행할지를 자세히 주의하여 지혜 없는 자 같이 하지 말고 오직 지혜 있는 자 같이 하여

15 So be careful how you live. Don't live like ignorant people, but like wise people.

5:15 너희가 어떻게 행할지를 자세히 주의하여. 우리는 하나님의 사랑을 받는 자녀다. 빛의 자녀다. 하나님을 본받는 자가 되기 위해 주의하여 살피는 삶을 살아야 한다. 영광스러운 사람이니 영광스러운 삶이 되도록 주의해야 한다. **지혜 있는 자 같이 하여.** 하나님을 경외함에서 나오는 지혜가 필요하다. 지혜는 믿음이 이끄는 풍성한 삶의 안

내 역할을 한다. 지혜 없는 사람이 되지 말고 지혜 있는 사람이 되어야 한다. 어떤 사람은 믿음이 있는 것 같은데 지혜가 없다. 그래서 추한 모습의 삶을 살 때가 많다. 믿음은 단면이 아니다. 매우 깊고 풍성하다. 믿음이라는 한 글자로 안 된다. 믿음을 위해서는 모든 것이 믿음으로 사는 것이 되어야 한다. 그러기에 믿음의 사람은 하나님의 뜻을 잘 구분하는 지혜로운 삶이 되도록 자신의 삶을 잘 살펴야 한다.

16 세월을 아끼라 때가 악하니라
16 Make good use of every opportunity you have, because these are evil days.

5:16 세월을 아끼라. 직역하면 '시간을 구하라'이다. 우리는 눈을 뜨면 매일 24시간이 주어진다. 그 시간을 하나님의 뜻을 따라 살면 귀한 인생이 된다. 그러나 하나님의 뜻을 벗어나 살면 버려진 시간이 된다. **때가 악하니라.** 때가 악하기에 더욱더 정신 차리고 하나님의 뜻을 구해야 한다. 세상 사람들이 사는 대로 그냥 살면 결국 세상의 악을 닮게 된다. 세상이 좋은 것이라 말하여도 그냥 따라가면 안 된다. 그것이 하나님의 뜻인지 살펴보아야 한다. 오직 하나님의 뜻을 따라 살아야 한다. 하나님의 뜻에 따라 살아가는 것이 믿음의 삶이고, 모든 시간이 구원받은 시간이 되고, 남는 인생이 된다. 하나님의 뜻에 따라 살지 않으면 모든 시간이 버려진 시간이다.

17 그러므로 어리석은 자가 되지 말고 오직 주의 뜻이 무엇인가 이해하라
17 Don't be fools, then, but try to find out what the Lord wants you to do.

5:17 주의 뜻이 무엇인가 이해하라. '주의 뜻이 무엇'인지를 알고 살아야 한다. 크게는 인생을 향한 하나님의 뜻을 알아야 한다. 목적을 알아야 한다. 자신을 향한 하나님의 뜻이 무엇인지도 알아야 한다. 큰 계획표와 작은 계획표를 가지고 하나님의 뜻이 무엇인지 알아야 한다. 하루를 시작하며 자신을 향한 하나님의 뜻을 알아야 한다.
하나님의 뜻을 행하고 싶어도 무엇이 하나님의 뜻인지 다 알 수는 없다. 무엇이든지 아는 만큼만 보인다. 특별히 하나님의 말씀을 아는 만큼 하나님의 뜻을 구분할 수 있을 것이다. 정비례하지는 않지만 분명히 비례한다. 그러기에 우리는 말씀을 매일 더 알아가야 한다. 그래서 내 삶에서 일어나는 일을 말씀으로 비추어 보고 하나님의 뜻이 무엇인지를 구별하면서 살아야 한다.

18 술 취하지 말라 이는 방탕한 것이니 오직 성령으로 충만함을 받으라

18 Do not get drunk with wine, which will only ruin you; instead, be filled with the Spirit.

5:18 술 취하지 말라. 두 가지 해석이 가능하다. 술에 취하면 건전한 이성이 마비된다. 그래서 술 취하지 말라는 말씀일 수 있다. 두 번째는 황홀경과 관련 있을 수 있다. 이 당시 술의 신 디오니소스를 예배하는 방식이 술 취함이었다. 술에 취해 흥분하고 황홀경에 빠지는 방식이 그들의 예배 방식이었다. 그것처럼 기독교 안에서도 성찬이나 애찬을 통해 포도주를 마실 때 그것을 통해 술에 취하고 황홀경으로 예배하려는 문화와 사람이 있었을 수 있다. 어쩌면 그들에게 바른 성령 충만함에 대해 말하는 것일 수도 있다. **성령으로 충만함을 받으라.** 성령으로 충만한 것은 술 취함과 다르다. 술 취함은 이성이 마비된다. 그러나 성령의 충만은 건전한 이성을 가져야 한다. 성령 충만함을 비이성적인 이상한 모습으로 전락시키지 말아야 한다.

19 시와 찬송과 신령한 노래들로 서로 화답하며 너희의 마음으로 주께 노래하며 찬송하며

19 Speak to one another with the words of psalms, hymns, and sacred songs; sing hymns and psalms to the Lord with praise in your hearts.

5:19 시와 찬송과 신령한 노래. 아마 서로 조금 다른 음악의 형식을 말하는 것 같다. 찬송은 '곡조 있는 기도'다. 찬송은 기도하는 마음으로 해야 한다. '어떤 음악 쟝르인가'는 중요하지 않다. 찬송의 대상이 중요하다. 그리고 건전한 이성을 가지고 있는 것이 중요하다. **마음으로 주께 노래하며.** 기도는 마음으로 해야 한다. 마음 없는 기도는 기도가 아니다. 찬양도 그렇다. 찬양의 가사를 마음으로 생각하지 않고 느끼지 않고 부르는 것은 찬양이 아니다. 슬픈 노래를 부르면서 얼굴이 웃고 있고, 기쁜 가사를 고백하면서 슬퍼하고 있으면 하나님을 향한 찬양이 아니다.

20 범사에 우리 주 예수 그리스도의 이름으로 항상 아버지 하나님께 감사하며

20 In the name of our Lord Jesus Christ, always give thanks for everything to God the Father.

5:20 범사에...하나님께 감사하며. 찬양하다 보면 하나님의 뜻을 깨닫게 된다. 그래서 찬양하면서 감사하게 된다. 하나님의 뜻을 알기 전에는 불평이 더 많다. 그러나 하나님의 뜻을 이해하면 감사로 가득하게 된다.

우리는 기도함으로 하나님의 뜻을 이해하고 감사해야 한다. 말씀을 통해 하나님의 뜻을 찾을 때는 앞으로의 일에 대한 것이 많다면 찬양하는 기도는 일어난 일에 대해 하나님의 뜻을 알게 될 때가 많다. 하나님의 뜻을 수용하는 뜻 찾기 일 때가 많다. 감사만큼 정확한 하나님의 뜻은 없을 것이다. 하루를 살고 조용히 찬송하라. 찬송을 통해 자신에게 일어난 일에 대해 감사하면서 고백하라. 큰 은혜가 오늘도 함께 하셨음에 감사하며 찬양하라. 기도하라. 그것이 성령 충만한 삶이다.

21 그리스도를 경외함으로 피차 복종하라
21 Submit yourselves to one another because of your reverence for Christ.

5:21 피차 복종하라. 성령 충만한 사람은 사람과의 관계에 있어 피차 복종해야 한다. 이 구절은 6장 9절까지 나오는 모든 사람들의 관계에 대한 것이다. '피차' 복종하라는 것은 이것이 상호관계인 것을 볼 수 있다. 이후에 나오는 관계에 있어 서로 피차 복종하는 마음을 가져야 한다. 특별히 서로 그 역할에 복종해야 한다.
바울은 성령 충만할 때 맺어지는 사람 관계에 대해 말하고 있다. 사람과의 관계와 성령 충만이 관계가 없는 것처럼 보일 수 있다. 그러나 사실은 매우 밀접하다. 성령 충만하면 사람과의 관계가 바른 관계가 된다. 사랑하는 관계가 된다. 사람을 사랑하고 있지 않으면 결코 성령 충만할 수 없다.

22 아내들이여 자기 남편에게 복종하기를 주께 하듯 하라
22 Wives, submit to your husbands as to the Lord.

5:22 아내들이여 자기 남편에게 복종하기를. 부부관계에 대해 가장 먼저 말한다. 가장 길게 말한다. 모든 관계에서 가장 중요한 관계는 부부관계다. 부부는 행복한 관계가 되어야 한다. 험한 세상을 서로 도우며 살아가도록 하나님께서 배우자를 선물로 주셨다. 서로의 신앙생활을 위해서도 부부는 가장 중요하다. 부부의 인연은 물론 이 땅으로 한정되어 있다. 그러나 이 땅에서 가장 중요한 관계다. 가장 소중히 여겨야 한다. 깨트리지 말아야 한다. 부모 자식보다 부부관계가 우선이다.
아내는 '남편에게 복종해야 한다'고 말한다. 이것은 이 당시 가장 일반적인 사고였다. 당시 유대인 철학자인 필로나 역사가인 요세푸스의 글을 보면 아내가 남편에게 마치 노예가 순종하듯이 맹목적인 순종을 해야 한다고 말한다. 남편의 책임은 돌봄과 보호만 하면 된다. 오늘 본문에 나온 것처럼 남편의 책임이 그렇게 많지 않았다. 이 시대는 바른 결혼관계에 있어 이상적인 모습과 훨씬 거리가 먼 모습이었다. 이 글은 그 시대 사람들이 주 독자였다는 것을 감안해야 한다.

> **23** 이는 남편이 아내의 머리 됨이 그리스도께서 교회의 머리 됨과 같음이니 그가 바로 몸의 구주시니라
> **24** 그러므로 교회가 그리스도에게 하듯 아내들도 범사에 자기 남편에게 복종할지니라
> **23** For a husband has authority over his wife just as Christ has authority over the church; and Christ is himself the Saviour of the church, his body.
> **24** And so wives must submit completely to their husbands just as the church submits itself to Christ.

5:24 교회가 그리스도에게 하듯. 이것을 오해하지는 말아야 한다. 남편은 그리스도처럼 높고 아내는 교회처럼 낮다고 말하는 것이 아니다. 여기에서는 복종에 대해서 말하고자 하는 것이다. **범사에 자기 남편에게 복종할지니라.** 이것이 보편적 명령인지 아니면 이 시대에 해당하는 명령인지는 분명하지 않다. 뒷 부분을 보면 종이 주인에게 순종하는 것에 대해 말하는데 그것은 그 시대에 해당하는 명령이기 때문이다. 시대가 그것을 요구할 때 아내는 어떻게 해야 할까? 시대의 요구에 따라 남편에게 복종하는 것은 나쁜 것이 아니다. 그것을 통해 겸손함을 배울 수 있다. **그리스도에게 하듯.** 남편에게 복종하는 것은 남편이 신분이 높기 때문이 아니다. 아마 이 시대에는 신분이 더 높은 것처럼 여겼을 것이다. 그러나 이 시대에도 신분이 더 높아서가 아니라 역할로서 남편에게 복종하는 것이 맞다. 남편에게 복종하는 것이 그리스도께 복종하는 것에 대한 훈련이요 실제로 그리스도께 복종하는 마음으로 하는 것을 말한다.

오늘날은 아내가 남편에게 복종하는 경우가 많지 않은 것 같다. 시대가 그것을 요구하지 않는다. 그러나 아내에게 성경이 말하는 한 가지는 분명해 보인다. 최소한 한 가지는 복종해야 한다. 그리스도의 명령에 어긋나지 않는다는 전제하에 복종해야 하는 것이 하나 있다. 그것은 결혼관계가 깨트려지지 않도록 하는 복종이다. 서로 평행선을 달려서 누군가 더 복종해야 한다면 오늘 본문을 적용해 보는 것이 좋을 것 같다.

> **25** 남편들아 아내 사랑하기를 그리스도께서 교회를 사랑하시고 그 교회를 위하여 자신을 주심 같이 하라

25 Husbands, love your wives just as Christ loved the church and gave his life for it.

5:25 아내 사랑하기를 그리스도께서 교회를 사랑하시고. 남자들은 자신의 아내를 사랑해야 한다. 아내를 사랑하는 것은 당시 남편의 책임이 아니었다. 그러나 당시에도 그것을 절대적으로 반대하지는 않았다. 사실 아내 사랑하는 것은 그 시대에만 해당하는 것이 아니라 남편이 해야 하는 이상적인 모습으로 성경이 말하는 것이다. 명령하는 것이다. 남자가 성령 충만하고자 한다면 아내를 사랑해야 한다.

26 이는 곧 물로 씻어 말씀으로 깨끗하게 하사 거룩하게 하시고
27 자기 앞에 영광스러운 교회로 세우사 티나 주름 잡힌 것이나 이런 것들이 없이 거룩하고 흠이 없게 하려 하심이라
28 이와 같이 남편들도 자기 아내 사랑하기를 자기 자신과 같이 할지니 자기 아내를 사랑하는 자는 자기를 사랑하는 것이라
26 He did this to dedicate the church to God by his word, after making it clean by washing it in water,
27 in order to present the church to himself in all its beauty—pure and faultless, without spot or wrinkle or any other imperfection.
28 Men ought to love their wives just as they love their own bodies. A man who loves his wife loves himself.

5:28 남편들도 자기 아내 사랑하기를 자기 자신과 같이 할지니. 남편은 자신의 아내를 자신을 사랑하는 것처럼 사랑해야 한다. 이 구절은 아마 남편이 조금 더 상위에 위치하고 아내는 낮은 자리에 위치했던 당시의 시대를 염두에 두고 하는 말일 것이다. 그러나 오늘날 남편이 가정에서 아내보다 더 힘이 없다고 '사랑하라'는 말이 거짓이 되는 것은 아닐 것이다. 사랑하라는 말은 언제든 진리다.

29 누구든지 언제나 자기 육체를 미워하지 않고 오직 양육하여 보호하기를 그리스도께서 교회에게 함과 같이 하나니
30 우리는 그 몸의 지체임이라
31 그러므로 사람이 부모를 떠나 그의 아내와 합하여 그 둘이 한 육체가 될지니
32 이 비밀이 크도다 나는 그리스도와 교회에 대하여 말하노라
29 (People never hate their own bodies. Instead, they feed them and take care of them, just as Christ does the church;
30 for we are members of his body.)
31 As the scripture says, "For this reason a man will leave his father and mother and unite with his wife, and the two will become one."

32 There is a deep secret truth revealed in this scripture, which I understand as applying to Christ and the church.

5:32 바울은 부부관계에 대해 말하다가 창세기의 말씀을 생각하였다. '둘이 한 육체가 된다는 것'을 그리스도와 교회가 하나가 된다는 것과 관련시켜 생각하였다. 그리스도와 교회가 하나가 되듯이 부부는 하나가 되어야 한다. 하나가 된다는 것이 어렵다. 세상에서 어떤 관계인들 하나가 되는 것이 쉽지 않다. 가장 가능성이 큰 것이 부부관계다. 부부는 하나가 되어야 한다. 그리스도와 교회가 하나가 되는 신비를 부부가 하나가 되는 노력을 하면서 배울 수 있다.

33 그러나 너희도 각각 자기의 아내 사랑하기를 자신 같이 하고 아내도 자기 남편을 존경하라
33 But it also applies to you: every husband must love his wife as himself, and every wife must respect her husband.

5:33 아내 사랑...남편을 존경. 아내와 남편의 관계가 시대에 따라 조금씩 위치 변경이 있다. 그러나 그럼에도 불구하고 여전히 남자는 아내를 사랑하는 것이 중요하다. 아내는 남자를 존경하는 것이 중요한 것 같다.
여자는 사랑받아야 행복하고, 남자는 존경받아야 행복하다. 그렇다면 서로 피차 복종하는 마음으로 사랑하고 존경하기 위해 수고해야 하지 않을까? 사랑하는 일에 복종하라. 복종하는 일에 복종하라. 그것이 말씀이다. 사랑스럽지 않아도 사랑하고 존경스럽지 않아도 존경하라. 명령이기 때문이다.

6장

1 자녀들아 주 안에서 너희 부모에게 순종하라 이것이 옳으니라
1 Children, it is your Christian duty to obey your parents, for this is the right thing to do.

6:1 자녀들아...부모에게 순종하라. 부모에게 순종하는 것은 가장 보편적 가치다. 모든 인류 역사와 문화에서 공통적으로 강조하여 말한다. 자녀는 태어나면서부터 부모의 돌봄에 의해 자란다. 대부분 평생 사랑과 돌봄을 일방적으로 받으면서 자란다. 부모는 자녀의 울타리다. 자녀가 나이를 먹어가며 부모의 훈계가 마음에 들지 않을 수 있

다. 부모라고 어찌 마음에 딱 맞겠는가? 그때 더욱 순종해야 한다. 부모가 성경에서 말하는 것을 어기며 죄짓게 만드는 것이 아니라면 순종해야 한다. **이것이 옳으니라.** 부모에게 순종하는 것은 인류의 보편적 가치를 넘어 하나님께서 말씀하시는 '의'다. 그러니 믿음으로 순종해야 한다. 부모가 자식을 사랑하는 것은 본능이지만 자녀가 부모에게 순종하는 것은 본능이 아니다. 그래서 어쩌면 더 어려울 것이다. 그러나 어렵더라도 부모에게 순종하는 것이 옳은 것이다.

2 네 아버지와 어머니를 공경하라 이것은 약속이 있는 첫 계명이니
2 "Respect your father and mother" is the first commandment that has a promise added:

6:2 약속이 있는 첫 계명. 성경은 특별히 부모를 공경하면 보상을 약속하고 있다. '잘되고 땅에서 장수하리라'는 보상이다. 중요하기 때문에 그런 보상을 약속하신 것이다. 어렵기 때문이기도 할 것이다. 부모는 자식에게 '공부해라' '교회 가라' '일찍 들어와라' 등 수없이 많은 잔소리 같은 말을 하며 자녀의 행동을 제약할 것이다. 자녀는 그런 말을 들을 때마다 싫을 것이다. 그러나 부모의 말에 순종해야 한다.

3 이로써 네가 잘되고 땅에서 장수하리라
4 또 아비들아 너희 자녀를 노엽게 하지 말고 오직 주의 교훈과 훈계로 양육하라
3 "so that all may go well with you, and you may live a long time in the land."
4 Parents, do not treat your children in such a way as to make them angry. Instead, bring them up with Christian discipline and instruction.

6:4 자녀를 노엽게 하지 말고. 자녀가 순종하지만 속으로는 화가 날 수도 있다. 그러니 부모는 자녀가 화를 참으며 순종하는 것은 아닌지 주의해야 한다. **주의 교훈과 훈계로 양육하라.** 부모는 자신의 생각과 감정이 아니라 하나님의 뜻과 마음에 맞춘 훈계를 해야 한다.

5 종들아 두려워하고 떨며 성실한 마음으로 육체의 상전에게 순종하기를 그리스도께 하듯 하라
5 Slaves, obey your human masters with fear and trembling; and do it with a sincere heart, as though you were serving Christ.

6:5 상전에게 순종하기를. 주인과 종의 관계에 대해 말한다. 부모는 자녀를 사랑하고

위하기 때문에 순종하는 것이 옳은 일이다. 어렵지만 그래도 할 수 있다. 그런데 종도 주인에게 순종해야 할까? 이 구절이 노예제도 옹호와 같아서 불편할 수도 있다. 그러나 옹호가 아니라 수용이다. 이 당시의 종은 아메리카 대륙에서의 종(노예)과는 꽤 달랐다. 에베소는 아마 도시 인구의 1/3 이상이 종이었을 것이다. 그러니 교회는 당연히 1/3 이상이 종이었을 것이다. 사유재산을 가진 종이 많았다. 더 많은 경제적 이득을 위해 스스로 종이 되는 사람도 있었다. 30세가 되면 종에서 자유롭게 되는 경우도 많았다. 그래도 종은 종이라는 특수성을 가졌다. 사유재산 정도로 취급받았다. 고달픈 인생이었다. **순종하기를 그리스도께 하듯 하라.** 못된 주인은 더 고달프게 했을 것이다. 그러니 그 서글픈 현실을 속으로 욕이라도 하면 스트레스가 풀릴 것 같다. 그러나 말씀은 반대로 말한다. 주인을 그리스도를 대하듯 하라고 한다. 그렇다면 속으로라도 욕하면 안 된다. 그리스도를 대하듯 해야 하기 때문에 어쩌면 더욱더 공손해야 하고, 더욱더 순종하고, 더욱더 존경해야 한다. 하나님이 종의 서글픈 현실을 몰라주시는 것 같다.

> 6 눈가림만 하여 사람을 기쁘게 하는 자처럼 하지 말고 그리스도의 종들처럼 마음으로 하나님의 뜻을 행하고
> 7 기쁜 마음으로 섬기기를 주께 하듯 하고 사람들에게 하듯 하지 말라
> 6 Do this not only when they are watching you, because you want to gain their approval; but with all your heart do what God wants, as slaves of Christ.
> 7 Do your work as slaves cheerfully, as though you served the Lord, and not merely human beings.

6:7 기쁜 마음으로 섬기기를. 성경은 오히려 더 요구한다. 마음까지 기쁜 마음으로 섬기라고 말한다. 세상 주인은 그렇게까지는 요구하지 않는다. **주께 하듯 하고 사람들에게 하듯 하지 말라.** 이것은 너무 심한 것 아닐까? 그런데 사실은 비결이다. 종에게 그리스도를 대하듯 하라는 것은 겉모습만 그런 것이 아니다. 실제로 그리스도를 섬기듯 하면 그리스도를 섬긴 것이 된다. 과한 것을 요구하는 것 같아도 그리스도께 순종하듯이 순종해야 한다. 아니 오히려 더 순종해야 한다. 그리스도께 순종하는 것이기 때문이다.

> 8 이는 각 사람이 무슨 선을 행하든지 종이나 자유인이나 주께로부터 그대로 받을 줄을 앎이라

8 Remember that the Lord will reward everyone, whether slave or free, for the good work they do.

6:8 종이나 자유인이나 주께로부터 그대로 받을 줄을 앎이라. 이 세상은 행동의 가치를 사람들이 가격을 매긴다. 종의 행동은 종의 행동의 가치밖에 안 된다. 누구는 하루에 100만원을 받고 누구는 10만원도 못 받는다. 그러나 우리의 행동의 가치는 세상이 매기는 가치가 아니다. 진짜는 '주께로부터' 받게 될 것이다. 주님 재림하시는 날에 그렇다. 그러니 주님께 받을 것을 생각해야 한다. 세상이 주는 가치에 자신의 가치를 정하면 안 된다. 나의 가치는 주님이 아신다. 종이 주인을 섬겨도 실제로는 주님을 섬기는 것이고 주님께 가치를 받는다는 사실을 명심해야 한다.

9 상전들아 너희도 그들에게 이와 같이 하고 위협을 그치라 이는 그들과 너희의 상전이 하늘에 계시고 그에게는 사람을 외모로 취하는 일이 없는 줄 너희가 앎이라

9 Masters, behave in the same way towards your slaves and stop using threats. Remember that you and your slaves belong to the same Master in heaven, who judges everyone by the same standard.

6:9 상전들아...그에게는 사람을 외모로 취하는 일이 없는 줄 너희가 앎이라. 하나님께는 종이나 상전이 다르지 않다. 이것은 위대한 선언이다. 하나님은 사람을 사랑하신다. 그러니 사람이 사람을 어떻게 대하였는지를 보신다. 주인이라고 종을 함부로 대하면 안 된다.

사람의 관계에서 중요한 것은 사랑이다. 그런데 그것이 힘들다. 거의 모든 관계가 힘듦 그 자체다. 그때 우리는 하늘을 보아야 한다. 하나님께서 모든 눈물 씻어 주시고 땀방울을 닦아 주실 때가 있다.

그러니 사람을 보고 힘들 때마다 하늘을 보아 다시 힘을 얻어 사랑해야 한다. 사실 사람들은 모두 불쌍하다. 사랑이 필요한 사람이다. 지금은 비록 죄와 허물로 추한 모습이 많다. 그러나 사실 나를 포함한 우리 모두가 그렇다. 우리는 다시 사랑해야 한다. 하늘의 힘을 얻어 다시 사랑해야 한다. 그것이 나를 살리고 그 사람을 살리는 비결이다.

10 끝으로 너희가 주 안에서와 그 힘의 능력으로 강건하여지고

10 Finally, build up your strength in union with the Lord and by means of his mighty power.

6:10 주 안에서와 그 힘의 능력으로 강건하여지고. 신앙인이 이 땅에서 영광의 길을 걸어가기 위해서는 힘이 필요하다. 그 길을 방해하는 세력이 있기 때문이다. 그래서 자신의 강한 힘이 아니라 하나님께서 주시는 힘이 필요하다. 자신의 힘으로 싸우면 패한다. 악한 영적인 존재와 싸워 이기기 위해서는 반드시 하늘의 힘으로 싸워야 한다. 그래서 하늘의 힘을 구하고 의지하여 영적 전쟁을 치러야 한다.

11 마귀의 간계를 능히 대적하기 위하여 하나님의 전신 갑주를 입으라
11 Put on all the armour that God gives you, so that you will be able to stand up against the Devil's evil tricks.

6:11 마귀. 신앙인의 영적 전쟁은 근본적으로 마귀와 싸우는 것이다. 그래서 자신의 힘으로 싸우면 결코 이길 수 없다. 하나님이 주시는 힘으로 싸워야 한다. 하나님이 주시는 힘을 위해서 하나님께서 주시는 무기로 무장해야 한다. **전신 갑주를 입으라.** '갑주'의 뜻은 '투구와 갑옷'을 말한다. 그래서 이것보다는 수비와 공격을 다 포함한 도구로 '완전 무장'이 더 나은 번역 같다. 하나님께서 주시는 것으로 완벽하게 무장을 해야 한다.

12 우리의 씨름은 혈과 육을 상대하는 것이 아니요 통치자들과 권세들과 이 어둠의 세상 주관자들과 하늘에 있는 악의 영들을 상대함이라
12 For we are not fighting against human beings but against the wicked spiritual forces in the heavenly world, the rulers, authorities, and cosmic powers of this dark age.

6:12 우리의 씨름은 혈과 육을 상대하는 것이 아니요. 갑자기 이미지를 전투에서 레슬링(씨름)으로 바꾸어 설명한다. 우리의 싸움이 세상의 전투 방식이 아니기 때문에 전투와 운동 경기 이미지를 사용하면서 설명하고 있다.
앞 부분에서 '성령 충만하여 사람과의 바른 관계를 가져야 한다'고 하는 것을 보았다. 분명 겉으로는 사람과의 관계다. 그러나 사실은 영적인 관계가 그 이면에 더 크게 자리잡고 있다. 악한 영은 자녀가 부모에게 순종하지 않도록 충동질할 것이다. 그러나 신앙을 가진 자녀는 부모에게 순종해야 한다. 이때 단지 사람만 보고 있으면 안 된다. 그렇게 악한 충동을 하는 타락한 천사라는 영적인 존재가 개입하고 있다는 것을 알아야 한다. 우리는 타락한 천사의 말이 아니라 성령의 말에 순종해야 한다는 것을 알아야 한다. **악의 영들을 상대함이라.** 모든 싸움에서 가장 중요한 것은 싸움의 대상을

정확히 아는 것이다. 이 세상에 속한 것이 아니라 영적인 영역에 속한 타락한 악한 영이 사람들을 무너지게 한다. 사람의 관계를 깨트린다. 온갖 방법을 동원하여 그러한 관계를 깨트린다. 그래야 사람이 성령 충만하지 못하고 무너지기 때문이다. 신앙인은 자신의 싸움 대상이 사람이 아니라 악한 영인 것을 분명히 알아야 한다. 어떤 문제라도 마찬가지다. 악한 영은 겉으로 그 모습을 감출 때가 많다. 그 이면에 있다. 모든 죄에는 악한 영의 계략이 있다.

13 그러므로 하나님의 전신 갑주를 취하라 이는 악한 날에 너희가 능히 대적하고 모든 일을 행한 후에 서기 위함이라
13 So put on God's armour now! Then when the evil day comes, you will be able to resist the enemy's attacks; and after fighting to the end, you will still hold your ground.

6:13 하나님의 전신 갑주를 취하라. 악한 영의 세력에 맞서 싸우기 위해, 영광의 길을 계속 걸어갈 수 있기 위해 하나님께서 주신 싸움의 도구가 있다. 그것으로 무장해야 한다. 전쟁을 할 때 무장 없이 나가면 위험하다. 싸움에 질 수밖에 없다. 완전 무장을 해야만 싸움에서 이길 수 있다.

14 그런즉 서서 진리로 너희 허리 띠를 띠고 의의 호심경을 붙이고
14 So stand ready, with truth as a belt tight round your waist, with righteousness as your breastplate,

6:14 진리로 너희 허리 띠를 띠고. '진리'는 영적 무장의 시작이다. '진리로 무장한다'는 것은 자신이 진리로 싸우는 사람이라는 것을 확실히 인식하는 것이다. 길을 걷기 전에 '진리의 길을 걸을 것인가 거짓의 길을 걸을 것인가'를 분명히 해야 한다. 그때 가서 정하는 것이 아니라 오직 진리의 길을 걸을 것이라는 확실한 마음의 준비가 필요하다. 싸움의 시작은 거짓과의 싸움이다. 그리고 이제 계속 그 길을 걷는 것이다. **의의 호심경을 붙이고.** '의'는 의를 충실하게 지키는 것을 말한다. 상황에 휘둘리지 말고 의를 향한 열심을 가져야 한다. 충실하게 의를 지키는 것이 영적 전쟁에서 우리를 보호할 것이다.

15 평안의 복음이 준비한 것으로 신을 신고
15 and as your shoes the readiness to announce the Good News of peace.

6:15 평안의 복음이 준비한 것. 아마 '복음을 전할 준비된 것'을 의미할 것이다. 복음을 전하고 싶은 마음도 포함할 것이다. 이것은 수비 같지만 실상은 공격 도구다. 악한 영의 탐욕으로 가득한 마음을 가지고 있으면 영적 전쟁에서 패할 수밖에 없다. 그것보다 하나님 나라를 확장하고 복음을 전하고 싶은 마음으로 가득하면 악한 영이 들어올 틈이 없다. 이것을 신발(군화)로 비유한 것도 신을 신고 공격할 지점으로 가기 때문일 것이다.

> **16** 모든 것 위에 믿음의 방패를 가지고 이로써 능히 악한 자의 모든 불화살을 소멸하고
> **16** At all times carry faith as a shield; for with it you will be able to put out all the burning arrows shot by the Evil One.

6:16 믿음의 방패를 가지고. '믿음'이라는 방패는 매우 중요하다. 하나님을 향한 신뢰, 하나님 나라에 대한 신뢰, 하나님께서 약속하신 것에 대한 확신을 가져야 한다. 그 부분에 대해 막연하지 말고 확실히 준비되어야 한다. **모든 불화살을 소멸하고.** 이 당시 화살을 더욱 강력하게 하기 위해 촉에 섬유질을 더하여 불을 붙여 공격하곤 하였다. 방패는 보통 나무로 만들고 가죽으로 덮은 형태였다. 그래서 불화살을 맞으면 불에 탔다. 그런 경우를 위해 전쟁터에 나가기 전에 방패를 물에 담가 놓으면 불화살을 맞아도 불에 붙지 않았다고 한다. 그것처럼 믿음의 방패를 가질 때도 불화살 같은 강력한 공격을 이길 수 있도록 믿음을 잘 준비해야 한다.

> **17** 구원의 투구와 성령의 검 곧 하나님의 말씀을 가지라
> **17** And accept salvation as a helmet, and the word of God as the sword which the Spirit gives you.

6:17 구원의 투구. '구원'은 우리의 소망이다. 기쁨이다. 우리가 악한 영혼에 맞서 싸우기 위해 이익을 포기하는 경우가 있을 것이다. 순교를 당할 수도 있다. 그러나 그러한 위협 속에서도 당당할 수 있는 것은 우리에게는 구원이라는 확실한 소망이 있기 때문이다. **성령의 검 곧 하나님의 말씀을 가지라.** 무장 중에 가장 많이 사용하는 것은 '검'일 것이다. 그것처럼 우리가 가장 잘 준비되어야 하는 것이 말씀이다. 말씀을 잘 알아야 한다. 계속 배워야 한다. 말씀은 하나님의 뜻을 아는 길일 뿐만 아니라 하나님의 마음과 하나가 되는 중요한 도구다. 하나님의 임재의 힘을 경험하게 한다. 그러기에

말씀으로 무장해야 한다. 검을 날마다 갈고 닦아 악한 영의 이상 야릇한 수많은 공격을 무찌를 수 있어야 한다.

> 18 모든 기도와 간구를 하되 항상 성령 안에서 기도하고 이를 위하여 깨어 구하기를 항상 힘쓰며 여러 성도를 위하여 구하라
>
> 18 Do all this in prayer, asking for God's help. Pray on every occasion, as the Spirit leads. For this reason keep alert and never give up; pray always for all God's people.

6:18 모든 기도와 간구를 하되. '기도해야 함'을 말한다. 기도해야 무장한 장비들을 잘 사용할 수 있다. 기도는 하나님과의 대화다. 하나님께 열려 있는 것이다. **항상 성령 안에서 기도하고.** 항상 기도해야 한다. 사람들이 기도를 생각하면 주로 '기도회'를 생각하는 경향이 있다. 함께 기도하는 기도회도 필요하다. 그러나 만약 함께 기도한 것으로 '기도 다 했다'고 생각하면서 홀로 기도하지 않는다면 차라리 기도회에 참여하지 않고 그 시간만큼 홀로 기도하는 것이 더 나을 수 있다. 기도는 홀로 기도하는 것이 기본이다. 기도는 하나님께 열려 있는 것이다. 마음과 삶이 모두 열려 있어 하나님과 함께 하는 것이다. 성령의 인도하심을 살피고 의지하는 것이다. **깨어 구하기를 항상 힘쓰며.** 하나님께 막혀 있는 우리 자신을 깨트리는 것이다. 귀를 열어 하나님의 인도하시는 음성을 듣는 것이다. 또한 아마 '포기하지 않고 기도하는 것'을 포함할 것이다. 기도는 자신의 기분이나 응답 여부를 떠나 계속 해야 한다. 응답이 없는 것 같으면 어쩌면 더욱더 기도해야 한다. 응답이 안 된다는 것은 자신이 잘못 가고 있다는 것을 의미할 수 있다. 기도하기 싫은 때일 수도 있어 기도가 더욱 필요하다. 기도하기 위해 애써야 하는 때다. **여러 성도를 위하여 기도하라.** 다른 사람들을 위해서도 기도해야 한다. 다른 사람을 위한 기도는 나와 하나님 그리고 그 사람을 하나로 묶는 역할을 한다. 하나님을 통해 다른 사람을 향해서도 열린 자세를 갖게 된다. 다른 사람을 위해 기도하는 것은 때로는 가장 무의미 해 보이기도 한다. 내가 그 사람을 위해 기도한다는 것을 그 사람은 모르기 때문이다. 그러나 그 사람을 위해 기도하면 나 자신이 하나님께 열린 사람이 되고 하나님을 통해 그 사람과도 열린 관계가 된다. 그 사람은 내가 기도하는 것을 모르고 나도 그 사람에게 어떻게 할 수 없지만 하나님은 우리의 기도를 통해 일하신다. 그러기에 우리는 기도를 통해 다른 사람들을 향해서도 열린 사람이 되어야 한다.

19 또 나를 위하여 구할 것은 내게 말씀을 주사 나로 입을 열어 복음의 비밀을 담대히 알리게 하옵소서 할 것이니

19 And pray also for me, that God will give me a message when I am ready to speak, so that I may speak boldly and make known the gospel's secret.

6:19 나를 위하여 구할 것은. 바울은 자신을 위해서도 기도해 달라고 말한다. 에베소 교인이 바울을 위해 기도하면 하나님께서 바울에게 무엇을 더 주실까? 에베소 교인들이 바울을 위해 기도한다는 것이 무슨 의미가 있을까? 반대를 생각해 보라. 바울이 로마 감옥(가택연금)에서 수고하고 있는데 에베소 교인들이 관심도 없으면 어떻게 될까? 기도하지 않으면 관심도 없어질 것이다. 그러면 바울은 홀로 그 모든 역경을 이겨가야 한다. 참으로 힘들 것이다. 기도하고 있다면 어떨까? 기도한다는 것은 하나님을 통해 서로 엮여진다. 기도한다는 것은 그것 자체로 관심을 갖는 것이며 일을 하는 것이기도 하다. 그렇게 열려 있으면 하나님께서 그들 속에서 일하시기가 쉽다. 그래서 에베소 교인들이 바울을 위해 기도한다는 것은 하나님을 바꾸는 것이기 보다는 에베소 교인들이 하나님과 바울과 올바른 관계 속에 있다는 것을 의미한다. **담대히 알리게 하옵소서 할 것이니.** 바울은 감옥에서도 기뻐하며 복음을 전하였다. 그러나 우리도 그러하듯이 때때로 외로울 때가 있다. 힘들 때가 있다. 그러나 그때 에베소 교인들이 자신을 위해 기도한다는 것을 알면 다시 힘을 낼 수 있다. 멀리 있어 서로 연락하기 힘들고 만나기도 힘들고 무엇을 해 주기도 힘들다. 그러나 기도하면 서로가 엮여진다. 그래서 어떤 것보다 더욱더 연대가 이루어진다. 기도 안에서 서로 하나님의 인도하심을 받게 된다. 그래서 기도를 요청하고 있다.

20 이 일을 위하여 내가 쇠사슬에 매인 사신이 된 것은 나로 이 일에 당연히 할 말을 담대히 하게 하려 하심이라

20 For the sake of this gospel I am an ambassador, though now I am in prison. Pray that I may be bold in speaking about the gospel as I should.

4부

나가는 말

(6:21-24)

21 나의 사정 곧 내가 무엇을 하는지 너희에게도 알리려 하노니 사랑을 받은 형제요 주 안에서 진실한 일꾼인 두기고가 모든 일을 너희에게 알리리라
21 Tychicus, our dear brother and faithful servant in the Lord's work, will give you all the news about me, so that you may know how I am getting on.

6:21 나의 사정 곧 내가 무엇을 하는지 너희에게도 알리려 하노니. 바울은 자신의 형편을 에베소 교인들에게 알리고자 하였다. 그것은 의무이기도 하다. 성도는 서로 교통해야 한다. 자신의 사정을 알리고 상대방의 사정을 알아야 한다. 사정을 알고 직접적으로 도움을 줄 수도 있고 그렇지 않을 수도 있다. 그러나 서로 알려야 한다. 특별히 교회가 서로 알리며 소통해야 한다. **두기고가 모든 일을 너희에게 알리리라.** 로마에서 에베소까지 가는 길이 매우 멀고 험하다. 위험하다. 그러나 그럼에도 불구하고 그 먼 거리를 오고 가면서 서로 알리고자 하였다. 오늘날은 핸드폰 때문에 아주 쉽다. 그럼에도 불구하고 어쩌면 과거보다 더 서로 알리는 것이 없는 것 같다. 일단 교통해야 한다. 함께 왕래해야 한다. 그리고 단지 교통만 하는 것이 아니라 자신의 속 마음을 말하는 소통까지 필요하다. 신앙을 위해서는 교통과 소통이 꼭 필요하다.

22 우리 사정을 알리고 또 너희 마음을 위로하기 위하여 내가 특별히 그를 너희에게 보내었노라
22 That is why I am sending him to you—to tell you how all of us are getting on, and to encourage you.

6:22 우리 사정을 알리고 또 너희 마음을 위로하기 위하여. 교회는 서로 알림으로 서로에게 유익이 된다. 바울은 에베소 교회에게 유익이 되고 에베소 교회는 또한 바울에게 유익이 된다. 하나님께서 사람을 들어 하나님의 일을 하신다. 그러기에 하나님의 은혜를 받고자 한다면 사람과 연결되어야 한다. 사람과의 관계가 인맥관리나 아부와 같은 것으로 오염되어 있지만 그래도 사람의 관계를 포기하지 말아야 한다. 하나님께서 사람을 통해 일하시기 때문이다.

23 아버지 하나님과 주 예수 그리스도께로부터 평안과 믿음을 겸한 사랑이 형제들에게 있을지어다
24 우리 주 예수 그리스도를 변함 없이 사랑하는 모든 자에게 은혜가 있을지어다
23 May God the Father and the Lord Jesus Christ give to all Christian brothers and sisters peace and love with faith.
24 May God's grace be with all those who love our Lord Jesus Christ with undying love.

23 May God the Father and the Lord Jesus Christ give to all Christian brothers and sisters peace and love with faith.

6:23 믿음을 겸한 사랑이 형제들에게 있을지어다. 사랑에는 믿음이 함께 있어야 한다. 믿음에는 사랑이 함께 있어야 한다. 그래서 믿음 안에 있는 사람들은 또한 사랑 안에 있어야 한다. 주변을 돌아 보라. 믿음 안에 있는 사람들이 더욱더 믿음 안에 있도록 하기 위해 나의 사랑을 보내보라.

로마 감옥에 있는 바울이 멀리 있는 에베소 교인들을 생각하고 사랑으로 섬기고 있다. 그것처럼 우리는 눈을 들어 주변의 믿음의 사람들을 생각해 보아야 한다. 내가 있는 자리에서 그들의 믿음을 도울 수 있는 사랑의 방법을 생각해 볼 필요가 있다. 과거에 함께 믿음 생활을 하던 사람들에게 내가 최근에 읽은 좋은 신앙 서적을 보내라. 좋은 성경을 한 권 보내며 성경 일독을 권하는 것도 좋다. 멀리 있는 사람으로부터 그러한 사랑의 선물을 받으면 믿음을 다시 회복하고 나가는데 도움이 될 것이다. 그렇게 우리는 어떤 방식이든 사랑으로 믿음을 격려해야 한다.

빌립보서

빌립보서
목 차

빌립보서

바울은 2차 전도 여행에서 에베소로 가려다가 하나님의 인도하심을 따라 유럽으로 방향을 선회하였다. 네압볼리를 거쳐 빌립보에 들어갔다. 빌립보는 마게도냐의 주요한 도시였다. 로마의 퇴역한 군인들이 많이 정착하였으며 부요한 도시였다. 유럽의 첫 성도라 할 수 있는 자색 옷감 장사 루디아의 회심이 있었던 도시다. 유럽의 첫 교회가 세워졌다. 빌립보는 바울에게 유럽 전도의 시작점이었다. 빌립보 교회는 바울이 선교를 하는데 물심양면으로 끝까지 지원한 든든한 후원자였다.

내용

빌립보 교회는 바울과 친밀한 관계를 유지했고 든든한 후원 교회였다. 그런데 바울이 감옥에 갔으니 빌립보 교회가 얼마나 걱정을 했을까? 바울은 그런 빌립보 교회를 향하여 편지를 보냈다. 사랑스러운 교회를 향하여 바울은 무엇을 말했을까? "항상 기뻐하라"고 권면하고 있다.

'상황'에 근거를 둔다면 '항상 기뻐하는 것'이 불가능하다. 그러나 '하나님'께 근거를 둔다면 항상 기뻐할 수 있다. 그러기에 항상 기뻐하는 것은 그가 하나님 안에서 살고 있는지를 점검할 수 있는 리트머스지 역할을 한다.

주변에서 수없이 일어나는 상황에 휘둘리지 말고 '두렵고 떨림으로 구원을 이루어 가는 것'에 집중해야 한다. 나에게 일어나는 모든 일 속에서 구원을 이루어 가라. 시험은 구원을 이루어 가는 더 큰 걸음이 될 수 있다. 그렇다면 시험은 더욱더 기뻐할 수 있는 일일 수 있다. '구원을 이루어 가는 것'이 신앙인이 걸어가는 기쁘고 행복한 길이다.

1부

들어가는 말

(1:1-30)

1 그리스도 예수의 종 바울과 디모데는 그리스도 예수 안에서 빌립보에 사는 모든 성도와 또한 감독들과 집사들에게 편지하노니
2 하나님 우리 아버지와 주 예수 그리스도로부터 은혜와 평강이 너희에게 있을 지어다
3 내가 너희를 생각할 때마다 나의 하나님께 감사하며
4 간구할 때마다 너희 무리를 위하여 기쁨으로 항상 간구함은

1 From Paul and Timothy, servants of Christ Jesus— To all God's people in Philippi who are in union with Christ Jesus, including the church leaders and helpers:
2 May God our Father and the Lord Jesus Christ give you grace and peace.
3 I thank my God for you every time I think of you;
4 and every time I pray for you all, I pray with joy

1:4 기쁨으로 항상 간구. 바울이 빌립보 교회를 생각하면서 기도할 때 '기쁨'이 넘쳤음을 말한다. 바울은 비록 지금 감옥에 갇혀 있었지만 빌립보 교회를 생각하면 기도하면서도 얼굴이 환했다. 빌립보 교회가 믿음의 길을 잘 가고 있었기 때문이다. 신앙인인 우리도 누군가를 생각하면서 기도할 것이다. 자녀들을 생각하면서 기도하면 기쁨이 넘치는가? 자녀들이 믿음의 길을 잘 가고 있으면 참으로 기쁜 일이다. 사랑하는 사람들이 믿음의 길을 가고 있으면 세상이 아무리 어지럽고 문제가 많아도 기쁨이 넘칠 수 있다. 신앙인들은 서로에게 기도 속에서 기쁨의 사람이 되어야 한다.

5 너희가 첫날부터 이제까지 복음을 위한 일에 참여하고 있기 때문이라
5 because of the way in which you have helped me in the work of the gospel from the very first day until now.

1:5 복음을 위한 일에 참여하고 있기 때문이라. 빌립보 교회는 자신들이 복음을 믿음으로 복음에 참여하였고, 바울이 전하는 복음의 사역을 도움으로 복음의 일에 참여하였다. 사람은 살면서 많은 일을 한다. 그 중에 복음에 참여하는 것은 참으로 중요하고 귀한 일이다. 복음의 일에 관심을 가지고 복음을 위하여 무엇인가를 하는 것은 인생을 잘 사는 비결이다. 같은 시간을 살면서도 어떤 사람은 의미 없는 일에 관심을 가지고 목숨을 건다. 쓸데없는 일에 인생을 낭비하는 사람들이 많다. 그런데 빌립보 교회가 복음에 참여하고 있는 모습을 보았기에 바울은 그것을 인해서 크게 기뻐하였던 것이다.

6 너희 안에서 착한 일을 시작하신 이가 그리스도 예수의 날까지 이루실 줄을 우리는 확신하노라

6 And so I am sure that God, who began this good work in you, will carry it on until it is finished on the Day of Christ Jesus.

1:6 너희 안에서 착한 일을 시작하신 이가...예수의 날까지 이루실 줄...확신하노라. 복음의 일에 참여하는 선한 일은 결코 그것으로 끝이 아니다. 그 일은 모두 씨앗이 된다. 말씀을 읽으면 그것이 씨앗이 되어 자란다. 복음이 전파되도록 도운 일은 그때의 일로 끝난 것 같지만 결코 그렇지 않다. 그 씨앗이 어디에서 어떻게 자라는지 잘 모른다. 그러나 주님이 재림하시면 주님이 알려주실 것이다. 우리가 복음의 일에 참여한 것이 어떻게 자라서 어떤 일을 하였는지를 알려주실 것이다. 나는 내가 쓴 글이 나도 모르는 곳에서 일을 하고 있고 자라는 것을 보고 깜짝 놀랄 때가 있다. 모든 사람의 복음의 일이 그렇다. 복음의 일은 놀라운 방식으로 주님 오실 때까지 자라간다. 그러니 오늘 복음의 일에 참여하는 것은 참으로 복된 일이다.

7 내가 너희 무리를 위하여 이와 같이 생각하는 것이 마땅하니 이는 너희가 내 마음에 있으며 나의 매임과 복음을 변명함과 확정함에 너희가 다 나와 함께 은혜에 참여한 자가 됨이라

7 You are always in my heart! And so it is only right for me to feel as I do about you. For you have all shared with me in this privilege that God has given me, both now that I am in prison and also while I was free to defend the gospel and establish it firmly.

1:7 나의 매임과 복음을 변명함과 확정함에 너희가 다 나와 함께 은혜에 참여한 자가 됨이라. 바울이 감옥에 갇혀 있는 동안에 그를 돕고 재판 과정과 복음 전도 과정에 그의 사역을 도움으로 복음에 참여하였다. 그것은 바울과 함께 하나님의 '은혜'에 참여한 것이다. 복음에 참여하는 방법은 여러 가지다. 복음을 듣고 읽음으로 참여한다. 더 나아가 복음의 사역이 전해지도록 돕는 것도 복음에 참여하는 것이다. 복음이 자기 자신 안에 그리고 밖에 확장될 수 있도록 하는 수많은 길이 있고 자신의 상황과 재능에 맞게 그러한 일에 참여하는 것은 매우 복된 일이다. 나는 과거에 인연을 맺은 여러 성도님들이 있고 매우 감사하게 생각하는 분들이 있다. 수십 년 전에 내가 전하는 복음의 일에 참여하였고 지금도 참여하는 분들이 있다. 지금도 책이 나오면 먼저 기뻐하고 읽고 전하는 분들이 있다.

> 8 내가 예수 그리스도의 심장으로 너희 무리를 얼마나 사모하는지 하나님이 내
> 증인이시니라
> 9 내가 기도하노라 너희 사랑을 지식과 모든 총명으로 점점 더 풍성하게 하사
> 8 God is my witness that I am telling the truth when I say that my deep feeling for you all
> comes from the heart of Christ Jesus himself.
> 9 I pray that your love will keep on growing more and more, together with true knowledge
> and perfect judgement,

1:9 너희 사랑을 지식과 모든 총명으로 점점 더 풍성하게 하사. 사랑이 더욱더 풍성해야
한다. 지금 빌립보 교회가 복음에 참여하며 잘 살고 있었다. 그러나 그것이 끝이 아니
다. 우리의 삶은 더욱더 풍성할 수 있다. 앞으로 살아가면서 수많은 일을 겪게 될 것이
다. 바울이 죽은 이후에도 빌립보 교회는 존속되며 인생을 살아가며 많은 일을 겪
을 것이다. 그 속에서 사랑이 풍성해야 한다. 사랑이 풍성하기 위해 중요한 것을 말한
다. '지식과 모든 총명'이 사랑에 더해져야 한다는 것이다. 사랑은 '사랑하는 마음'만
으로는 부족하다. '지식이 있는 사랑'이어야 한다. 분별하는 사랑이 필요하다. 부모가
자식을 많이 사랑하지만 분별없는 사랑으로 망치는 경우가 많다. 그러기에 사랑하면
서 살기 위해서는 분별하는 지식이 필요하다. 그래야 더 진정한 사랑이 되고 더 풍성
한 열매를 맺을 수 있다.

> 10 너희로 지극히 선한 것을 분별하며 또 진실하여 허물 없이 그리스도의 날까
> 지 이르고
> 10 so that you will be able to choose what is best. Then you will be free from all impurity
> and blame on the Day of Christ.

1:10 진실하여 허물 없이 그리스도의 날까지 이르고. '그리스도의 날'은 예수님께서 재
림하실 때다. '예수님의 재림'은 우리에게 기준이다. 그 날에 어떤 평가를 받을지를 늘
생각해야 한다. 세상의 평가가 아니라 주님의 날 평가를 생각해야 한다. **진실하여 허
물 없이.** '진실'은 '섞이지 않은 것'을 의미하는 단어로 여기에서는 악에 섞이지 않은
것을 의미하다. 세상에서 살다 보면 세상의 수많은 거짓에 섞이기 쉽다. 그러나 무슨
일을 하든지 잘 분별하여 진실하며 '허물 없는' 삶을 살아야 한다. 막 사는 것이 아니
다. 신앙인은 분별하며 순결하게 살아야 한다. 더 사랑하며 살아야 한다. 더 순결하게
살기 위한 신앙인의 이러한 자세는 이후 몇 백 년 동안 로마 시대에 선한 영향력을 미
치게 된다. 그래서 기독교인의 도덕이 로마 사람들에게 인정을 받게 된다.

11 예수 그리스도로 말미암아 의의 열매가 가득하여 하나님의 영광과 찬송이 되기를 원하노라
11 Your lives will be filled with the truly good qualities which only Jesus Christ can produce, for the glory and praise of God.

1:11 의의 열매가 가득하여. 분별하는 지식을 동반한 사랑은 많은 '의의 열매'를 맺게 된다. '의'는 '말씀'이 기준이다. 말씀을 정확히 알고 말씀의 열매를 맺어야 한다. 말씀이 말하는 아름다운 열매를 맺어야 한다. 의의 열매는 열매를 맺는 과정에서 그 사람 자신 안에서 '하나님의 영광과 찬송'을 낳는다. 그것을 보는 외부 사람들조차도 하나님을 찬양하게 된다. 의의 열매의 혜택을 그들이 입게 될 것이기 때문이다.

오늘날 성도를 보면 의의 열매가 아니라 이기주의 열매를 볼 때가 많다. 강자가 되면 그런 현상이 많다. 기독교가 로마에서 종교로 인정받기 전에는 의의 열매가 많았는데 이후에 공인된 이후에는 이기주의 열매가 많이 나타나기 시작하였다. 오늘날에도 많이 그러하다. 힘이 있으면 조심해야 한다. 요즘 기독교가 힘이 많이 줄어든 것 같다. 그렇다면 이제 다시 의의 열매를 더 맺을 수 있는 기회일 수 있다. 낙심하지 말고 의의 열매를 맺는 일에 힘을 다해야 한다.

12 형제들아 내가 당한 일이 도리어 복음 전파에 진전이 된 줄을 너희가 알기를 원하노라
12 I want you to know, my friends, that the things that have happened to me have really helped the progress of the gospel.

1:12 내가 당한 일이 도리어 복음 전파에 진전이 된 줄을. 사람들은 바울이 감옥에 갇힌 것 때문에 마음이 많이 아팠다. 그런데 바울은 그것 때문에 오히려 '복음 전파'가 더 잘 된 것에 대해 말하였다. 이것은 단순히 인사말이 아니다. 바울은 진심으로 그렇게 생각하고 있었다.

13 이러므로 나의 매임이 그리스도 안에서 모든 시위대 안과 그 밖의 모든 사람에게 나타났으니
13 As a result, the whole palace guard and all the others here know that I am in prison because I am a servant of Christ.

1:13 시위대 안과 그 밖의 모든 사람에게 나타났으니. 바울이 감옥에 갇혔으나 시위대

사람을 만나게 되었고 그들이 복음을 듣게 되었다. 감옥에 갇히지 않았으면 만나지 못하였을 사람을 만날 수 있었고 그들에게 복음이 전파되었다.

> **14** 형제 중 다수가 나의 매임으로 말미암아 주 안에서 신뢰함으로 겁 없이 하나님의 말씀을 더욱 담대히 전하게 되었느니라
> **14** And my being in prison has given most of the brothers and sisters more confidence in the Lord, so that they grow bolder all the time to preach the message fearlessly.

1:14 형제 중 다수가 나의 매임으로...말씀을 더욱 담대히 전하게 되었느니라. 바울이 감옥에 갇히자 바울을 싫어하는 사람이 시기의 마음으로 복음을 전했다. 그리고 다른 이들은 선한 마음으로 제2의 바울이 되어 바울 대신에 복음을 전하였다. 결국 복음이 더 전파되는 것을 보았다. 그래서 기뻐했다.

> **15** 어떤 이들은 투기와 분쟁으로, 어떤 이들은 착한 뜻으로 그리스도를 전파하나니
> **16** 이들은 내가 복음을 변증하기 위하여 세우심을 받은 줄 알고 사랑으로 하나
> **17** 그들은 나의 매임에 괴로움을 더하게 할 줄로 생각하여 순수하지 못하게 다툼으로 그리스도를 전파하느니라
> **18** 그러면 무엇이냐 겉치레로 하나 참으로 하나 무슨 방도로 하든지 전파되는 것은 그리스도니 이로써 나는 기뻐하고 또한 기뻐하리라
> **15** Of course some of them preach Christ because they are jealous and quarrelsome, but others from genuine goodwill.
> **16** These do so from love, because they know that God has given me the work of defending the gospel.
> **17** The others do not proclaim Christ sincerely, but from a spirit of selfish ambition; they think that they will make more trouble for me while I am in prison.
> **18** It does not matter! I am happy about it—so long as Christ is preached in every way possible, whether from wrong or right motives. And I will continue to be happy,

1:18 전파되는 것은 그리스도니 이로써 나는 기뻐하고 또한 기뻐하리라. 바울은 감옥에 갇힌 자신의 신세를 한탄하고 있지 않았다. 자신이 감옥에 갇힌 것이 중요한 것이 아니기 때문이다. 복음이 전파되는 것을 보고 기뻐하였다. 복음이 전파되는 것이 중요하였기 때문이다.

자신이 감옥에 갇힌 것은 자신의 불편으로 끝나지만 복음이 매이지 않고 오히려 더 활발하게 전파되었으니 바울이 가장 기뻐하고 소원하는 일이 이루어진 것이다. 그러

면 감옥에 있어도 전혀 문제가 되지 않았고 기뻐할 수 있었던 것이다.

> **19** 이것이 너희의 간구와 예수 그리스도의 성령의 도우심으로 나를 구원에 이르게 할 줄 아는 고로
>
> 19 because I know that by means of your prayers and the help which comes from the Spirit of Jesus Christ I shall be set free.

1:19 너희의 간구와...성령의 도우심으로 나를 구원에 이르게 할 줄 아는 고로. 바울은 자신의 감옥 생활에 대해 곧 풀려날 것이라고 예상하고 있었다. 빌립보 교회의 기도와 성령의 도우심을 감사하게 생각하고 있었다.

> **20** 나의 간절한 기대와 소망을 따라 아무 일에든지 부끄러워하지 아니하고 지금도 전과 같이 온전히 담대하여 살든지 죽든지 내 몸에서 그리스도가 존귀하게 되게 하려 하나니
>
> 20 My deep desire and hope is that I shall never fail in my duty, but that at all times, and especially right now, I shall be full of courage, so that with my whole being I shall bring honour to Christ, whether I live or die.

1:20 나의 간절한 기대와 소망을 따라...살든지 죽든지 내 몸에서 그리스도가 존귀하게 되게 하려 하나니. 바울이 간절히 기대하고 소망하는 것은 '그가 자유하게 되는 것'이 아니라 '그리스도가 존귀하게 되는 것'이었다. 그래서 현재 예상은 감옥에서 풀려날 것 같지만 혹 풀려나지 않아도 그리스도가 존귀하게 되는 것이 그의 목적이라고 말한다. 사람들은 바울이 감옥에 있으니 얼마나 힘들지 혹시 사형을 당하지는 않을지 걱정하고 있었다. 그러나 바울은 자신이 살고 죽는 것이 중요한 것이 아니라 그리스도가 존귀하게 되는 것이 중요하였다.

> **21** 이는 내게 사는 것이 그리스도니 죽는 것도 유익함이라
>
> 21 For what is life? To me, it is Christ. Death, then, will bring more.

1:21 사는 것이 그리스도니. 그에게 산다는 것은 그리스도를 드러내는 것이다. 자신을 통해 그리스도가 드러나는 것이 최고의 목적이었다. 그리스도가 영광 받으시는 것이 최고의 소원이었다. 지금 사람들은 바울을 보면서 아파하였지만 바울은 그리스도를 바라보면서 기뻐하였다. 지금 자신의 아픔은 그리스도의 십자가를 드러내는 것이

다. 그리스도의 사랑을 드러낸다. 그래서 그는 감옥이 전혀 문제가 되지 않았다. 오히려 영광이었다. **죽는 것도 유익함이라.** 그에게 죽음이 '유익'인 것은 그가 죽으면 이 땅에서 그렇게 드러내기를 원하였던 그리스도를 '만나기' 때문이다. 물론 이 땅에서도 그리스도의 임재 가운데 산다. 그러나 죽음 이후에는 부활하신 그리스도를 대면하여 보게 될 것이다. 차원이 다르다. 그래서 혹시나 사형을 당할 수도 있는 상태에서 사람들에게 그의 죽음은 엄청난 충격이고 아픔일지 모르겠지만 바울은 자신에게 죽음은 오히려 더 좋은 것으로서 '이득'이라고 말한다. 그러니 혹시 바울 자신이 죽더라도 전혀 걱정할 필요가 없다고 말한다.

22 그러나 만일 육신으로 사는 이것이 내 일의 열매일진대 무엇을 택해야 할는지 나는 알지 못하노라
22 But if by continuing to live I can do more worthwhile work, then I am not sure which I should choose.

1:22 육신으로 사는 이것이 내 일의 열매일진대. 바울은 자신이 살아서 맺어야 하는 열매가 있기 때문에 결국은 아직은 죽지 않고 풀려나 복음의 일을 계속 하게 될 것이라고 말하고 있다. 그는 자신의 '살고 죽는 것'을 그의 생각의 기준으로 삼지 않았다. 그리스도를 기준으로 삼았고 또한 그가 이루어 가야 하는 복음의 열매를 생각하였다. 그렇다. 죽고 사는 것은 사실 큰 의미가 없다. 죽는다고 영원히 죽는 것이 아니기 때문이다. 죽어도 이후에 부활하여 다시 살 것이다. 중요한 것은 사는 동안 열매를 맺는 것이다. 부활할 때 영광의 나라에 기쁨으로 참여할 수 있도록 사는 것이다.

23 내가 그 둘 사이에 끼었으니 차라리 세상을 떠나서 그리스도와 함께 있는 것이 훨씬 더 좋은 일이라 그렇게 하고 싶으나
23 I am pulled in two directions. I want very much to leave this life and be with Christ, which is a far better thing;

1:23 세상을 떠나서 그리스도와 함께 있는 것이 훨씬 더 좋은 일이라. 바울은 자신만을 생각하면 감옥에서 죽는 것이 훨씬 더 좋았다. 죽으면 이 땅에서의 수고가 끝나기 때문에 좋고, 그리스도를 대면하여 보며 함께 하게 될 것이기 때문에 좋았다.

24 내가 육신으로 있는 것이 너희를 위하여 더 유익하리라

1:24 내가 육신으로 있는 것이 너희를 위하여 더 유익하리라. 빌립보 교회와 그가 복음을 전해야 하는 교회들을 생각하면 그가 살아서 복음을 전하는 것이 그들에게 더 좋을 것이라 생각하였다. 그래서 바울은 개인적으로 감옥에서 죽는 것도 좋고, 사형을 당하여 죽는 것도 좋았다. 죽어도 좋고 살아도 좋았다.

우리들의 인생도 그렇다. 사나 죽으나 다 은혜다. 사나 죽으나 불행인 사람이 있다. 하나님을 모르는 사람들이다. 그러나 하나님을 아는 사람들에게는 사나 죽으나 은혜다.

25 내가 살 것과 너희 믿음의 진보와 기쁨을 위하여 너희 무리와 함께 거할 이것을 확실히 아노니
26 내가 다시 너희와 같이 있음으로 그리스도 예수 안에서 너희 자랑이 나로 말미암아 풍성하게 하려 함이라
25 I am sure of this, and so I know that I will stay. I will stay on with you all, to add to your progress and joy in the faith,
26 so that when I am with you again, you will have even more reason to be proud of me in your life in union with Christ Jesus.

1:26 너희 자랑이 나로 말미암아 풍성하게 하려함이라. 바울이 살아서 빌립보 교인들에게 복음을 더 전함으로 그들이 복음을 더 알고 그리스도와 연합하는 것을 더 이루게 되면 그들의 삶은 더욱더 풍성하고 자랑스럽게 될 것이다. 살아도 만약 그리스도 안에 있는 복음을 더 풍성하게 이루어 가지 못한다면 그것은 복이 되지 못한다. 오직 그리스도를 알아가는 지식이 증가할 때 복이 된다.

27 오직 너희는 그리스도의 복음에 합당하게 생활하라 이는 내가 너희에게 가 보나 떠나 있으나 너희가 한마음으로 서서 한 뜻으로 복음의 신앙을 위하여 협력하는 것과
27 Now, the important thing is that your way of life should be as the gospel of Christ requires, so that, whether or not I am able to go and see you, I will hear that you are standing firm with one common purpose and that with only one desire you are fighting together for the faith of the gospel.

1:27 그리스도의 복음에 합당하게 생활하라. 바울이 감옥에서 풀려날지 죽음을 맞이하게 될지는 그리 중요하지 않았다. 진짜 중요한 것은 그들 앞에 있는 삶에서 복음의 존귀한 가치에 합당하게 살아가는 것이다. 복음이 얼마나 존귀한 것인지를 알기에 그

것에 맞게 살아가는 것이 중요하다. **내가 너희에게 가 보나 떠나 있으나 너희가 한마음으로 서서.** 바울이 지금 감옥에 있든 빌립보 교회에 가든 그것이 중요한 것이 아니다. 그러한 것에 흔들려서는 안 된다. 그들이 '한마음으로 서는 것'이 중요하다. 이 단어는 로마 군대의 준비태세에 대해서도 사용하는 단어다. 로마군은 다른 나라 군대의 어떠함에 전혀 영향을 받지 않고 자신들의 준비태세를 갖추었다. 적군이 아무리 크든 작든 자신들이 준비할 것만 준비하면 이길 것이라는 당당함이 있었기 때문이다.

신앙인도 그렇다. 세상이 어떠하든 사실 그리 중요하지 않다. 신앙인이 자신들만 제대로 준비하면 세상의 어떤 것도 이길 수 있다. 그러기에 복음 안에서 당당히 서야 한다.

> 28 무슨 일에든지 대적하는 자들 때문에 두려워하지 아니하는 이 일을 듣고자 함이라 이것이 그들에게는 멸망의 증거요 너희에게는 구원의 증거니 이는 하나님께로부터 난 것이라
> 28 Don't be afraid of your enemies; always be courageous, and this will prove to them that they will lose and that you will win, because it is God who gives you the victory.

1:28 대적하는 자들 때문에 두려워하지 아니하는 이 일을 듣고자 함이라. '두려움'이라는 단어는 로마 군대의 말들이 외부 충격에 두려워 갑자기 날뛰는 것에 사용하기도 하였다.

신앙인은 바울이 죽든 살든 그러한 것에 너무 호들갑 떨지 말아야 한다. 앞으로의 신앙생활에서도 마찬가지다. 세상에서 어떤 일이 일어나든 담담함으로 반응할 수 있어야 한다. 세상 일이 그리 중요한 것이 아니기 때문이다. 외부의 공격이 있어도 두려워하지 않고 담담하게 대응할 수 있는 것은 '구원의 증거'다. 그들을 공격하는 이들은 대단한 것이 아니라 '멸망의 증거'다.

> 29 그리스도를 위하여 너희에게 은혜를 주신 것은 다만 그를 믿을 뿐 아니라 또한 그를 위하여 고난도 받게 하심이라
> 29 For you have been given the privilege of serving Christ, not only by believing in him, but also by suffering for him.

1:29 은혜를 주신 것은...믿을 뿐 아니라...고난도 받게 하심이라. 하나님께서 우리에게 은혜를 주셔서 믿게 하셨다. 그리고 은혜를 주셔서 고난도 받게 하신다. 믿음이

귀한 것처럼 때로는 고난도 귀하다. 믿음이 은혜인 것처럼 고난도 은혜다. 고난은 재수 없어 당하는 것이 아니다. 힘이 없어 당하는 일도 아니다. 그리스도께서 고난을 통해 대속의 길을 가셨다. 그것처럼 우리도 고난을 통해 그리스도의 고난에 참여하고 은혜를 더 깊이 경험하게 될 것이다.

혹 바울이 죽임이라는 고난을 당하여도 그것에 대해 전혀 이상하게 생각할 것이 아니다. '그리스도를 위하여' 받는 고난이라고 말한다. 그리스도의 구원 사역에 동참하는 고난을 의미한다. 우리가 고난 받음으로 우리 안에 믿음이 자라가고, 누군가에게 복음이 전해지고 자라가게 된다면 우리의 고난은 큰 복이 될 것이다. 그러한 고난을 받는 사람은 복된 사람이다. 복음에 가장 합당한 열매다.

> **30** 너희에게도 그와 같은 싸움이 있으니 너희가 내 안에서 본 바요 이제도 내 안에서 듣는 바니라
>
> **30** Now you can take part with me in the battle. It is the same battle you saw me fighting in the past, and as you hear, the one I am fighting still.

1:30 바울이 감옥에서 당하는 고난이 있는가 하면 빌립보 교인들에게도 '고난을 받는 싸움'이 있다고 말하고 있다. 그 싸움은 자기와의 싸움이 큰 몫을 차지한다. 사람은 자신의 편함을 위해 살려는 경향이 강하다. 하나님 나라와 복음의 진보를 위해 살려고 하면 가장 먼저 자신 안의 거부감에 직면한다.

그렇게 고난을 거부하는 자기 자신과의 싸움에서 이겨야 한다. 자기를 높이고 자기 자신만을 위해 살려고 하는 자신의 이기주의와의 싸움을 해야 한다. 신앙인이 되기 전에는 세상에서 살아남기 위한 처절한 세상과의 싸움이 있었다면 신앙인이 되고 나서는 이제 이기주의와의 처절한 싸움이 있어야 한다.

1 그러므로 그리스도 안에 무슨 권면이나 사랑의 무슨 위로나 성령의 무슨 교제나 긍휼이나 자비가 있거든
1 Your life in Christ makes you strong, and his love comforts you. You have fellowship with the Spirit, and you have kindness and compassion for one another.

2:1 '그리스도의 권면' '하나님의 사랑의 위로' '성령의 교제' '성도의 긍휼' 등을 강조하여 말하고 있다. 모든 신앙인이 경험하고 있는 일이다. 이러한 일을 할 때 명심해야 하는 것을 말한다.

2 마음을 같이하여 같은 사랑을 가지고 뜻을 합하며 한마음을 품어
2 I urge you, then, to make me completely happy by having the same thoughts, sharing the same love, and being one in soul and mind.

2:2 마음을 같이하여. '같은 생각'이라고 번역해도 된다. '같은 가치관'이라는 뜻을 가지고 있다. 우리 모두 삼위일체 하나님의 인도하심과 성도의 교제 속에 살고 있다. 신앙인이 이 세상을 살아갈 때 각자 개별적으로 살아가고 있는 것 같지만 그들의 '주'로 삼위일체 하나님을 섬기고 있다. 그냥 교제가 아니라 '성도'로서 교제를 하고 있다. 그러니 따로 국밥이 아니라 모두 하나이다. '같은 사랑'을 가지고 사는 사람이다.

3 아무 일에든지 다툼이나 허영으로 하지 말고 오직 겸손한 마음으로 각각 자기보다 남을 낮게 여기고
3 Don't do anything from selfish ambition or from a cheap desire to boast, but be humble towards one another, always considering others better than yourselves.

2:3 다툼이나 허영으로 하지 말고. '다툼'은 '이기심'으로 다투는 것을 의미한다. 세상은 자기 자신보다 더 중요한 것이 없다. 오직 자기 자신을 위해 싸운다. 그러나 신앙인은 함께 살아가는 사람들이다. 모든 신앙인에게는 자기보다 더 소중한 삼위일체 하나님이 계시고 그 분의 뜻이 있다. 진정한 영광은 자신이 드러나는 것이 아니라 하나님의 영광이 드러나고 하나님의 뜻을 따라 사는 것이다. 그래서 이기적인 다툼이 아니라 하나님의 뜻을 이루기 위한 협력이 중요하다. **겸손한 마음으로 각각 자기보다 남을 낮게 여기고.** 어찌 다른 사람을 더 높이 여길 수 있을까? 사람들은 자기 자신을 너무

중요하게 여겨 다른 사람을 아예 투명 인간처럼 취급하는 경우가 많다. 그러나 신앙인은 자기 자신이 아니라 하나님을 더 중요하게 여긴다. 다른 신앙인 안에 하나님이 계신다. 그러니 때로는 '남을 낮게' 여길 줄 알아야 한다. 그 사람 안에 있는 하나님이 존귀하게 되어야 하는 순간이 그렇다.

> 4 각각 자기 일을 돌볼뿐더러 또한 각각 다른 사람들의 일을 돌보아 나의 기쁨을 충만하게 하라
> 4 And look out for one another's interests, not just for your own.

2:4 자기 일을 돌볼뿐더러...다른 사람들의 일을 돌보아. 신앙인은 우리 안에서 역사하시는 하나님의 일을 보는 사람이다. 그러기에 내 안에서 역사하는 하나님만이 아니라 다른 사람 안에서 역사하시는 하나님의 일도 볼 줄 알아야 한다. 그래서 자기의 일만 돌보는 사람이 아니라 다른 사람의 일도 돌보아야 한다. 그렇게 하나님의 일, 복음의 일을 돌보아야 한다. **나의 기쁨을 충만하게 하라.** 이 구절은 헬라어로는 2절에 있는 것인데 개역개정은 번역하면서 한글의 특성상 매끄럽게 하기 위해 제일 뒤에 놓았다. 1-4절은 헬라어로 한 문장이다. 앞의 모든 일을 함으로 '바울의 기쁨이 충만하게 해 달라'고 요청하고 있다. 바울은 빌립보 교인들이 자신이 감옥에 갇힌 것을 걱정하는 것을 들었다. 그래서 그러한 걱정이 아니라 교인들끼리 '다투는 것'이 더 걱정이라고 말하고 있다. 그래서 진짜 자신의 기쁨을 원한다면 복음의 일이 더 잘 진전될 수 있도록 서로 하나되어 협력하라고 말하고 있는 것이다.

> 5 너희 안에 이 마음을 품으라 곧 그리스도 예수의 마음이니
> 5 The attitude you should have is the one that Christ Jesus had:

2:5 5절-11절은 참으로 귀한 말씀이다. 문맥에서 떼어내어 그 구절 자체가 의미하는 것을 묵상하는 것도 매우 좋다. 그런데 문맥에서 왜 이런 말씀을 하였는지를 먼저 생각해 보아야 한다. **너희 안에 이 마음을 품으라.** '너희들 관계에서'라고 번역해도 좋을 것 같다. 서로를 대할 때에 예수님의 마음을 품어야 한다는 것이다. 자기 자신을 죽이고 '남을 낮게 여기며 다른 사람의 일에 관심을 가지고 돌보는 것'은 참으로 어려운 일이다. 내용에는 동의하면서도 실제로 행동으로 옮기는 것은 매우 어렵다고 말한다. 그래서 5절-11절을 말하는 것이다.

6 그는 근본 하나님의 본체시나 하나님과 동등됨을 취할 것으로 여기지 아니하시고

6 He always had the nature of God, but he did not think that by force he should try to remain equal with God.

2:6 그는 근본 하나님의 본체시나. 예수님에 대한 이야기다. 예수님은 성자 하나님이시다. 하나님의 본체를 가지고 계시다. 그런데 그 분이 '종의 형상'을 가지셨다. 이 땅에 사람이 되어 오셨다. 이것은 삼위일체에 대한 매우 강력한 설명이다. 삼위일체는 우리 신앙의 가장 근본이다. 우리 신앙의 가장 근본에 그리스도의 낮아지심이 있다. 하나님을 '주'로 삼는다고 말하는 사람이 낮아짐을 모른다면 신앙을 모르는 것이다. 성육신을 모르는 것이다.

7 오히려 자기를 비워 종의 형체를 가지사 사람들과 같이 되셨고
8 사람의 모양으로 나타나사 자기를 낮추시고 죽기까지 복종하셨으니 곧 십자가에 죽으심이라

7 Instead of this, of his own free will he gave up all he had, and took the nature of a servant. He became like a human being and appeared in human likeness.
8 He was humble and walked the path of obedience all the way to death—his death on the cross.

2:8 자기를 낮추시고 죽기까지 복종하셨으니. 죄가 없으신 예수님은 죄인 된 우리를 위해 낮추시고 죽기까지 복종하셨다. 사람들이 다른 사람들을 사랑하지 못하는 이유는 '그들이 잘못하고 있기 때문'이라고 말한다. 자격 없는 사람을 어떻게 사랑하느냐 말한다. 그러나 신앙은 자신이 전혀 자격 없을 때 예수님이 십자가에 못 박히셨음을 믿는다. 자신을 위해 죽기까지 복종하셨음을 믿는 사람이다. 우리는 죄인이다. 우리의 죄 때문이라도 죽기까지 복종해야 한다. 그런데 자신이 조금 더 낫다고 다른 사람을 미워하고, 협력하지 못하고, 하나 되지 못한다면 그것이 어찌 신앙인의 모습이라 할 수 있을까?

9 이러므로 하나님이 그를 지극히 높여 모든 이름 위에 뛰어난 이름을 주사
10 하늘에 있는 자들과 땅에 있는 자들과 땅 아래에 있는 자들로 모든 무릎을 예수의 이름에 꿇게 하시고
11 모든 입으로 예수 그리스도를 주라 시인하여 하나님 아버지께 영광을 돌리게 하셨느니라

9 For this reason God raised him to the highest place above and gave him the name that is greater than any other name.
10 And so, in honour of the name of Jesus all beings in heaven, on earth, and in the world below will fall on their knees,
11 and all will openly proclaim that Jesus Christ is Lord, to the glory of God the Father.

2:11 모든 입으로 예수 그리스도를 주라 시인하여. 낮아지신 예수님께서 다시 '주'의 자리로 자리를 찾으셨다. 성부 하나님께서 그렇게 올리셨다. 이 땅에서 낮아진 사람들도 반드시 올림을 받을 것이다. 이 땅에서 낮아지는 것은 억울한 면이 많다. 그러나 억울하게 생각하지 말고 그것이 높아짐의 저축이라는 것을 명심하라. 그것이 신앙의 본질이다. 십자가의 고난과 부활의 영광이다.

12 그러므로 나의 사랑하는 자들아 너희가 나 있을 때뿐 아니라 더욱 지금 나 없을 때에도 항상 복종하여 두렵고 떨림으로 너희 구원을 이루라
12 So then, dear friends, as you always obeyed me when I was with you, it is even more important that you obey me now while I am away from you. Keep on working with fear and trembling to complete your salvation,

2:12 너희 구원을 이루라. 우리가 자기 자신을 진정 사랑한다면 구원을 이루어 가야 한다. 하나님을 사랑한다면 자신의 구원을 이루어 가야 한다. 많은 일을 하였으나 만약 구원받지 못한다면 가장 불행한 사람이다. 자신이 구원받은 사람이라고 확신한다면 그것을 더욱더 크게 이루어 가야 한다. 구원의 확신이 없으면 더욱더 집중적으로 구원을 이루어 가야 한다. **두렵고 떨림으로.** 구원이 중요하기 때문이다. 행여나 만약 우리가 구원받지 못한 사람으로 끝난다면 그것은 가장 큰 불행이며 영원한 불행이다. 그러한 일은 결코 일어나서는 안 된다. 그래서 꺼진 불도 다시 보는 마음으로 늘 자신의 구원을 점검하고 더 이루어 가야 한다. 구원의 성적표를 올려야 한다. 무엇이 구원받은 사람의 모습일까? 구원의 문을 너무 낮게 보지 마라. 행여나 구원받지 못하는 사람이 되면 안 되지 않겠는가? 세상 성적표는 좋지 않았어도 구원의 성적표만은 높아야 하지 않을까? 가장 좋아야 한다. 구원을 확신하는 자리까지 이르러야 한다. 더 많이 힘써 이루어 가라. 죽을 때까지 날마다 최고점을 경신해야 한다.

13 너희 안에서 행하시는 이는 하나님이시니 자기의 기쁘신 뜻을 위하여 너희에게 소원을 두고 행하게 하시나니
13 because God is always at work in you to make you willing and able to obey his own

purpose.

2:13 구원의 주체는 전적으로 하나님이시다. 그런데 하나님께서 일방적으로 하시지 않고 쌍방으로 일하신다. 우리가 구원을 이루어 가도록 하신다. 우리 안에 '소원을 두고 행하게 하시나니'라는 것처럼 우리가 구원을 소원하게 만드시고 그것을 위해 행하도록 인도하신다. 하나님께서 이끄시는 손길에 민감해야 한다. 세상에 정신 팔지 말고 하나님께서 우리의 구원을 이루어 가기 위해 이끄시는 선한 길에 마음을 열어야 한다.

14 모든 일을 원망과 시비가 없이 하라
14 Do everything without complaining or arguing,

2:14 '모든 일'이 강조된 문장이다. 모든 일을 원망과 시비가 없도록 해야 한다. 이기주의에 물들어 있으면 서로 충돌한다. 그러나 어떤 것보다 구원이 더 중요하다. 이기주의로 서로 다투며 그러한 것에 신경 쓰는 일에 시간 빼앗기지 말고 오직 구원을 이루어 가는 일에 힘을 더 쏟아야 한다. 구원을 이루어 가는 일에 방해가 되지 않도록 다른 일에 다툼이 있지 않도록 해야 한다.

15 이는 너희가 흠이 없고 순전하여 어그러지고 거스르는 세대 가운데서 하나님의 흠 없는 자녀로 세상에서 그들 가운데 빛들로 나타내며
15 so that you may be innocent and pure as God's perfect children, who live in a world of corrupt and sinful people. You must shine among them like stars lighting up the sky,

2:15 어그러지고 거스르는 세대. 세상은 어그러져 있다. 이기주의로 물들어 있고 편함이라는 우상으로 가득하다. 그렇게 편안하게 지옥행 열차를 타고 있을 것이 아니라 그곳에서 빛나는 사람이 되어야 한다. 이익을 위해 다른 사람들과 싸우는 사람이 아니라 진리를 위해 자기와의 싸움을 하는 사람으로 찬란하게 빛나야 한다. **세상에서 그들 가운데 빛들로 나타내며.** 세상은 온통 자신의 편함과 이익만을 위해 산다. 그러나 신앙인이 자기와의 싸움을 하고 다른 사람의 이익에 관심을 기울이면서 살면 찬란하게 빛날 것이다. 성공해서 높은 자리에 있어야만 빛나는 것이 아니라 낮은 자리에 있어도 빛나는 사람이 될 수 있다.

16 생명의 말씀을 밝혀 나의 달음질이 헛되지 아니하고 수고도 헛되지 아니함으로 그리스도의 날에 내가 자랑할 것이 있게 하려 함이라
16 as you offer them the message of life. If you do so, I shall have reason to be proud of you on the Day of Christ, because it will show that all my effort and work have not been wasted.

2:16 생명의 말씀을 밝혀. 생명의 말씀을 '굳게 잡아'라고 번역하는 것이 더 좋다. 말씀은 우리에게 생명을 준다. 그러기에 말씀을 굳게 잡고 살아야 한다. 그러면 주님의 재림의 날에 함께 하게 될 것이다. 오늘 말씀을 읽고 있고 그것을 지키기 위해 애쓰고 있으면 그 사람은 빛나는 삶을 살고 있는 것이다. 구원을 이루어 가는 삶을 살고 있는 것이다. 말씀 한 구절을 더 이해하고 더 순종할 때 구원의 점수는 더 올라갈 것이 분명하다. **그리스도의 날에 내가 자랑할 것이 있게 하려 함이라.** 예수님께서 재림하시는 날 우리의 수고로 구원받는 사람이 옆에 있다면 얼마나 행복할까? 그렇게 함께 구원받아야 '나의 달음질이 헛되지 아니하고'에 해당한다.

17 만일 너희 믿음의 제물과 섬김 위에 내가 나를 전제로 드릴지라도 나는 기뻐하고 너희 무리와 함께 기뻐하리니
17 Perhaps my life's blood is to be poured out like an offering on the sacrifice that your faith offers to God. If that is so, I am glad and share my joy with you all.

2:17 너희 믿음의 제물과 섬김 위에 내가 나를 전제로 드릴지라도 나는 기뻐하고. '전제'에 해당하는 헬라어는 제사 드릴 때 액체를 부어 제사드리는 것을 의미한다. 단독으로 드리지 않고 다른 제사와 함께 포도주를 붓는 것을 의미한다. 유대식은 제단 주변 땅에 부었다. 헬라식은 제물 위에 부었다. 빌립보 교인들이 헬라인이기 때문에 아마 후자의 의미로 말하고 있을 것이다. 어쩌면 바울 자신이 빌립보 교인들의 제사에 자신의 피로 드린다는 것을 의미할 수도 있다. 그런데 그것보다 자신이 돕는 제사를 의미할 것이다. 포도주를 부을 때 여전히 제물이 우선된다. 붓는 포도주는 부차적이다. 그러나 그래도 바울은 그렇게 자신의 도움으로 빌립보 교인들이 하나님께 자신들의 삶을 제사로 드릴 수 있게 되고 구원에 이르게 된다면 참으로 기뻐하였던 것이다.

18 이와 같이 너희도 기뻐하고 나와 함께 기뻐하라
18 In the same way, you too must be glad and share your joy with me.

2:18 구원을 위해 일하고, 누군가의 구원을 위해 돕는 것을 기쁜 일이라 말한다. 빌립

보 교인들에게 그러한 기쁨에 동참하라고 말한다. 구원은 참으로 영광스러운 일이며 찬란한 일이다. 우리는 구원의 기쁨을 알아야 한다. 구원을 이루어 가면서 그것이 얼마나 기쁜지를 알아야 한다. 내 안에 그리고 누군가의 안에 구원을 이루어 가는 것은 참으로 기쁜 일이다.

> **19** 내가 디모데를 속히 너희에게 보내기를 주 안에서 바람은 너희의 사정을 앎으로 안위를 받으려 함이니
> **19** If it is the Lord's will, I hope that I will be able to send Timothy to you soon, so that I may be encouraged by news about you.

2:19 너희의 사정을 앎으로 안위를 받으려 함이니. 바울은 디모데가 자신에게 매우 필요하였으나 빌립보 교회에 보낸다고 말한다. 자신의 일이 아니라 빌립보 교회의 사정을 알고 돕는 것이 그에게 더 기쁜 일이었기 때문이다.

바울의 말을 이해하기 위해서는 이 당시의 감옥에 대해 조금 더 알아야 한다. 먼저 바울은 지금 감옥에 있다. 에베소 감옥인지, 가이사랴 감옥인지, 로마 감옥인지 정확하지는 않지만 아마 로마 감옥일 것이다. 이 당시 감옥은 오늘날과 많이 달랐다. 감옥 생활에서 필요한 것을 국가에서는 아주 최소한의 것만 제공하였다. 나머지는 전부 개인이 부담해야 했다. 음식, 옷, 목욕, 이불 세척 등 거의 모든 것을 외부에서 충당해야 한다. 가난한 사람은 감옥에서 아주 더럽고 비참하게 생활하였다. 바울이 감옥에 있는 동안 많은 돈과 세탁과 목욕 등을 도울 사람이 필요하였다. 디모데가 옆에서 그 일을 감당하고 있었다. 디모데를 보낸다는 것은 바울이 많이 불안정하고 불편하게 된다는 것을 의미한다.

> **20** 이는 뜻을 같이하여 너희 사정을 진실히 생각할 자가 이밖에 내게 없음이라
> **20** He is the only one who shares my feelings and who really cares about you.

2:20 뜻을 같이하여. 한 단어로 직역하면 '같은 영혼'이라는 말이다. 디모데는 빌립보 교인들을 향하여 마치 자신의 일처럼 생각할 사람이라는 말이다. **너희 사정을 진실히 생각할 자가 이밖에 내게 없음이라.** 디모데는 자신의 입장이 아니라 빌립보 교회의 입장에서 잘 살펴보고 필요한 것을 알아차려 바울에게 전할 수 있는 유일한 사람이었다. 자신의 일이 아니라 다른 사람의 일을 그렇게 볼 줄 알고 마음에 담고 신경 쓸 수 있는 사람이 많지 않다.

21 그들이 다 자기 일을 구하고 그리스도 예수의 일을 구하지 아니하되
21 All the others are concerned only with their own affairs, not with the cause of Jesus Christ.

2:21 그들이 다 자기 일을 구하고. 많은 사람이 자기의 일만 생각한다. 자신이 어떤 일을 하였을 때 '다른 사람에게 백만 원의 효과가 있고 자신에게 만 원의 효과가 있으면' 자신에게 만원의 효과가 있는 것을 선택한다. 자기의 일을 더 중요하게 생각하기 때문이다. **예수의 일.** 예수님의 일을 생각하면 어떨까? 나와 다른 사람의 일이 다르지 않다. 하나님 나라는 어떤 사람에게 든 동일하다. 우리의 행동이 누군가에게 백만 원의 효과를 낸다면 그것을 우리의 일로 인정해 주신다. 모든 것은 하나님 나라 안에서 하나이기 때문이다. 하나님 나라의 일이라면 모두가 하나다. 이것을 알아야 빛나는 삶을 살 수 있다.

22 디모데의 연단을 너희가 아나니 자식이 아버지에게 함같이 나와 함께 복음을 위하여 수고하였느니라
23 그러므로 내가 내 일이 어떻게 될지를 보아서 곧 이 사람을 보내기를 바라고
24 나도 속히 가게 될 것을 주 안에서 확신하노라
25 그러나 에바브로디도를 너희에게 보내는 것이 필요한 줄로 생각하노니 그는 나의 형제요 함께 수고하고 함께 군사 된 자요 너희 사자로 내가 쓸 것을 돕는 자라
22 And you yourselves know how he has proved his worth, how he and I, like a son and his father, have worked together for the sake of the gospel.
23 So I hope to send him to you as soon as I know how things are going to turn out for me.
24 And I trust in the Lord that I myself will be able to come to you soon.
25 I have thought it necessary to send you our brother Epaphroditus, who has worked and fought by my side and who has served as your messenger in helping me.

2:25 에바브로디도를 너희에게 보내는 것이 필요한 줄로 생각하노니. 에바브로디도는 빌립보 교회에서 바울을 돕도록 파송한 사람이다. 그런데 바울은 그를 다시 빌립보 교회에 보낸다고 말한다. 빌립보 교회를 생각하는 바울의 마음이다.

26 그가 너희 무리를 간절히 사모하고 자기가 병든 것을 너희가 들은 줄을 알고 심히 근심한지라
26 He is anxious to see you all and is very upset because you had heard that he was ill.

2:26 자기가 병든 것을 너희가 들은 줄을 알고 심히 근심한지라. '근심'이라는 단어는 예수님께서 겟세마네 동산에 기도하러 가실 때 '아파(슬퍼)'하신 것과 같은 단어다. 에바브로디도는 자기가 아픈 것이 아니라 빌립보 교인들이 그것을 알게 되어 염려할 것을 더 아파하였다.

> **27** 그가 병들어 죽게 되었으나 하나님이 그를 긍휼히 여기셨고 그뿐 아니라 또 나를 긍휼히 여기사 내 근심 위에 근심을 면하게 하셨느니라
> 27 Indeed he was ill and almost died. But God had pity on him, and not only on him but on me, too, and spared me an even greater sorrow.

2:27 그가 병들어 죽게 되었으나. 에바브로디도가 배를 타고 바울에게 오는 여행 중에 또는 감옥의 바울을 돕다가 중한 병에 걸린 것 같다. 거의 죽을뻔 하였다. '근심'은 '슬픔'으로 번역하는 것이 더 어울린다. 제자들이 겟세마네 언덕에서 '슬픔으로 잠들었다'할 때와 같은 단어다. '슬픔 위에 슬픔을 면하게 하셨느니라'고 말한다.

바울이 있는 감옥은 어둡고 냄새가 진동하며 지저분한 소굴과 같았다. 돈도 없어 디모데와 에바브로디도는 밖에서 일하여 그것으로 바울의 생활비를 댔을 것이다. 그런데 에바브로디도까지 아팠다. 돈도 없는데 몸이 아팠다. 모든 여건이 최악이다. 이들의 이러한 수고를 누가 알아줄까? 놀라운 사실이 있다. 바울은 그러한 상황에서도 빛났다. 빌립보서를 '기쁨의 서신'이라고 말한다. 기쁨을 가장 강조한 편지다. 빌립보 교회에 오히려 '하늘의 별처럼 찬란하게 빛나는 삶을 살 것'을 말하였다. 그는 자신이 찬란하게 살고 있었기 때문에 그렇게 말할 수 있었다.

> **28** 그러므로 내가 더욱 급히 그를 보낸 것은 너희로 그를 다시 보고 기뻐하게 하며 내 근심도 덜려 함이니라
> **29** 이러므로 너희가 주 안에서 모든 기쁨으로 그를 영접하고 또 이와 같은 자들을 존귀히 여기라
> **30** 그가 그리스도의 일을 위하여 죽기에 이르러도 자기 목숨을 돌보지 아니한 것은 나를 섬기는 너희의 일에 부족함을 채우려 함이니라
> 28 I am all the more eager, then, to send him to you, so that you will be glad again when you see him, and my own sorrow will disappear.
> 29 Receive him, then, with joy, as a brother in the Lord. Show respect to all such people as he,
> 30 because he risked his life and nearly died for the sake of the work of Christ, in order to give me the help that you yourselves could not give.

3부

믿음의 삶

(3:1-21)

1 끝으로 나의 형제들아 주 안에서 기뻐하라 너희에게 같은 말을 쓰는 것이 내 게는 수고로움이 없고 너희에게는 안전하니라

1 In conclusion, my brothers and sisters, be joyful in your union with the Lord. I don't mind repeating what I have written before, and you will be safer if I do so.

3:1 주 안에서 기뻐하라. 신앙생활을 하다 보면 '주'가 아니라 다른 것을 기뻐하는 사람들을 만날 수 있다. 그것이 믿음의 주를 더 알게 하고 순종하게 하는 것이라면 유익한 것이지만 만약 그리스도에게서 멀어지게 하는 것이라면 악한 것이다. 무엇이든 그것이 어떤 역할을 하는지를 그리스도 안에서 잘 살펴야 한다.

2 개들을 삼가고 행악하는 자들을 삼가고 몸을 상해하는 일을 삼가라

2 Watch out for those who do evil things, those dogs, those who insist on cutting the body.

3:2 3종류의 사람에 대해 말한다. 그런데 이것은 다른 3종류가 아니라 한 부류의 사람을 3가지로 설명한 것이다. **개들을 삼가고.** 유대인들에게 개는 모욕적인 언어다. 구약 시대에는 피를 머금고 있는 시체를 먹는 것 때문에 더욱 불결한 동물로 여겼다. 여기에서는 '토한 것을 다시 먹는 것' 때문에 언급하는 것 같다. "개가 그 토한 것을 도로 먹는 것 같이 미련한 자는 그 미련한 것을 거듭 행하느니라" (잠 26:11) 메시야가 오심으로 율법이 완성되었다. 그런데 메시야가 오시기 전의 율법으로 다시 돌아가려는 사람들이 있었다. 그것은 토한 것을 다시 먹는 개와 같다. **행악하는 자들을 삼가고.** '삼가라'는 명령의 반복은 강조다. '행악하는 자들'은 메시야 이전의 율법적 의식 행위를 가르치는 이들이 실제로는 '악을 행하는 경우'가 많았기 때문에 그렇게 말하는 것 같다. 겉모습을 강조하는 이들은 속 내면이 썩어 있는 경우가 많다. **몸을 상해하는 일을 삼가라.** 할례를 두고 하는 말이다. 할례는 주님 오시기 전의 의식이다. 주님이 오신 이후 세례로 바뀌었다. 그런데도 여전히 과거에 매여 할례를 주장하는 것은 메시야를 부정하는 것이며 이전의 할례의 의미도 놓치고 있는 것이다.

3 하나님의 성령으로 봉사하며 그리스도 예수로 자랑하고 육체를 신뢰하지 아니하는 우리가 곧 할례파라

3 It is we, not they, who have received the true circumcision, for we worship God by means

of his Spirit and rejoice in our life in union with Christ Jesus. We do not put any trust in external ceremonies.

3:3 바울은 기독교인이 진정한 할례파라고 말한다. **하나님의 성령으로 봉사하며.** '영으로 예배하는 자'를 의미한다. 성령의 인도하심 가운데 예배하는 사람이다. **예수로 자랑하고.** 예수님과 연합하고 함께하는 것을 말한다. **육체를 신뢰하지 아니하는.** 할례를 받았다고 그것으로 만족하고 있지 않다는 것을 의미한다.

> 4 그러나 나도 육체를 신뢰할 만하며 만일 누구든지 다른 이가 육체를 신뢰할 것이 있는 줄로 생각하면 나는 더욱 그러하리니
> 5 나는 팔일 만에 할례를 받고 이스라엘 족속이요 베냐민 지파요 히브리인 중의 히브리인이요 율법으로는 바리새인이요
> 6 열심으로는 교회를 박해하고 율법의 의로는 흠이 없는 자라
> 7 그러나 무엇이든지 내게 유익하던 것을 내가 그리스도를 위하여 다 해로 여길뿐더러
> 4 I could, of course, put my trust in such things. If anyone thinks they can trust in external ceremonies, I have even more reason to feel that way.
> 5 I was circumcised when I was a week old. I am an Israelite by birth, of the tribe of Benjamin, a pure-blooded Hebrew. As far as keeping the Jewish Law is concerned, I was a Pharisee,
> 6 and I was so zealous that I persecuted the church. As far as a person can be righteous by obeying the commands of the Law, I was without fault.
> 7 But all those things that I might count as profit I now reckon as loss for Christ's sake.

3:7 유익...그리스도를 위하여 다 해로 여길뿐더러. 바울은 모든 것을 그리스도의 빛 아래에서 재평가하였다. 그리스도가 율법의 중심이요 완성이기 때문이다. 이전에 율법을 잘 지키는 사람이었다. 그렇다고 이제 안 지킨다는 의미가 아니다. 율법에서 의식법은 그리스도 안에서 완성되었다. 그렇다면 할례와 같은 의식적인 것을 지키는 것은 이제 오히려 해로운 것이 된다. '해'로 번역한 단어는 재정과 관련된 용어로 '손해'를 의미한다. 이제 정확히 계산할 줄 알아야 한다. 무엇이 인생이라는 재정에 플러스가 되고 무엇이 마이너스가 되는지를 잘 따져보아야 한다.

> 8 또한 모든 것을 해로 여김은 내 주 그리스도 예수를 아는 지식이 가장 고상하기 때문이라 내가 그를 위하여 모든 것을 잃어버리고 배설물로 여김은 그리스도를 얻고
> 8 Not only those things; I reckon everything as complete loss for the sake of what is so

much more valuable, the knowledge of Christ Jesus my Lord. For his sake I have thrown everything away; I consider it all as mere refuse, so that I may gain Christ

3:8 내 주 그리스도 예수를 아는 지식이 가장 고상하기 때문이라. 그리스도를 아는 지식이 영원하다. 이전에 제사 드리던 양은 그리스도의 예표였다. 모든 양의 원형이신 그리스도께서 오셨으니 더 이상 양을 제사로 드릴 필요가 없다. 그것이 많은 헌신이고 열심이라 해도 다 무의미하다. 오직 그리스도를 아는 지식이 가장 상위 지식이기 때문에 그것이 중심이 되어야 한다.

그리스도를 아는 지식에 배치되는 것은 오히려 '손해'로 여기는 것이 맞다. 아무리 고상하고 그럴듯하게 보여도 안 된다. 오늘날에도 세상에는 그럴듯한 것들이 있다. 세상에서 돈을 잘 버는 직업이나 인정받는 일들이 그렇다. 국가 일을 한다고 주일을 지키지 못하고 그럴듯한 것 때문에 예배하지 않는다. 그러나 '그를 위하여 모든 것을 잃어버리고 배설물로 여긴' 바울의 마음을 알아야 한다. 과감히 버려야 한다. 그래야 그 빈 자리에 '그리스도를 얻는' 일이 일어난다. 비워야 채워진다.

9 그 안에서 발견되려 함이니 내가 가진 의는 율법에서 난 것이 아니요 오직 그리스도를 믿음으로 말미암은 것이니 곧 믿음으로 하나님께로부터 난 의라
9 and be completely united with him. I no longer have a righteousness of my own, the kind that is gained by obeying the Law. I now have the righteousness that is given through faith in Christ, the righteousness that comes from God and is based on faith.

3:9 내가 가진 의는 율법에서 난 것이 아니요. '의'는 '의로운 사람'이 건짐 받는 것이기 때문에 구원과도 일맥 상통한다. 돈이나 명예 어떤 것도 우리를 구원하지 못한다. 심지어 율법도 아니다. **그리스도를 믿음으로 말미암은 것이니.** 그리스도 안에서 완성된 믿음이다. 제사가 아니라 완성된 그리스도의 피가 우리를 대속한다. **하나님께로부터 난 의.** 그리스도를 믿음으로 구원받는 것이 하나님께서 태초부터 세우신 의다. 그렇다면 그리스도를 믿음과 율법은 무슨 관련이 있을까? 그리스도는 율법을 완성하셨다. 완성이라는 빛 아래에서 율법을 지켜야 한다. 그것이 그리스도를 믿는 믿음이다. 율법에는 그리스도의 뜻이 담겨 있다. 율법을 통해 우리는 그리스도의 뜻을 알고 행해야 한다.

10 내가 그리스도와 그 부활의 권능과 그 고난에 참여함을 알고자 하여 그의

죽으심을 본받아

10 All I want is to know Christ and to experience the power of his resurrection, to share in his sufferings and become like him in his death,

3:10 내가 그리스도와 그 부활의 권능과 그 고난에 참여함을 알고자 하여. 바울은 그리스도를 더욱 알고자 하였다. 그리스도의 부활과 고난을 알고자 하였다. 그것에 참여하고자 하였다. '구원'이라 함은 그리스도의 부활에 참여하는 것이다. 그런데 그 부활에 참여하기 위해서는 먼저 고난에도 참여해야 한다. 부활을 위해 고난에 참여한다는 것은 영광스러운 일이다. 고난 자체는 힘들지만 부활을 위해 참여한다는 것을 안다면 고난은 영광스러운 일이 된다.

11 어떻게 해서든지 죽은 자 가운데서 부활에 이르려 하노니
12 내가 이미 얻었다 함도 아니요 온전히 이루었다 함도 아니라 오직 내가 그리스도 예수께 잡힌 바 된 그것을 잡으려고 달려가노라

11 in the hope that I myself will be raised from death to life.
12 I do not claim that I have already succeeded or have already become perfect. I keep striving to win the prize for which Christ Jesus has already won me to himself.

3:12 이미 얻었다 함도 아니요 온전히 이루었다 함도 아니라. 그가 그리스도의 고난에 참여하는 것은 이미 끝난 일이 아니다. 계속 이어져야 할 일이다.

13 형제들아 나는 아직 내가 잡은 줄로 여기지 아니하고 오직 한 일 즉 뒤에 있는 것은 잊어버리고 앞에 있는 것을 잡으려고
14 푯대를 향하여 그리스도 예수 안에서 하나님이 위에서 부르신 부름의 상을 위하여 달려가노라

13 Of course, my brothers and sisters, I really do not think that I have already won it; the one thing I do, however, is to forget what is behind me and do my best to reach what is ahead.
14 So I run straight towards the goal in order to win the prize, which is God's call through Christ Jesus to the life above.

3:14 바울은 자신이 가고 있는 신앙인의 길을 올림픽에서 달리는 선수에 비유하여 설명하였다. **푯대를 향하여.** 골인 지점을 의미한다. **부름의 상을 위하여.** 달리기 선수가 잘 달리면 마칠 때 상이 있다. **달려가노라.** 지금 그가 할 일은 지나온 길을 돌아보는 것도, 미래의 상을 즐기는 것도 아니고 앞으로 달려가는 것이다.

15 그러므로 누구든지 우리 온전히 이룬 자들은 이렇게 생각할지니 만일 어떤 일에 너희가 달리 생각하면 하나님이 이것도 너희에게 나타내시리라

15 All of us who are spiritually mature should have this same attitude. But if some of you have a different attitude, God will make this clear to you.

3:15 온전히 이룬 자. 스스로 충분히 믿음에 있다고 생각하는 사람을 빗대어 말하는 것이다. 바울은 자신은 '온전히 이루지 못하였다'고 12절에서 말하였었다. 그래서 그렇게 자신들이 할례를 받았거나 또는 이미 충분히 성숙했다고 생각하는 사람들에게 그것에서 벗어나 '이렇게 생각할지니'라고 말한다. 곧 '푯대를 향하여 달려가라'고 말한다. 푯대를 향하여 달려가야 한다. 목표지점에 도착하기까지 멈추면 안 된다. 그 길은 찬란한 길이다.

16 오직 우리가 어디까지 이르렀든지 그대로 행할 것이라
17 형제들아 너희는 함께 나를 본받으라 그리고 너희가 우리를 본받은 것처럼 그와 같이 행하는 자들을 눈여겨 보라
18 내가 여러 번 너희에게 말하였거니와 이제도 눈물을 흘리며 말하노니 여러 사람들이 그리스도의 십자가의 원수로 행하느니라

16 However that may be, let us go forward according to the same rules we have followed until now.
17 Keep on imitating me, my brothers and sisters. Pay attention to those who follow the right example that we have set for you.
18 I have told you this many times before, and now I repeat it with tears: there are many whose lives make them enemies of Christ's death on the cross.

3:18 눈물을 흘리며 말하노니. 푯대를 놓치고 있는 사람들이 있다. 이 일을 생각할 때 참으로 마음이 아팠기에 그가 눈물을 흘리며 권고한다고 말한다. 신앙인이라는 사람이 '십자가의 원수'로 행하고 있기 때문에 가슴이 미어지는 것이다. '십자가의 원수'로 산다는 것은 복음을 방해하고 반대하는 삶을 의미할 것이다. 이들은 주로 교회 밖의 사람들이 아니라 교회 안의 사람들이다. 교회에 다닌다고 하지만 실제로는 십자가의 원수로 사는 사람들이 많다. 그들은 십자가의 도를 반대한다. 십자가의 도가 무엇인가? 그들을 구원하는 핵심이다. 그런데도 십자가를 지는 것이 힘들고 어려워서 그것을 포기하고 편한 길을 가려고 한다. 십자가 목걸이는 하고 있으나 십자가의 길은 걷지 않는 사람들이 십자가의 원수로 사는 사람들이다.

19 그들의 마침은 멸망이요 그들의 신은 배요 그 영광은 그들의 부끄러움에 있고 땅의 일을 생각하는 자라

19 They are going to end up in hell, because their god is their bodily desires. They are proud of what they should be ashamed of, and they think only of things that belong to this world.

3:19 그들의 마침은 멸망이요. 그러한 삶은 결국 멸망이라는 것을 알아야 한다. 허무를 넘어 영원한 아픔이다. **그들의 신은 배요.** 2가지 의미로 해석할 수 있다. 하나는 율법의 음식 규례가 완성된 것을 생각하지 않고 여전히 그것만 강조하는 사람에 대한 것일 수 있다. 아니면 탐식이나 탐색하는 사람에 대한 경고일 수도 있다. **그 영광은 그들의 부끄러움에 있고.** 이것도 2가지로 해석 가능하다. 그들은 할례 받은 것을 영광으로 생각하는데 그렇게 생각하는 것 때문에 결국은 그것이 부끄러움이 될 것이다. 아니면 그들이 지금 영광스럽게 생각하는 것이 실제로는 부끄러운 것으로 판명될 것이다는 의미다. **땅의 일을 생각하는 자.** 그들은 결국 하늘(하나님 나라)의 일을 생각하지 않고 자신들의 생각과 관습과 감정과 편의를 따라 사는 사람이다. 그러한 땅의 일을 향한 삶은 늘 당장은 효과가 있다. 그러나 미래 '영원'이라는 시간 속에서는 전혀 효과가 없다. 아니 악한 효과만 있을 것이다.

20 그러나 우리의 시민권은 하늘에 있는지라 거기로부터 구원하는 자 곧 주 예수 그리스도를 기다리노니

20 We, however, are citizens of heaven, and we eagerly wait for our Saviour, the Lord Jesus Christ, to come from heaven.

3:20 우리의 시민권은 하늘에 있는지라. 빌립보 도시는 로마의 특별 식민 도시였다. 로마의 퇴역 군인들을 위해 도시를 건설하고 로마에서 직접 통치하는 식민지다. 로마 제국에서 아주 특별한 특권으로 생각하였던 로마의 시민권을 주어 세금을 면제해 주었다. 예루살렘에서 천부장도 로마의 시민권이 없었는데 빌립보에는 로마의 시민권을 가진 사람이 많이 있었다. 그들은 로마에 살지 않지만 로마의 법과 로마의 황제에 의해 직접 통치를 받고 있다는 자부심을 가지고 있었다. 아주 특별한 자긍심이었다. 그렇다면 하늘(하나님 나라)의 시민권을 가진 사람은 더욱더 큰 자부심을 가져야 한다. **거기로부터 구원하는 자.** '구원자'는 군사 용어로 사용하는 경우가 많다. 도시가 포위를 당했을 때 그들을 구원하는 장군을 말할 때 사용된다. 신앙인이 이 세상을 살아갈 때 세상에 포위되어 많은 어려움을 겪고 있다. 그러나 자신의 하늘 시민권을 부정하지 말고 자랑스럽게 생각해야 한다. 우리의 구원하는 장군 그리스도께서 재림하셔

서 우리를 구원하실 것이 확실하기 때문이다. 우리는 땅의 일을 생각하여 하늘 시민권을 포기하거나 부끄럽게 여길 것이 아니라 하늘의 일을 생각하며 자긍심을 가지고 구원하는 분 곧 그리스도를 기다리는 사람이어야 한다.

21 그는 만물을 자기에게 복종하게 하실 수 있는 자의 역사로 우리의 낮은 몸을 자기 영광의 몸의 형체와 같이 변하게 하시리라

21 He will change our weak mortal bodies and make them like his own glorious body, using that power by which he is able to bring all things under his rule.

4부

세상 속의 삶

(4:1-23)

1 그러므로 나의 사랑하고 사모하는 형제들, 나의 기쁨이요 면류관인 사랑하는 자들아 이와 같이 주 안에 서라

1 So then, my brothers and sisters, how dear you are to me and how I miss you! How happy you make me, and how proud I am of you! This then, dear brothers and sisters, is how you should stand firm in your life in the Lord.

4:1 면류관인 사랑하는 자들아. '면류관'은 운동 선수가 받는 것으로 승리, 명예, 자랑, 행복 등을 상징한다. 바울은 빌립보 교인들을 생각하면 행복하였다. 바울이 개척하고 복음을 전한 모든 교회 가운데 바울을 가장 행복하게 한 교회가 빌립보 교회라고 말할 수도 있다. 인사말이 아니라 빌립보 교회는 바울에게 진실로 면류관이었다.

빌립보 교회가 바울에게 면류관이 된 것처럼 우리는 서로서로에게 면류관이 되어야 한다. 그 사람을 통해 나의 승리를 볼 수 있어야 한다. 그 사람을 이긴 승리가 아니라 그 사람이 나의 도움으로 믿음에서 자라감을 통해 보이는 승리를 볼 수 있어야 한다. 다른 사람을 통해 승리를 볼 수 있고, 자랑할 수 있고, 행복할 수 있는 것은 참으로 큰 복이다. 바울은 그것을 누리고 있었고 그것을 빌립보 교인들이 더 누리기를 원하였다.

2 내가 유오디아를 권하고 순두게를 권하노니 주 안에서 같은 마음을 품으라

2 Euodia and Syntyche, please, I beg you, try to agree as sisters in the Lord.

4:2 유오디아를 권하고 순두게를 권하노니. 이 두 여인은 신학적이거나 윤리적인 문제가 아니라 의견의 문제로 사이가 좋지 못했다. 그것이 작은 문제일 수 있지만 큰 문제가 될 수도 있다. 그래서 바울은 이것을 공개적으로 언급하고 있다. 아마 교회 내의 사람들이 다 알고 있는 문제였던 것 같다. **같은 마음을 품으라.** '마음'은 빌립보서에서 계속 나오고 있는 단어로 '느낌'이라는 정서적 측면이 아니라 '정신'이라고 번역할 수 있는 생각과 태도에 대한 것이다. 어찌 서로 같을 수 있을까? 그러나 '주 안에서'라는 큰 틀을 생각하면 하나가 될 수 있다. 주님의 태도인 '겸손'을 생각하고 순종하면 하나가 될 수 있다. 자신이 아니라 다른 사람 안에서 '승리'를 보고 그것으로 감사할 수 있다. **주 안에서.** 그 사람을 더 생각하면 다툼이 이어질 것이다. 그 사람은 나와 너무 안 맞을 수 있기 때문이다. 그러나 '주 안에서'를 더 생각하면 화해하게 된다. 주님은 우

리가 죄인이었을 때 우리를 용서하셨기 때문이다. 주님은 우리 모두를 사랑하신다. 주님은 그 사람 안에도 계신다.

> 3 또 참으로 나와 멍에를 같이한 네게 구하노니 복음에 나와 함께 힘쓰던 저 여인들을 돕고 또한 글레멘드와 그 외에 나의 동역자들을 도우라 그 이름들이 생명책에 있느니라
> 3 And you too, my faithful partner, I want you to help these women; for they have worked hard with me to spread the gospel, together with Clement and all my other fellow-workers, whose names are in God's book of the living.

4:3 나와 멍에를 같이한 네게 구하노니. 익명의 빌립보 지도자에게 하는 말이다. 이름은 나와 있지 않지만 신앙인은 모두 '멍에를 같이한' 사람들이다. 진리라는 멍에, 복음이라는 멍에를 함께 멘 사람들이다. **여인들을 돕고...나의 동역자들을 도우라.** 신앙인은 서로 도와야 한다. 할 수만 있으면 도움의 손길을 내밀어야 한다. 믿음 안에서 돕는 것은 매우 필요하다. 사람과의 문제는 오히려 도움으로 승화시켜야 한다. 사람과의 만남에서 문제가 없을 수 없다. 의견이 다르기 때문이다. 그러나 더 큰 그림으로는 주 안에서 동역자다. 그러니 주 안에서의 일을 도움으로 서로의 오해가 해소되고 서로의 마음에 사랑으로 기억될 수 있는 사람이 되어야 한다. **그 이름들이 생명책에 있느니라.** 이 땅에서 성도를 돕는 것은 영원토록 가치 있는 일이다. 그들의 이름이 생명책에 있기 때문이다. 그들과의 만남은 이 땅에서의 관계만으로 끝나지 않고 영원한 나라에서의 관계로 이어질 것이다. 그때 이 땅에서 도운 일은 참으로 좋은 추억으로 기억될 것이다. 영원토록 빛난다.

> 4 주 안에서 항상 기뻐하라 내가 다시 말하노니 기뻐하라
> 4 May you always be joyful in your union with the Lord. I say it again: rejoice!

4:4 주 안에서 항상 기뻐하라. 어떻게 항상 기뻐할 수 있을까? 돈이 없을 때가 있고 우리의 감정이 상할 때가 있다. 어려움을 만날 때가 있다. 그러나 '항상 기뻐하라'는 것은 우리의 기쁨을 바로 그러한 상황에 두지 말아야 가능하다. 예수님은 변함이 없으시다. 항상 우리를 사랑하신다. 항상 우리에게 좋은 것을 주신다. 그러니 '주 안에서' 다시 생각하면 항상 기뻐할 수 있다. 그래서 기뻐하기 위해 중요한 것은 '주 안에' 있는 것이다. 주님의 임재 속에서 주님 앞에서 생각해야 한다. 그래서 '항상 기뻐하는

것'은 사람과의 관계가 아니라 하나님과의 건강한 관계에서 나온다. 기뻐하지 못하는 자신을 발견하면 '왜 나에게 이런 상황을 주셔서'라고 말할 것이 아니라 주 안에 있지 않다는 증거이니 빨리 주 안에 있도록 자신을 돌아보아야 한다.

5 너희 관용을 모든 사람에게 알게 하라 주께서 가까우시니라
5 Show a gentle attitude towards everyone. The Lord is coming soon.

4:5 너희 관용을 모든 사람에게 알게 하라. '관용'은 오래 참음, 용서하는 마음, 친절함, 예의 바름, 웃어 주기, 엄격하지 않음, 꼬치꼬치 따지지 않음, 매사에 자신의 옳음을 주장하지 않음 등으로 해석할 수 있다. 다양한 뜻인 것 같으나 실제로는 일맥상통하는 한 가지 의미를 가지고 있다. 살면서 크고 작은 문제를 만난다. 그 일에 짜증부터 내지 말고 웃어줄 수 있어야 한다. 용서하는 마음을 가져야 한다. 죄인끼리 서로 용서할 줄 알아야 한다. 나도 어제까지 몰랐던 것이니 오늘 모르는 사람을 이해할 줄 알아야 한다. 내가 하나 아는 것 가지고 주장하지 말아야 한다. 상대방도 내가 모르는 것을 관용하고 있다. **주께서 가까우시니라.** 이것은 두 가지 의미를 담고 있다. 첫째는 주께서 늘 우리 가까이에 계시다는 뜻이다. 두 번째는 주님의 재림이 가까 왔다는 뜻이다. 사람이나 환경이 문제가 될 때 그것 때문에 짜증내지 말고 더 가까이에 계신 주님을 보라. 주님을 보면 웃을 수 있다. 주님의 재림이 가깝다. 주님이 재림하시면 모든 시시비비를 정확히 가리시고 심판하실 것이다. 그러니 내가 모든 것을 바로 잡고 모든 것을 어찌하려고 하지 마라.

6 아무 것도 염려하지 말고 다만 모든 일에 기도와 간구로, 너희 구할 것을 감사함으로 하나님께 아뢰라
6 Don't worry about anything, but in all your prayers ask God for what you need, always asking him with a thankful heart.

4:6 염려하지 말고. '기도할 수 있는데 왜 염려하십니까'라는 찬양을 생각나게 하는 구절이다. '염려'의 국어사전적 의미는 "앞 일에 대하여 여러 가지로 마음을 써서 걱정함"이다. 그런데 성경이 의미하는 것은 조금 다른 의미다. '앞 일'만 말하는 것이 아니다. 이 단어는 부정적으로 사용될 때가 많지만 긍정적으로 사용될 때도 많다. 앞에서는 디모데가 빌립보 교회를 잘 돌보는 것에 대해 말할 때 이 단어를 사용하였다 (2:2). 기본 의미는 '돌보는 것'이다. 그런데 때로는 너무 과하게 돌보고 생각하면 그것

이 염려가 되는 것이다. '과하다'는 것의 기준이 무엇일까? 하나님의 돌봄을 생각하지 않고 내가 다 돌보는 것이다. 하나님의 돌봄을 신뢰하거나 의지하지 않고 내가 다 하는 것이다. 아무리 선한 마음이라도 내가 할 수 없는 일 또는 하지 않아야 할 일을 붙잡고 있는 것은 '염려'다. **다만 모든 일에 기도와 간구로.** 문제를 만나면 혼자 끙끙거리지 말고 하나님께 기도해야 한다. '관용'이 사람에게 '조금 덜 말하는 것'이라면 '기도'는 하나님께 '조금 더 말하는 것'이다. 기도는 '염려의 해독제'가 될 것이다. 염려는 모든 것을 자신의 문제라고 생각하지만 기도하면 그것이 하나님의 일이며 하나님이 돌보고 계시다는 것을 깨닫게 되기 때문이다. **감사함으로 하나님께 아뢰라.** '감사'는 기도하는 가장 중요한 태도요 정신이다. 기도할 때 감사의 마음으로 감사를 고백해야 한다. 지금 내가 아무리 무엇인가 부족하고 어떤 문제가 나를 짓누르고 있어도 여전히 하나님께서 우리를 가장 사랑하고 계시며 하나님의 좋은 섭리와 통치가 이루어지고 있음을 신뢰하는 것이 감사다. 때로는 아직 몰라서 우리가 달라고 요청하는 것이지 어쩌면 그것이 없어야 할지도 모른다. 그렇다고 간구를 멈출 필요는 없다. 그러나 간구가 하나님의 통치를 신뢰하는 감사 없이 그냥 요청만 하는 것이 되어서는 안 된다.

> 7 그리하면 모든 지각에 뛰어난 하나님의 평강이 그리스도 예수 안에서 너희 마음과 생각을 지키시리라
> 7 And God's peace, which is far beyond human understanding, will keep your hearts and minds safe in union with Christ Jesus.

4:7 그리하면...지각에 뛰어난 하나님의 평강이. 우리가 생각할 수 있는 것을 넘어서는 평강이다. 우리의 생각으로는 분명히 걱정해야 하고 불안해야 하는데 우리의 생각을 넘어 곧 아직 이해되지는 않지만 왠지 모르는, 정확히는 하나님께서 주시는 평강이 우리에게 임할 것이다. **너희 마음과 생각을 지키시리라.** 우리의 마음과 정신이 불안하고 두려워하지 않도록 지켜준다는 것이다. 문제를 만나 우리의 생각과 정신이 하염없이 나락으로 떨어지지 않도록 기도라는 경비병과 보디가드를 세워야 한다. 기도는 상황을 바꾸는 것이 아니라 우리의 마음과 정신이 문제에 휘말리지 않도록 지키는 역할이 먼저다. 이미 휘말렸으면 우리의 마음과 정신을 바꾸어 다시 평강하도록 바꿀 것이다.

> 8 끝으로 형제들아 무엇에든지 참되며 무엇에든지 경건하며 무엇에든지 옳으며

무엇에든지 정결하며 무엇에든지 사랑 받을 만하며 무엇에든지 칭찬 받을 만하
며 무슨 덕이 있든지 무슨 기림이 있든지 이것들을 생각하라

8 In conclusion, my brothers and sisters, fill your minds with those things that are good and that deserve praise: things that are true, noble, right, pure, lovely, and honourable.

4:8 이것들을 생각하라. 신앙인이 마음에 가득 담고 돌보아야 하는 것은 참된 것, 존경받을 만한 것(경건), 옳은 것, 정결한 것, 사랑스러운 것, 칭찬들을 만한 것이어서 누가 보아도 덕이 있고 기림이 있을만한 일이어야 한다고 말한다. 그것을 마음 속에 간직해야 하고 삶의 기준으로 삼아야 한다.

이 단어들은 그리스 철학에서 더 많이 나오는 단어다. 세상에서의 어려운 상황이나 고통스러운 일을 당하면 이러한 인간적 덕을 더 수양하는 것으로 나가야 한다고 가르치는 철학이 많았다. 이러한 것이 가치 있는 일이기 때문이다. 이것은 일반계시로서 세상에서 고상한 모습과 매우 같다. 이러한 고상한 모습에 있어서는 교회가 세상을 선도해야 한다. '그것이 구원에 이르게 하는 것이 아니다'라고 말할 것이 아니다. 그러한 것이 구원의 핵심은 아니어도 구원에 이르게 하는 매우 중요한 길목이다. 이러한 아름다운 모습은 그리스도의 모습이었다. 우리가 닮아야 하는 것이다. 그리스도를 닮는 것은 십자가를 지는 것만이 아니라 그리스도의 품성을 닮는 것이기도 하다. 신앙인이 사회 속에 들어가 사회운동을 하고자 한다면 바로 이러한 덕성 운동을 하는 것이 가장 바람직한 것 중에 하나다.

9 너희는 내게 배우고 받고 듣고 본 바를 행하라 그리하면 평강의 하나님이 너희와 함께 계시리라

9 Put into practice what you learnt and received from me, both from my words and from my actions. And the God who gives us peace will be with you.

4:9 행하라...평강의 하나님이 너희와 함께 계시리라. 행해야 한다. 배운 것을 행하지 않으면 그것은 결코 옳은 것이 아니다. 행해야 열매가 된다. 행할 때 '평강의 하나님'이 함께 하신다고 말씀한다. 하나님이 주시는 '평강'이 임하는 것을 넘어 평강을 주시는 '하나님'이 임재할 것이다. '사랑스러운 사람이 되어야지'라고 생각하면 하나님께서 힘을 주신다. 사랑스러운 사람으로 행동을 하면 그 사람 가운데 함께 하신다. 말씀을 따라 행동할 때 하나님의 임재를 경험한다.

10 내가 주 안에서 크게 기뻐함은 너희가 나를 생각하던 것이 이제 다시 싹이 남이니 너희가 또한 이를 위하여 생각은 하였으나 기회가 없었느니라

10 In my life in union with the Lord it is a great joy to me that after so long a time you once more had the chance of showing that you care for me. I don't mean that you had stopped caring for me—you just had no chance to show it.

4:10 생각은 하였으나 기회가 없었느니라. 바울이 선교여행을 하고 있기 때문에 빌립보 교회가 바울과 연락이 지속되고, 있는 곳을 정확히 아는 것이 매우 어려웠을 것이다. 그러다가 감옥에 있는 것을 알고 바로 사람을 보내 도왔을 것이다. 빌립보 교회가 그렇게 기회를 포착하여 돕는 것을 보면서 바울은 기쁘게 생각한 것이다. 복음의 일에 참여할 기회가 그렇게 많지 않다. 시간은 흘러가고 있고 상황도 바뀐다. 기회 있을 때에 복음의 일에 참여해야 한다.

11 내가 궁핍하므로 말하는 것이 아니니라 어떠한 형편에든지 나는 자족하기를 배웠노니

11 And I am not saying this because I feel neglected, for I have learnt to be satisfied with what I have.

4:11 궁핍...아니니라...자족하기를 배웠노니. '자족'에 해당하는 헬라어는 '자급자족'으로 사용되는 경우가 많은 단어다. '독립'의 의미다. 바울은 선교여행에서 자급자족하며 다녔다. 물론 그의 선교에 도움을 주는 이들도 있었으나 소수였다. 자급자족하였기에 부족한 것이 많았다. 그러나 그는 혼자서도 충분히 선교여행을 감당하고 있었다. 불평 없이 만족스럽게 감당하고 있었다.

12 나는 비천에 처할 줄도 알고 풍부에 처할 줄도 알아 모든 일 곧 배부름과 배고픔과 풍부와 궁핍에도 처할 줄 아는 일체의 비결을 배웠노라

12 I know what it is to be in need and what it is to have more than enough. I have learnt this secret, so that anywhere, at any time, I am content, whether I am full or hungry, whether I have too much or too little.

4:12 풍부와 궁핍에도 처할 줄 아는 일체의 비결을 배웠노라. 풍요로워도 교만하지 않고, 궁핍하여도 절망하지 않는 비결을 배웠다고 말한다. 사람들은 풍요로우면 교만하고 궁핍하면 낙심한다. 그러나 바울은 그러한 세상과 거리를 두었다. 세상에 매인 자가 아니라 자유한 자였다. 그래서 세상의 환경에 일희일비하지 않고 여전히 같은 자

리에서 같은 사역을 할 수 있었다. 바울처럼 물질적인 면이나 환경적인 면에 있어서는 이렇게 세상과 거리를 두고 독립해야 할 때가 많다. 이러한 것에 가까우면 속물이 될 것이다. 이러한 것에 거리를 두어야 한다. 그래야 항상 기뻐할 수 있다. 신앙인의 아름다움을 지킬 수 있다.

13 내게 능력 주시는 자 안에서 내가 모든 것을 할 수 있느니라
13 I have the strength to face all conditions by the power that Christ gives me.

4:13 내가 모든 것을 할 수 있느니라. 이것은 마치 '상황을 바꿀 수 있는 것'처럼 들린다. 그러나 사실은 마음을 바꾸는 것에 대한 이야기다. 상황을 바꾸는 것이 아니라 마음이 견디는 것에 대한 것이다. 지금 바울이 감옥에서 출소되는 것이 아니라 감옥에서도 기뻐할 수 있는 마음에 대한 것이다. '모든 것을 할 수 있다'고 말할 때 '모든 것'은 '풍부와 궁핍'이다. 그 중에도 궁핍에 조금 더 초점이 맞추어져 있다. '나는 궁핍에도 자족할 수 있다'이다. '어려운 일을 당하여도 그것에 독립할 수 있다'이다. 상황에 매여 이리저리 치이는 것이 아니라 어떤 상황에서도 그 영혼은 독립하여 기쁨을 느낄 줄 알고 말할 줄 안다. '내 영혼 독립 만세'이다. **내게 능력 주시는 자 안에서.** 그는 예수님의 임재 가운데 있었다. 예수님은 십자가를 지셨다. 그렇다면 바울이 궁핍한 것이 문제겠는가? 어떤 환경이든 마주할 수 있다. 상황에 종속적인 관계가 아니라 맞대응할 수 있다. 그리스도께서 함께 하시고 그에게 힘을 주시기 때문이다. 어려운 환경을 만나면 힘든 것은 당연하다. 그러나 그리스도께서 힘을 주시고 부활의 소망을 가지고 있으니 그러한 것이 전혀 문제가 되지 않는 것이다. 그래서 그는 세상을 향하여 당당하게 '나는 세상을 향해 마주할 수 있다'라고 말할 수 있는 것이다.

14 그러나 너희가 내 괴로움에 함께 참여하였으니 잘하였도다
14 But it was very good of you to help me in my troubles.

4:14 그러나. 두 가지 의미를 담고 있다. 하나님의 일이 빌립보 교회의 도움이 있어야만 되는 것은 아니라는 것을 의미한다. 또 하나는 빌립보 교회의 도움이 의미 없는 것은 아니라는 것을 뜻한다. **내 괴로움.** 바울이 복음을 전하기 위해 어려운 길을 가고 있었다. 빌립보 교회가 그를 돕기 위해 재정적으로 지원한다는 것은 그만큼 그들의 돈이 줄어든다는 것을 의미한다. 하나님 나라를 위해 바울도 빌립보 교회도 괴로움의

길을 가고 있다. **참여하였으니 잘하였도다.** 이 세상에 하나님의 나라가 세워져 가고 있다. 어두움 가운데 빛이 비추는 것이다. 그 일에 참여한다는 것은 참으로 영광스러운 일이다. 괴로움은 지극히 작은 것이요 하나님 나라에 참여하는 영광은 지극히 크다.

> **15** 빌립보 사람들아 너희도 알거니와 복음의 시초에 내가 마게도냐를 떠날 때에 주고 받는 내 일에 참여한 교회가 너희 외에 아무도 없었느니라
> **15** You Philippians know very well that when I left Macedonia in the early days of preaching the Good News, you were the only church to help me; you were the only ones who shared my profits and losses.

4:15 내 일에 참여한 교회가 너희 외에 아무도 없었느니라. 오늘날에도 복음의 일에 참여하는 사람이 적다. 저마다 세상의 일에 바쁘다. 그래서 참으로 적은 사람만 복음의 일에 참여하고 있다. **주고 받는 내 일.** 재정적인 일에 사용하는 단어다. 은행에 돈을 넣고 빼는 것이나 물건을 넣고 빼면서 장부에 기입할 때 사용하는 단어다. 하나님 나라를 위해 일한 모든 것들이 그대로 기록될 것이다. 재정장부처럼 말이다. 재정 장부는 거짓말하지 못한다. 모든 것이 있는 그대로 정확히 기록될 것이다. 어떤 사람은 받기만 한다. 그러나 빌립보 교회는 받을 뿐만 아니라 주기도 하였다. 복음을 받는 것이 중요하다. 또한 복음을 전하는 일도 중요하다. 나를 통해 누군가에게 복음이 더 전달되도록 주는 일에 사용되어야 한다. 주고 받는 일에 사용되는 사람이 복되다. 세상의 일만을 살아간다면 어둠의 일로 끝날 것이다. 하나님의 일에 참여할 때 빛으로 채워진다. 하나님 나라의 일에 참여하는 것이 많은 경우 세상적인 면으로 볼 때는 비움이다. 자신의 시간과 재능과 많은 것을 주는 것이다. 그러나 실제로는 비움이 아니라 채움이다.

> **16** 데살로니가에 있을 때에도 너희가 한 번뿐 아니라 두 번이나 나의 쓸 것을 보내었도다
> **17** 내가 선물을 구함이 아니요 오직 너희에게 유익하도록 풍성한 열매를 구함이라
> **16** More than once when I needed help in Thessalonica, you sent it to me.
> **17** It is not that I just want to receive gifts; rather, I want to see profit added to your account.

4:17 내가 선물을 구함이 아니요...너희에게 유익하도록. 빌립보 교회가 바울을 도왔다. 그것이 바울에게 도움이 되었다. 그리고 빌립보 교회는 더욱더 큰 유익을 얻을 것

이다. 빌립보 교인의 영적인 계좌에 더 많은 이익금이 들어갈 것이다. '풍성한 열매'는 바울이 아니라 빌립보 교회에 있는 것을 말하고 있다.

> **18** 내게는 모든 것이 있고 또 풍부한지라 에바브로디도 편에 너희가 준 것을 받으므로 내가 풍족하니 이는 받으실 만한 향기로운 제물이요 하나님을 기쁘시게 한 것이라
>
> **18** Here, then, is my receipt for everything you have given me—and it has been more than enough! I have all I need now that Epaphroditus has brought me all your gifts. They are like a sweet-smelling offering to God, a sacrifice which is acceptable and pleasing to him.

4:18 내게는 모든 것이 있고 또 풍부한지라. 이것은 '나는 여러분에게 받을 것을 다 받았고'라고 번역하는 것이 더 좋다. 이것은 지불영수증과 같다. 그런 용도로 사용하는 단어다. 바울은 계속 경제 용어를 사용하여 설명한다. 아마 의도적으로 그렇게 사용하고 있는 것으로 보인다. 하나님 나라의 일에 참여하는 것에 대해 사람들이 추상적으로 생각하기 쉽다. 그러나 하나님 나라는 눈에 보이지 않지만 어느 것보다 더 분명한 실제다. 그 일에 참여하는 것도 분명하다. 돈의 단위만큼 그 일에 참여한 정도가 정확히 기재된다. **내가 풍족하니.** 바울이 어렵고 빌립보 교회도 어렵다. 그러나 바울은 '풍부'라는 단어를 많이 사용한다. 돈의 액수가 중요한 것이 아니다. 하나님 나라는 돈의 크고 작음에 의해 좌우되는 것이 아니다. 그것에 마음을 다하여 참여하면 충분하다. 세상의 어떤 돈보다 더 풍부하고 충분히 하나님의 일이 이루어질 수 있다. 풍부함은 늘 참여하는 사람의 헌신에 대한 것이지 그것의 양을 의미하는 것이 아니다. **하나님을 기쁘시게 한 것이라.** 그들이 하나님 나라의 일에 참여함으로 하나님께서 기뻐하신다. 하나님께서 돈이 채워져 기뻐하시겠는가? 그들이 하나님 나라의 일에 참여함으로 하나님 나라의 일원이 되기 때문에 기뻐하시는 것이다. 하나님 나라의 일에 참여함으로 그들이 복된 인생이 되기 때문에 하나님께서 기뻐하시는 것이다.

> **19** 나의 하나님이 그리스도 예수 안에서 영광 가운데 그 풍성한 대로 너희 모든 쓸 것을 채우시리라
>
> **19** And with all his abundant wealth through Christ Jesus, my God will supply all your needs.

4:19 그 풍성하신 대로 너희 모든 쓸 것을 채우시리라. 빌립보 교회가 자신들이 쓸 것을 빼서 바울을 도왔다. '비움'이 그들에게는 하나님 나라의 참여의 중요한 증거가 될 것

이다. 하나님께서 그들이 비워진 것을 보시고 긍휼히 여기셔서 또한 채워 주신다. 진짜 필요한 것을 채워 주신다. 그들이 비워진만큼이 아니라 더 많은 것들이 채워진다. 총량이 늘어난다. 자신이 벌고 쓰는 양이 한정되어 있다. 그런데 그렇게 하나님 나라의 일에 참여하는 일에 사용된다면 벌고 쓰는 일에 하나님 나라에 참여하고 채워지는 것까지 합하여 총량이 늘어난다. 자신의 눈에 보이는 것에 급급하여 좀생이처럼 사는 것이 아니라 더 주고 더 채워지는 놀라운 방식의 인생의 총량이 늘어나는 삶을 살아야 한다.

> 20 하나님 곧 우리 아버지께 세세 무궁하도록 영광을 돌릴지어다 아멘
> 20 To our God and Father be the glory for ever and ever! Amen.

4:20 하나님...영광을 돌릴지어다. 하나님 나라의 일에 참여함으로 비워지고 비워진 자리에 하나님께서 더욱더 많은 것으로 채워주실 때 우리는 하나님의 영광을 보게 된다. 우리 주변의 사람들이 하나님의 영광을 보게 된다. 그것이 참으로 영광스러운 일이다.

바울이 자신의 하나님 나라의 일에 빌립보 교회가 참여함을 칭찬하고 있는 것을 보았다. 감옥생활에 도움을 줌으로 구체적으로 참여하였다. 참여함을 말할 때 궁핍한 단어가 아니라 풍요의 이미지가 가득한 것을 본다. 하나님 나라에의 참여는 비워지는 것 같지만 실제로는 채워지는 것이다. 우리 주변에는 늘 하나님의 일에 참여할 일이 가득하다. 다양한 방식으로 참여할 수 있다. 하나님의 일에 참여하라. 그것이 인생을 영광스럽게 할 것이다.

> 21 그리스도 예수 안에 있는 성도에게 각각 문안하라 나와 함께 있는 형제들이 너희에게 문안하고
> 22 모든 성도들이 너희에게 문안하되 특히 가이사의 집 사람들 중 몇이니라
> 23 주 예수 그리스도의 은혜가 너희 심령에 있을지어다
> 21 Greetings to each one of God's people who belong to Christ Jesus. The brothers and sisters here with me send you their greetings.
> 22 All God's people here send greetings, especially those who belong to the Emperor's palace.
> 23 May the grace of the Lord Jesus Christ be with you all.

골로새서

골로새서
목 차

골로새서

골로새는 에베소에서 동쪽으로 180km떨어진 도시다. 이전에는 부요하고 큰 중요한 도시였으나 바울 시대에는 이미 많이 작아져 있었다. 부요하고 큰 도시라는 것은 옛날 영광이었다. 바울이 이 편지를 감옥에서 쓰고 있는데 에베소 감옥에서 쓰고 있을 수 있다. 그러면 골로새 교회는 세워진지 1년 정도 되었을 것이다. 만약 로마 감옥에서 썼으면 설립 5년 정도 되는 교회다. 골로새 교회는 바울이 세운 교회가 아니다. 에베소에서 바울에게 복음을 듣고 깨닫게 된 에바브라가 세운 교회다. 바울은 골로새에 가본 적이 없을 것이다. 그러나 골로새 교회에게 편지하고 있다. 복음 안에서 모든 교회는 하나이기 때문이다.

내용

작지만 결코 작지 않은 골로새 교회를 향한 바울의 편지다. 과거의 명성은 때로는 사람을 더욱더 힘들게 한다. 작아진 골로새 도시 안에서 아주 작은 한 공동체였던 골로새 교회는 영광을 세상의 명성에서 찾는 것이 아니라 그리스도 안에서 찾았다. 진정한 영광스러운 공동체가 되었다.

골로새서 성경은 그리스도에 대한 내용이 많이 나온다. 예수 그리스도에 대한 위대한 선언과 그리스도에 대한 고결한 지식을 말한다. 그리스도를 머리로 붙들고 사는 삶을 말한다.

골로새서라는 이름에서 '골'이라는 단어가 한문과는 전혀 상관이 없지만 기억하기 쉽도록 연상법을 사용한다면 뇌를 의미하는 '골'이 될 수 있기 때문에 우리의 머리되신 그리스도에 대한 지식을 말하는 성경으로 기억하면 좋다.

1부

들어가는 말

(1:1-12)

1 하나님의 뜻으로 말미암아 그리스도 예수의 사도 된 바울과 형제 디모데는
1 From Paul, who by God's will is an apostle of Christ Jesus, and from our brother Timothy–

1:1 오늘날 편지를 쓴다면 편지를 쓰는 사람의 이름이 제일 나중에 올 것이다. 그런데 이 당시에는 편지 제일 앞에 먼저 기록하였다. 바울은 당시의 전통대로 자신의 이름을 제일 앞에 넣으면서 자신이 편지를 쓰고 있음을 밝히고 있다. **하나님의 뜻으로 말미암아...사도.** 바울은 하나님의 뜻에 따라 사도(보냄을 받은 자)가 되었다. 그는 예수님을 믿는 자를 핍박하기까지 하였으나 예수님이 메시야임을 깨닫고 그것을 전하는 자로 살게 되었다. 예수님이 이 세상의 죄를 대신 지시고 그들을 구원하는 분이 되신다는 사실은 복음이다. 놀라운 복음이다. 영광으로 가득한 복음이다. 그것을 전하도록 부름을 받았다.

세상 사람들이 열심히 살고 있다. 그러나 복음을 알고 사는 사람은 많지 않다. 복음이 말하는 죄 사함과 영원한 행복한 삶을 꿈꾸지 못하고 살고 있다. 그냥 사는 것이다. 그렇게 그냥 사는 것은 인간의 존귀함을 잃은 것이며 끔찍한 일이다. 그런데 더욱더 처절한 것은 그렇게 살다가 죽는다는 사실이다. 죽음 이후 어떻게 되는지를 모르고 산다는 것이다. 죽으면 지옥이 준비되어 있다는 사실을 모른다. 그들의 죗값 때문에 영원히 지옥에서 살아야 한다. 그런데 그것을 모른다. 그냥 지금 그렇게 살아도 되는 것으로 생각하고 그냥 살고 있다. 그들에게 복음이 필요하다. 바울은 복음을 위해 보내졌다. 그리고 오늘날 모든 신앙인은 복음을 위해 세상에 보내진 사람이다. 복음은 세상의 유일한 희망이기 때문이다.

2 골로새에 있는 성도들 곧 그리스도 안에서 신실한 형제들에게 편지하노니 우리 아버지 하나님으로부터 은혜와 평강이 너희에게 있을지어다
2 To God's people in Colossae, who are our faithful brothers and sisters in union with Christ: May God our Father give you grace and peace.

1:2 은혜와 평강이 너희에게 있을지어다. 은혜와 평강은 바울이 쓰는 모든 편지에서 사용하는 인사말이다. 사람들이 하나님의 은혜를 모르고 살고 있다. 사람들에게 가장 필요한 것은 하나님의 은혜를 아는 것이다. 그들에게 평강이 있음을 알아야 한다. 이 세상에서 그냥 사는 것이 아니라 평강이 있는 삶이어야 한다. 하나님의 은혜를 앎으

로 평강이 있다. 평강은 모든 관계가 좋은 관계의 상태를 의미한다. 하나님과의 관계가 회복될 때 다른 모든 관계가 함께 회복될 수 있다. 궁극적으로는 새 하늘과 새 땅에서 완성될 것이다. 주님 재림하셔서 천국이 이루어질 때 온전한 평강이 있다.

> **3** 우리가 너희를 위하여 기도할 때마다 하나님 곧 우리 주 예수 그리스도의 아버지께 감사하노라
> **3** We always give thanks to God, the Father of our Lord Jesus Christ, when we pray for you.

1:3 3절-8절은 헬라어로 한 문장으로 되어 있으며 골로새 교회를 생각하며 기도할 때 '하나님께 감사한다'는 내용이다. **아버지께 감사하노라.** 바울은 골로새 교회를 위해 자주 기도하였고 기도할 때마다 '감사'가 먼저 나왔다. 바울은 편지를 쓸 때마다 늘 그 교회를 향한 기도와 감사를 말한다. 교회를 생각하면 감사가 먼저 나와야 한다. 물론 교회는 아직 여러가지 부족한 것이 많다. 그러나 교회는 하나님께서 은혜 베푸셔서 세워졌다. 복음이 그 안에 있다. 그러기에 교회가 있다는 것은 참으로 감사한 일이다.

> **4** 이는 그리스도 예수 안에 너희의 믿음과 모든 성도에 대한 사랑을 들었음이요
> **4** For we have heard of your faith in Christ Jesus and of your love for all God's people.

1:4 감사의 내용이 나온다. '믿음과 사랑' 때문에 감사하였다. 그것은 복음이 그들 안에 있다는 증거였기 때문이다. **그리스도 예수 안에 너희의 믿음.** 하나님을 향한 믿음이 있어야 한다. 이 당시 하나님을 향한 믿음을 가진 사람이 적었다. 그러나 이들은 하나님을 향한 믿음을 가지고 있었다. 믿음에 대한 관심이 많고 믿음의 길을 실제로 걸어갔기 때문에 가능했을 것이다. 막연한 생각을 가지고 있었으면 소수의 사람이 가지고 있고 그래서 위험하기도 한 그리스도를 따르는 믿음을 결코 가지지 않았을 것이다. 그러나 그들이 그리스도에 대해 들었고 실제로 경험하면서 살았기 때문에 믿음을 가질 수 있었다. **성도에 대한 사랑을 들었음이요.** 그들은 참된 믿음이 그러하듯 사랑하면서 살았다. 하나님께서 사랑하라 하셨기 때문이다. 이웃을 사랑하면 하나님을 경험하게 된다. 이웃을 사랑하지 않으면 믿음은 이내 사라질 것이다. 이웃을 사랑하는 것은 믿음을 살아 있게 한다. 믿음을 아름답게 한다.

5 너희를 위하여 하늘에 쌓아 둔 소망으로 말미암음이니 곧 너희가 전에 복음 진리의 말씀을 들은 것이라

5 When the true message, the Good News, first came to you, you heard about the hope it offers. So your faith and love are based on what you hope for, which is kept safe for you in heaven.

1:5 4절의 원인이다. **소망으로 말미암음이니.** 골로새교회가 믿음과 사랑을 가질 수 있었던 것은 '소망'때문이라는 뜻이다. 그리고 이것은 구체적으로 소망이라는 태도가 아니라 '소망하는 것'에 대한 것이다. **하늘에 쌓아 둔 소망으로 말미암음이니.** 무엇을 의미할까요? 하늘은 공간을 의미하지 않는다. 신약성경에서 '하늘'은 주로 '하나님 나라'를 의미한다. 하나님 나라에 쌓여 있는 소망은 궁극적으로는 하나님이다. 하나님이 우리의 소망하는 모든 것이 된다. 그런데 또한 이것은 하나님 나라에서 주어지는 모든 것을 의미하기도 한다. 하나님 나라에 있는 것을 생각하면 우리는 더욱더 믿음의 길을 가게 되고 사랑의 길을 가게 된다. **너희가 전에 복음 진리의 말씀을 들은 것이라.** '하나님 나라에 대한 소망'은 그들이 들은 복음이다. 그들도 이 세상에서 그냥 살고 있었을 것이다. 그러다 죽을 것이다. 점점 절망으로 다가가는 것이다. 그렇게 소망 없이 살고 있었는데 그들이 하나님 나라가 있다는 것을 들었다. 영원한 하나님 나라이며 영원한 평강이 있는 것을 들었다. 그 나라를 꿈꾸게 되었다. 그래서 그 복음 때문에 이제 확실한 믿음과 사랑의 삶을 살 수 있게 되었다. 그들이 복음의 대열에 합류하였다. 그래서 바울은 감사하고 있다.

6 이 복음이 이미 너희에게 이르매 너희가 듣고 참으로 하나님의 은혜를 깨달은 날부터 너희 중에서와 같이 또한 온 천하에서도 열매를 맺어 자라는도다

6 The gospel keeps bringing blessings and is spreading throughout the world, just as it has among you ever since the day you first heard about the grace of God and came to know it as it really is.

1:6 복음이 이미 너희에게 이르매...열매를 맺어 자라는도다. 하나님 나라와 하나님의 평강이 있다는 것을 들었다. 놀라운 소식이다. 예수님이 재림하셔서 완성되는 하나님 나라는 미래의 일이기에 지금 이곳에서는 그것과 관련되어 할 수 있는 일이 없는 것일까? 아니다. 복음은 이 땅에서 열매를 맺을 수 있고 자라갈 수 있다. 놀라운 복음이 이 땅에서 열매를 맺을 수 있고 자라갈 수 있다는 사실은 매우 흥분되는 복음에 복음을 더하는 소식이다. 골로새 교회는 복음을 듣고 계속 자라갔다. 하나님 나라가 그들 속에서 자라갔다. 믿음과 사랑으로 열매가 더욱더 자라갔다. 그래서 바울은 감사했다.

7 이와 같이 우리와 함께 종 된 사랑하는 에바브라에게 너희가 배웠나니 그는 너희를 위한 그리스도의 신실한 일꾼이요

8 성령 안에서 너희 사랑을 우리에게 알린 자니라

9 이로써 우리도 듣던 날부터 너희를 위하여 기도하기를 그치지 아니하고 구하노니 너희로 하여금 모든 신령한 지혜와 총명에 하나님의 뜻을 아는 것으로 채우게 하시고

7 You learnt of God's grace from Epaphras, our dear fellow-servant, who is Christ's faithful worker on our behalf.

8 He has told us of the love that the Spirit has given you.

9 For this reason we have always prayed for you, ever since we heard about you. We ask God to fill you with the knowledge of his will, with all the wisdom and understanding that his Spirit gives.

1:9 하나님의 뜻을 아는 것으로 채우게 하시고. '지식의 사람'이 되기를 기도하고 있다. 바울은 골로새 교회가 하나님의 뜻을 알기를 기도하였다. 인류를 향한 하나님의 뜻을 알아야 한다. 풍성하게 알아야 한다. 복음에 담긴 하나님의 뜻을 알아야 한다. 개인을 향한 하나님의 뜻을 알아야 한다. 하나님의 뜻을 찾는 것이 진정한 인생의 시작점이요 모든 과정이다. 믿음으로 사는 삶이다. **신령한 지혜와 총명에.** '영적인 지혜와 총명으로'라고 번역하는 것이 더 나을 것 같다. '영적인 지혜와 총명'을 통해 하나님의 뜻을 알아야 한다. 하나님의 뜻을 아는 것은 복음의 삶을 사는 것의 시작점이다. 하나님의 뜻을 알지 못하면 복음의 삶을 살 수 없다. 무엇을 한들 하나님의 뜻을 모르고 한다면 허무한 것이 된다. 하나님의 뜻을 따라 살면 영광의 삶이 된다.

10 주께 합당하게 행하여 범사에 기쁘시게 하고 모든 선한 일에 열매를 맺게 하시며 하나님을 아는 것에 자라게 하시고

10 Then you will be able to live as the Lord wants and will always do what pleases him. Your lives will produce all kinds of good deeds, and you will grow in your knowledge of God.

1:10 선한 일에 열매를 맺게 하시며. 믿음의 사람은 '선한 사람'이 되어야 한다. 거룩한 사람이어야 한다. 그 삶에서 선한 열매를 맺어야 한다. **주께 합당하게 행하여 범사에 기쁘시게 하고.** 선한 사람으로 살 때 하나님께 합당한 사람이 되고 하나님께서 기뻐하는 사람이 된다. 그것이 하나님을 인격적으로 아는 것이다. 선한 삶의 열매를 맺어야 자라가는 것이다.

11 그의 영광의 힘을 따라 모든 능력으로 능하게 하시며 기쁨으로 모든 견딤과
오래 참음에 이르게 하시고
11 May you be made strong with all the strength which comes from his glorious power, so
that you may be able to endure everything with patience. And with joy give thanks to the
Father, who has made you fit to have your share of what God has reserved for his people in
the kingdom of light.

1:11 모든 능력으로 능하게 하시며. 복음에는 힘이 있다. '능력의 사람'이다. 늘 패배를 고백하며 살지 말아야 한다. 하나님은 전능하신 분이다. 그러기에 하나님을 믿고 동행하는 사람은 하나님의 힘을 따라 힘을 발휘하는 것이 기본이다. **견딤과 오래 참음.** 하나님께서 기뻐하시는 힘의 가장 큰 특징이다. 세상의 거짓 복음에 대해 힘 있게 저항해야 한다. 거짓 복음이 유혹할 때 오래 참아야 한다. 거짓복음이 핍박할 때 견뎌야 한다. 세상 거짓 복음의 유혹과 시련에 많은 사람들이 넘어진다. 골로새 교회 안에도 그런 사람이 있을 수 있다. 바울은 골로새 교회가 하나님을 통해 그러한 힘을 충분히 가질 수 있으니 계속 하나님을 의지하여 하나님으로부터 오는 힘으로 그러한 것을 이겨낼 수 있도록 기도하였다.

12 우리로 하여금 빛 가운데서 성도의 기업의 부분을 얻기에 합당하게 하신 아
버지께 감사하게 하시기를 원하노라

1:12 아버지께 감사하게 하시기를 원하노라. '감사의 사람'은 다른 말로 하면 '하나님의 사람'이다. 사람에게 감사하는 것을 말하는 것이 아니라 하나님께 감사하는 것이다. 하나님께 감사할 때 주께 합당한 사람이다. 감사에서 특별히 3가지를 말한다. **성도의 기업의 부분을 얻기에 합당하게 하신.** 영원한 나라에서 얻게 될 기업을 감사하는 것이다. 하나님을 알기 전 복음은 이것에서 시작한다. 영원한 평강이 있다는 소식이다. 그것은 하나님께서 주시는 것이다. 우리는 하늘에 이미 그 기업을 소유한 사람이다. 그것을 생각하면 얼마나 감사한 일인가? 그것을 생각하면 참으로 기쁘고 감사하다. 아직 그것을 온전히 누리지는 못하고 있지만 우리는 이미 그 나라의 백성이다. 그 기업을 받기로 되어 있다.

2부

그리스도를 아는 지식

(1:13-2:5)

13 그가 우리를 흑암의 권세에서 건져내사 그의 사랑의 아들의 나라로 옮기셨으니

13 He rescued us from the power of darkness and brought us safe into the kingdom of his dear Son,

1:13 흑암의 권세에서...사랑의 아들의 나라로 옮기셨으니. 감사의 두번째 항목이다. 영원한 죽음에서 영원한 생명으로 옮겼다. 영원한 죽음을 생각하면 아주 끔찍하다. 영원한 생명을 생각하면 아주 행복하다. 그러니 이것을 감사하지 않고 살수 있겠는가? 늘 감사해야 한다.

14 그 아들 안에서 우리가 속량 곧 죄 사함을 얻었도다

14 by whom we are set free, that is, our sins are forgiven.

1:14 속량 곧 죄 사함을 얻었도다. 세 번째 감사 항목이다. '속량'은 노예가 속량될 때 자주 사용하는 단어다. 만약 어떤 사람이 노예에서 속량되어 자유인이 되었다면 그렇게 속량시켜 준 분께 늘 감사하는 마음을 가지고 있고 표현할 것이다. 그런데 예수님은 우리를 영원한 지옥에서 노예보다 더 못한 존재로 살아야 하는 것에서 속량하셨다. 죄에 대한 속량을 통해 영원한 지옥에서 영원한 생명으로 옮기게 하셨다. 그것을 생각해야 한다. 그것을 감사해야 한다.

바울이 속량하신 아들에 대해 말하다 보니 그 분이 누구이신지에 대해 더 말해야 할 필요를 느낀 것 같다. 그래서 바울은 골로새 교회를 생각하면서 기도하는 중에 감사할 것을 말하다가 아들에 대한 긴 설명을 덧붙인다. 23절까지가 기도 내용이다. 그런데 중간에 15절-20절을 예수 그리스도에 대한 이야기로 기도하고 있다. 마치 찬양시 같다. 삼천포로 빠진 것 같기도 하고 이상하기도 한 이 삽입구절은 복음에 담긴 '새 창조'에 대한 설명이기도 하다. 복음을 제대로 알아야 주께 합당한 사람으로 주께서 기뻐하는 삶을 살 수 있다. 복음은 지구의 작은 지역 팔레스틴에서 일어난 구석의 일로 끝나는 것이 아니다. 그곳에서 일어난 일은 온 인류를 향한 복음이다. 그 놀라운 사실을 더 말하지 않을 수 없는 것이다.

15 그는 보이지 아니하는 하나님의 형상이시요 모든 피조물보다 먼저 나신 이시니

16 만물이 그에게서 창조되되 하늘과 땅에서 보이는 것들과 보이지 않는 것들

과 혹은 왕권들이나 주권들이나 통치자들이나 권세들이나 만물이 다 그로 말미암고 그를 위하여 창조되었고

15 Christ is the visible likeness of the invisible God. He is the firstborn Son, superior to all created things.
16 For through him God created everything in heaven and on earth, the seen and the unseen things, including spiritual powers, lords, rulers, and authorities. God created the whole universe through him and for him.

1:16 만물이 다 그로 말미암고 그를 위하여 창조되었고. 우리의 죄를 속량하신 예수 그리스도는 만물의 창조주이시다. 만물이 그를 위해 창조되었다. 이스라엘의 베들레헴에서 태어나신 그 분은 창조주이시다. 우리의 죄 사함을 위해 이 땅에 오신 창조주이시다. 참으로 놀라운 일이다. 그 사랑을 알지 못한다면 우리의 모든 것을 제쳐두고 그 사랑을 깊이 알기 위해 모든 힘을 쏟아야 한다. 그 분을 알게 되었다는 것은 참으로 놀랍고 감사한 일이다.

17 또한 그가 만물보다 먼저 계시고 만물이 그 안에 함께 섰느니라
18 그는 몸인 교회의 머리시라 그가 근본이시요 죽은 자들 가운데서 먼저 나신 이시니 이는 친히 만물의 으뜸이 되려 하심이요

17 Christ existed before all things, and in union with him all things have their proper place.
18 He is the head of his body, the church; he is the source of the body's life. He is the firstborn Son, who was raised from death, in order that he alone might have the first place in all things.

1:18 그는 몸인 교회의 머리시라. 교회는 예수님이 머리가 되신다. 교회는 황제가 통치하는 로마제국이나 어떤 다른 것보다 더 위대하다. 그리스도가 머리가 되시기 때문이다. 골로새 교회는 그리스도가 머리 되신다. 어떤 로마 시민보다 더 위대하고 더 존귀하다. **그가 근본이시요.** '근본(헬. 아르케)'은 '시작'으로 해석하는 것이 좋을 것 같다. 예수님은 새 창조를 시작하셨다. 장엄한 시작이다. 죄로 말미암아 죽은 자를 살리시는 것이다. 죄로 말미암아 망가진 모든 것을 다시 창조 질서를 회복하도록 재창조하시는 것이다. **죽은 자들 가운데서 먼저 나신 이시니.** 부활을 통해 죽음을 이긴 것에 대해 알게 하셨다. 소망하게 하셨다. **만물의 으뜸이 되려 하심이요.** 만물을 다시 시작하시는 것이다. 새 창조의 주인이 되심을 의미한다. 옛 질서는 무너지고 새 질서가 시작되게 하시는 것이다.

19 아버지께서는 모든 충만으로 예수 안에 거하게 하시고
20 그의 십자가의 피로 화평을 이루사 만물 곧 땅에 있는 것들이나 하늘에 있
는 것들이 그로 말미암아 자기와 화목하게 되기를 기뻐하심이라
19 For it was by God's own decision that the Son has in himself the full nature of God.
20 Through the Son, then, God decided to bring the whole universe back to himself. God
made peace through his Son's blood on the cross and so brought back to himself all things,
both on earth and in heaven.

1:20 그의 십자가의 피로 화평을 이루사. 새 창조에서 가장 중요한 것은 죄를 깨트리
는 것이다. 죄인된 사람이 하나님께 돌아오는 것이다. 십자가의 피로 대속하셨다. 이전
에는 사람이 죗값을 치르지 않았으니 늘 죽을 운명이었다. 그러나 죗값을 치르심으로
인해 이제 사람이 하나님께 돌아올 수 있게 하셨다. 사람이 하나님께 나갈 수 있게
되었다. 그 놀라운 일을 예수님이 하셨다. 그러니 감사하지 않을 수 없다. 장엄하고 놀
라운 영광의 일에 감사 찬양으로 동참해야 한다. 바울은 골로새 교회가 그렇게 되기
를 기도하고 있다.

21 전에 악한 행실로 멀리 떠나 마음으로 원수가 되었던 너희를
21 At one time you were far away from God and were his enemies because of the evil things
you did and thought.

1:21 전에 악한 행실로 멀리 떠나...원수. 골로새 교인들이 믿음을 가지기 전의 모습이
다. 그들은 하나님을 멀리 떠나 있었다. 하나님의 적으로 살고 있었다. 그들은 열심히
살고 있었다. 대부분의 사람들은 나름대로 열심히 살고 있다. 그러나 그 열심은 이기
주의적 열심이다. 자기 왕국 건설이다. 하나님께서 창조하신 창조원리에 따른 삶이 아
니다. 창조하신 목적에서 벗어나 있다. 그래서 악한 삶이다. 하나님에게서 멀어질수록
사람은 더욱더 악하다. 그 죄 때문에 자신도 모르게 하나님의 적이 된다.

22 이제는 그의 육체의 죽음으로 말미암아 화목하게 하사 너희를 거룩하고 흠
없고 책망할 것이 없는 자로 그 앞에 세우고자 하셨으니
22 But now, by means of the physical death of his Son, God has made you his friends, in
order to bring you, holy, pure, and faultless, into his presence.

1:22 이제는. '전에'는 하나님과 멀리 떨어져 있었으나 이제는 방향이 바뀌었다. 그들
은 하나님께 가까이 있다. **그의 육체의 죽음으로 말미암아 화목하게 하사.** 예수님의 대

속으로 말미암아 예수님을 주님으로 받아들이는 사람은 죄 사함을 받았다. 그래서 하나님께 가까이 갈 수 있게 되었다. **거룩하고 흠 없고 책망할 것이 없는 자로 그 앞에 세우고자 하셨으니.** 제사드리는 제물에 드릴 동물을 제사드리기에 합당한 동물인지 아닌지 검사하는 이미지를 사용하고 있다. 그리스도의 대속의 죽으심으로 과거의 죄의 문제를 해결하셔서 하나님께 정결한 백성으로 설 수 있게 하셨다. 이것이 얼마나 감사한 일인가. 우리는 죄 사함 받았다는 사실에 머물러 있지 말아야 한다. 죄 사함 받았다고 생각하고 하나님 앞에 나갔는데 제사드릴 수 없는 불합격 판정을 받을 수 있다. 하나님 앞에 나가 합격판정을 받을 수 있는 사람이 되어야 한다.

23 만일 너희가 믿음에 거하고 터 위에 굳게 서서 너희 들은 바 복음의 소망에서 흔들리지 아니하면 그리하리라 이 복음은 천하 만민에게 전파된 바요 나 바울은 이 복음의 일꾼이 되었노라
23 You must, of course, continue faithful on a firm and sure foundation, and must not allow yourselves to be shaken from the hope you gained when you heard the gospel. It is of this gospel that I, Paul, became a servant—this gospel which has been preached to everybody in the world.

1:23 믿음에 거하고 터 위에 굳게 서서. '잠시의 모습'을 믿음이라고 말하지 않는다. 계속 신실하게 그 안에 거하는 것이어야 한다. 골로새 교인들은 그들이 들었고 따르고 있는 복음을 굳건하게 붙잡아야 한다. **복음의 소망.** 그들을 창조하신 하나님이 계시며 하나님께서 주시는 모든 좋은 것들이다. 부모 없는 고아인 줄 알았는데 창조주 하나님이 계시며 하나님이 모든 좋은 것을 주시고자 하신다는 사실을 알고 믿었으면 그 복음을 가장 큰 소망으로 강하게 붙잡고 살아야 한다. 나에게 어떤 소식이 정말 행복한 뉴스인가? 지극히 작고 일시적인 것을 복음이라고 착각하지 말아야 한다. 창조주 하나님과 하나님께서 약속하시는 영원한 부와 명예와 기쁨이 진정한 복음이다. 신앙인은 그것을 믿는 사람이다. 운동 선수는 늘 금메달을 생각한다. 그래야 힘든 훈련을 이길 수 있다. 우리는 늘 하나님과 하나님의 풍성한 약속을 생각해야 한다. 영원한 행복한 나라는 우리에게 복음이다.

24 나는 이제 너희를 위하여 받는 괴로움을 기뻐하고 그리스도의 남은 고난을 그의 몸된 교회를 위하여 내 육체에 채우노라
24 And now I am happy about my sufferings for you, for by means of my physical sufferings I am helping to complete what still remains of Christ's sufferings on behalf of his body, the

church.

1:24 나는 이제 너희를 위하여 받는 괴로움을 기뻐하고. 바울은 '고난을 기뻐한다'고 말한다. 왜 그럴까? 그것이 골로새 교회에 복음을 더욱 풍성하게 할 것이기 때문이다. **그리스도의 남은 고난을 그의 몸된 교회를 위하여 내 육체에 채우노라.** 그리스도께서 사람들의 구원을 위해 고난을 받으셨다. 그런데 '남은 고난'은 무엇을 의미할까? 그리스도의 고난으로는 부족하다는 말인가? 아니다. '그리스도의 남은 고난'은 그리스도께서 구원을 위하여 고난을 받으신 것처럼 바울도 사람들의 구원을 위해 고난을 받기 때문에 하는 말이다. 그 고난은 그리스도와 온전히 하나가 되는 것이 된다.

> **25** 내가 교회의 일꾼 된 것은 하나님이 너희를 위하여 내게 주신 직분을 따라 하나님의 말씀을 이루려 함이니라
> **26** 이 비밀은 만세와 만대로부터 감추어졌던 것인데 이제는 그의 성도들에게 나타났고
> 25 And I have been made a servant of the church by God, who gave me this task to perform for your good. It is the task of fully proclaiming his message,
> 26 which is the secret he hid through all past ages from all the human race but has now revealed to his people.

1:26 비밀은...감추어졌던...이제는 그의 성도들에게 나타났고. 세상을 구원하는 하나님의 계획을 사람들은 알 수 없었다. 그래서 비밀이라고 말한다. 아담과 하와의 타락 이후 죽을 수밖에 없게 된 인류를 어떻게 구원하실지 사람들은 몰랐다. 이전 시대와 이전 사람들은 몰랐다. 그런데 독생자 아들을 보내심으로 그 계획이 드러났다. 하나님께서 계시하여 주셨다. 그래서 이제는 '나타났다'라고 말한다. 비밀(헬. 미스테리온)이라는 단어는 영어 '미스테리'가 이 헬라어에서 온 것이다. 이것을 '비밀'이나 '신비'로 번역한다.

하나님께서 계시하여 주셨기에 믿음으로 계시를 보는 사람에게는 이제 더 이상 비밀이 아니다. 신비다. 말씀을 통해 우리는 신비를 알아야 한다. 우리를 위해 참으로 놀라운 일이 일어났는데 우리가 그것을 모르고 있으면 안 된다. 이 신비를 알아야 복음이 복음으로 들리게 된다. 복음을 알면 가장 크고 중요한 것을 알게 되고 소유하는 것이기 때문에 행복한 사람이 된다. 그래서 복음을 알게 되면 '대박'이라고 말하게 될 것이다. 대박 인생이 된다.

27 하나님이 그들로 하여금 이 비밀의 영광이 이방인 가운데 얼마나 풍성한지를 알게 하려 하심이라 이 비밀은 너희 안에 계신 그리스도시니 곧 영광의 소망이니라

27 God's plan is to make known his secret to his people, this rich and glorious secret which he has for all peoples. And the secret is that Christ is in you, which means that you will share in the glory of God.

1:27 이 비밀의 영광이...얼마나 풍성한지를 알게 하려 하심이라. 이 신비가 가지고 있는 무게를 그대로 알아야 한다. 이 신비가 말하는 복음은 참으로 풍성하다. 에덴동산에서 창조의 아름다움이 깨졌다. 에덴동산은 하나님이 거하시는 성전이었다. 오늘날 하나님이 거하시는 성전인 교회에서 창조의 아름다움을 다시 회복하는 일이 일어나고 있다. 새 창조다. 이 땅의 모든 사람을 구원하는 새 창조. 에덴동산의 회복이다. 사람이 바랄 수 있는 모든 복이 그 안에 담겨 있다. 그래서 복음이다. **이 비밀은 너희 안에 계신 그리스도니 곧 영광의 소망이니라.** 이 신비의 중심에는 그리스도가 계신다. 그리스도를 통해 하나님의 놀라운 사랑과 계획이 드러났고 실현되었다. 우리 안에 계신 그리스도는 이제 이후에 있을 참으로 부요한 영광을 누리게 될 것을 보증한다. 그리스도와 충만하게 함께하고 그리스도께 속한 모든 방면의 부요를 우리가 누리게 될 것이다.

28 우리가 그를 전파하여 각 사람을 권하고 모든 지혜로 각 사람을 가르침은 각 사람을 그리스도 안에서 완전한 자로 세우려 함이니

28 So we preach Christ to everyone. With all possible wisdom we warn and teach them in order to bring each one into God's presence as a mature individual in union with Christ.

1:28 그리스도 안에서 완전한 자로 세우려 함이니. 이제 드러난 하나님의 놀라운 목적에 따라 바울은 각 사람을 '완전한 자'로 세우고자 한다고 말한다. '성숙한 자'를 의미한다. 신앙인에게 필요한 것은 다른 곳에서 대박을 찾을 것이 아니라 믿음 안에서 대박을 발견하는 것이다. 대박을 다른 말로 하면 복음이다. 복음이 진짜 큰 대박이다. 복음외에는 다 쪽박이다. 대박인 복음에 합당한 사람이 되기 위해 우리는 더욱 그 일에 힘써야 한다. 가장 중요한 그 순간 '나는 너를 모른다'라는 소리를 듣는 사람이 아니라 '잘했다 충성된 종아'라고 들을 수 있어야 한다. 그래서 성숙한 신앙인이 되어야 한다. 그것에 모든 힘을 쏟아야 한다. 그것이 복음에 합당한 삶이고 충실한 삶이다. 그리스도의 성육신과 십자가와 부활에서 드러난 참으로 영광스러운 신비를 깨달아

알고 그것에 우리의 모든 삶을 쏟아부어야 한다.

29 이를 위하여 나도 내 속에서 능력으로 역사하시는 이의 역사를 따라 힘을 다하여 수고하노라
29 To get this done I toil and struggle, using the mighty strength which Christ supplies and which is at work in me.

2장

1 내가 너희와 라오디게아에 있는 자들과 무릇 내 육신의 얼굴을 보지 못한 자들을 위하여 얼마나 힘쓰는지를 너희가 알기를 원하노니
1 Let me tell you how hard I have worked for you and for the people in Laodicea and for all others who do not know me personally.

2:1 내 육신의 얼굴을 보지 못한 자. 바울은 골로새 교회에 가본 적이 없기에 그들 대부분을 모른다. **얼마나 힘쓰는지를 너희가 알기를 원하노니.** 바울은 그들을 위해 애썼다. 왜 그럴까? '주 안에'있기 때문이다. 주 안에 있는 사람들은 모두 형제자매다. 그러니 비록 보지 못하였어도 여전히 같은 형제자매다. 그래서 수고하였다.

2 이는 그들로 마음에 위안을 받고 사랑 안에서 연합하여 확실한 이해의 모든 풍성함과 하나님의 비밀인 그리스도를 깨닫게 하려 함이니
2 I do this in order that they may be filled with courage and may be drawn together in love, and so have the full wealth of assurance which true understanding brings. In this way they will know God's secret, which is Christ himself.

2:2 바울은 그가 골로새 교회에 편지를 쓰는 이유를 말하였다. 3가지 이유다. 마음에 위안을 받고, 사랑 안에서 연합하여, 하나님의 비밀인 그리스도에 대한 확실한 이해를 하도록 하기 위함이라고 말한다. 특별히 3번째 이유는 모든 것의 기초가 되기 때문에 중요하였다.

3 그 안에는 지혜와 지식의 모든 보화가 감추어져 있느니라

3 He is the key that opens all the hidden treasures of God's wisdom and knowledge.

2:3 그 안에...감추어져 있느니라. 지혜와 지식의 모든 보화가 감추어져 있다고 말한다. 전에는 비밀로 감추어 있었지만 그리스도가 오심으로 드러나게 된 신비를 깨닫기를 원하고 있다. 그리스도 안에 보화가 있다. 그리스도를 아는 하나하나의 지식은 참으로 어떤 보화보다 더 값지고 위대하다. 그러기에 그리스도 안에 담긴 지식과 지혜를 보화를 캐듯이 더욱 많이 캐내야 한다.

4 내가 이것을 말함은 아무도 교묘한 말로 너희를 속이지 못하게 하려 함이니
4 I tell you, then, do not let anyone deceive you with false arguments, no matter how good they seem to be.

2:4 교묘한 말로 너희를 속이지 못하게 하려 함이니. 교묘한 말로 그리스도가 아닌 다른 것을 보화로 여기도록 만들려는 세력이 있었다. 그들에게 속지 말아야 했다.

5 이는 내가 육신으로는 떠나 있으나 심령으로는 너희와 함께 있어 너희가 질서 있게 행함과 그리스도를 믿는 너희 믿음이 굳건한 것을 기쁘게 봄이라
5 For even though I am absent in body, yet I am with you in spirit, and I am glad as I see the resolute firmness with which you stand together in your faith in Christ.

3부

그리스도와
함께 하는 삶

(2:6-4:6)

6 그러므로 너희가 그리스도 예수를 주로 받았으니 그 안에서 행하되

6 Since you have accepted Christ Jesus as Lord, live in union with him.

2:6 그리스도 예수를 주로 받았으니. 골로새서 전체 주제이다. 믿음은 그리스도를 '주'로 받아들이는 것이다. 자신의 모든 삶에 대해 주인으로 받아들인 것이다. **그 안에서 행하되.** 이제 그리스도 안에서 행해야 한다. 모든 것을 그리스도 안에서 우선순위를 정해야 한다. 그리스도 안에서 줄을 다시 세워야(5절) 한다.

7 그 안에 뿌리를 박으며 세움을 받아 교훈을 받은 대로 믿음에 굳게 서서 감사함을 넘치게 하라

7 Keep your roots deep in him, build your lives on him, and become stronger in your faith, as you were taught. And be filled with thanksgiving.

2:7 이 구절 안에 4개의 분사가 있다. 앞의 3개는 모두 수동태로 되어 있다. 신앙인이 된다는 것은 많은 경우 수동형일 때가 많다. 자신이 결코 할 수 없는 일을 하나님께서 그렇게 해 주신 것이다. 신앙인은 나무처럼 그리스도 안에 뿌리가 박혔으며, 건물처럼 세움을 입어, 믿음에 굳게 세워졌다. **감사함을 넘치게 하라.** 능동형이다. 그러한 놀라운 믿음을 주신 하나님께 감사하면서 우리의 믿음은 더욱더 풍성해진다. 뿌리를 통해 그리스도로부터 매일 영양분을 받아야 한다. 우리의 건물을 잘 관리해야 한다. 그러한 모든 것이 감사로 구체화되는 경우가 많다. 감사는 하나님을 바라보는 것이며 하나님의 인도하심을 깨닫는 것이다. 풍성한 감사를 한다는 것은 믿음의 길을 풍성하게 살아가고 있다는 것을 의미한다.

8 누가 철학과 헛된 속임수로 너희를 사로잡을까 주의하라 이것은 사람의 전통과 세상의 초등학문을 따름이요 그리스도를 따름이 아니니라

8 See to it, then, that no one enslaves you by means of the worthless deceit of human wisdom, which comes from the teachings handed down by human beings and from the ruling spirits of the universe, and not from Christ.

2:8 철학과 헛된 속임수로 너희를 사로잡을까 주의하라. '주의하라'는 '보라'는 뜻이다. 우리도 보아야 한다. 악한 영이 우리를 노리고 있는데 우리는 그들의 존재를 모르고 있으면 백전백패가 될 것이다. 우리도 그의 눈을 보고 그의 움직임을 보아야 한다. **철학.** 여러 사상을 의미한다. 사람이 살아가는 것에 대한 다양한 설명들을 '철학'이라고

불렀다. 당시에 유대교도 철학으로 불려지곤 하였다. '주 안에서'는 그리스도를 통해 삶의 의미와 지혜를 배우는 것이다. 그런데 다른 철학으로 삶의 의미와 지혜를 말하는 것을 의미한다. 그래서 주 밖으로 끌어내는 다른 철학을 의미한다. **너희를 사로잡을까.** '배의 화물을 약탈하는 것'을 의미한다. 신앙인이 '주'라는 배에 있는데 다른 배로 약탈당하는 것을 이미지로 말하는 것이다. **세상의 초등학문.** '세상의 악령들'로 이해하는 것이 좋을 것 같다. 이 단어는 세상의 물, 불, 흙, 공기 등 기본 요소를 말하는 것인데 아마 그러한 것을 신령한 것으로 여기고 숭배하는 것을 의미할 것이다. 세상에는 우리의 정신을 빼앗아 가려는 많은 사상과 종교와 미신들이 있다. 그러한 것들이 우리를 그리스도 밖으로 끌어내려 할 것이다. 그것에 속지 말아야 한다는 것이다. **그리스도를 따름이 아니니라.** 아무리 좋게 들려도 만약 그것이 우리를 그리스도 밖으로 끌어내는 것이라면 그것은 악한 것이다.

9 그 안에는 신성의 모든 충만이 육체로 거하시고
9 For the full content of divine nature lives in Christ, in his humanity,

2:9 신성의 모든 충만. 오직 그리스도만이 세상의 창조주이시다. 그리스도만이 충만하다. 그러기에 우리는 그리스도로 충분해야 한다. 세상의 창조주가 아닌 다른 것 때문에 그리스도 밖으로 나오면 안 된다.

10 너희도 그 안에서 충만하여졌으니 그는 모든 통치자와 권세의 머리시라
10 and you have been given full life in union with him. He is supreme over every spiritual ruler and authority.

2:10 너희도 그 안에서 충만하여졌으니. 예수님을 믿는 사람들은 그리스도와 함께 충만함을 공유하게 된다. 그들은 무엇인가 부족한 사람들이 아니다. 그리스도의 충만함이 그들에게 있다. 그들이 구할 수 있는 모든 것이 그리스도 안에 있고 그리스도 안에서 그들은 가능한 모든 충만을 얻을 수 있다.

11 또 그 안에서 너희가 손으로 하지 아니한 할례를 받았으니 곧 육의 몸을 벗는 것이요 그리스도의 할례니라
11 In union with Christ you were circumcised, not with the circumcision that is made by human beings, but with the circumcision made by Christ, which consists of being freed from

the power of this sinful self.

2:11 그 안에서 너희가 손으로 하지 아니한 할례를 받았으니. 유대인들은 자신들이 받은 할례를 자랑하였다. 그러나 그리스도 안에 있는 사람들은 유대인의 할례보다 더 위대한 할례를 한 사람이다. 그리스도에 의해 그들은 마음의 할례를 하였다. 육체의 할례가 아니라 마음의 할례가 진정한 그리스도의 할례이며 그리스도의 충만을 함께 할 사람들이다.

12 너희가 세례로 그리스도와 함께 장사되고 또 죽은 자들 가운데서 그를 일으키신 하나님의 역사를 믿음으로 말미암아 그 안에서 함께 일으키심을 받았느니라
12 For when you were baptized, you were buried with Christ, and in baptism you were also raised with Christ through your faith in the active power of God, who raised him from death.

2:12 세례로 그리스도와 함께 장사되고...그 안에서 함께 일으키심을 받았느니라. 그들은 주 안에서 그리스도의 십자가 죽으심과 부활을 경험하고 공유한다. 아주 놀라운 일이다.

13 또 범죄와 육체의 무할례로 죽었던 너희를 하나님이 그와 함께 살리시고 우리의 모든 죄를 사하시고
14 우리를 거스르고 불리하게 하는 법조문으로 쓴 증서를 지우시고 제하여 버리사 십자가에 못 박으시고
15 통치자들과 권세들을 무력화하여 드러내어 구경거리로 삼으시고 십자가로 그들을 이기셨느니라
13 You were at one time spiritually dead because of your sins and because you were Gentiles without the Law. But God has now brought you to life with Christ. God forgave us all our sins;
14 he cancelled the unfavourable record of our debts with its binding rules and did away with it completely by nailing it to the cross.
15 And on that cross Christ freed himself from the power of the spiritual rulers and authorities; he made a public spectacle of them by leading them as captives in his victory procession.

2:15 구경거리로 삼으시고 십자가로 그들을 이기셨느니라. 로마군의 승리 퍼레이드 이미지를 차용한 것이다. 그리스도께서 십자가를 지심으로 완전히 승리하셨다. 예수님을 믿는 사람들은 이제 결코 죄 아래 있지 않다. 죄로 사람들을 공격하던 그들을 십자가에서 다 갚으시고 승리하여 개선행렬을 하셨다. 이미 끝났다. 이제 십자가 외에

결코 어떤 것도 더 필요하지 않다. 그러기에 그리스도 밖에 무엇인가 필요한 것은 아무것도 없다. 그러기에 진정한 승리를 원한다면 그리스도 밖이 아니라 그리스도 안으로 더 깊이 들어가야 한다.

> **16** 그러므로 먹고 마시는 것과 절기나 초하루나 안식일을 이유로 누구든지 너희를 비판하지 못하게 하라
> **16** So let no one make rules about what you eat or drink or about holy days or the New Moon Festival or the Sabbath.

2:16 그리스도 안에 생명이 있다. 그리스도로 충분하다. 그런데 그리스도 안에서 참된 진리를 발견하지 못한 이들은 자꾸 외부에서 해답을 찾으려 하였다. 유대주의는 그들에게 좋은 대안이었다. 어떤 이들은 기독교를 유대주의의 한 분파처럼 여겼다. 그래서 유대주의에서 중요하게 여기는 음식법과 절기법을 지켜야 한다고 주장하였다. 그것을 지키지 않는 골로새 교인을 비난하였다. 그러나 바울은 그들의 비판에 결코 굴복하지 말아야 할 것을 말하였다.

> **17** 이것들은 장래 일의 그림자이나 몸은 그리스도의 것이니라
> **17** All such things are only a shadow of things in the future; the reality is Christ.

2:17 이것들은 장래 일의 그림자이나. 이전에는 분명히 음식법이나 절기법이 진리를 말해주었다. 중요하였다. 그러나 그것은 그림자다. 진리의 실체를 보여주는 것이 아니라 그림자처럼 희미하였다. **몸은 그리스도의 것이니라.** 그리스도는 그러한 것의 실체이시다. 몸의 그림자가 몸을 알기 전에는 진리에 대한 중요한 단서가 된다. 그러나 몸을 보게 되면 그림자는 더 이상 의미가 없다. 음식법과 절기법은 그리스도께서 이 세상에 오심으로 인해 완성되었다. 성취되었다. 그래서 더 이상 지킬 필요가 없다. 지키지 말아야 한다. 좋은 것이 좋은 것이라고 지키면 더 좋은 것이 아니다. 지키려면 이제 몸 되신 그리스도를 보면서 그리스도께서 말씀하신 것을 지켜야 한다.

> **18** 아무도 꾸며낸 겸손과 천사 숭배를 이유로 너희를 정죄하지 못하게 하라 그가 그 본 것에 의지하여 그 육신의 생각을 따라 헛되이 과장하고
> **18** Do not allow yourselves to be condemned by anyone who claims to be superior because of special visions and who insists on false humility and the worship of angels. For no reason

at all, such people are all puffed up by their human way of thinking

2:18 꾸며낸 겸손. 금욕주의와 고행을 의미한다. 금욕주의는 자신을 낮추는 것이다. 그것은 좋은 모습이다. 그러나 그것이 그리스도와 상관없이 자신을 자랑하는 것이 된다면 그것은 오히려 더 나쁜 것이 된다. 오늘날도 40일 금식기도를 하고 자신이 더 신령한 것처럼 주장하는 사람이 있다. 그것은 겸손이 아니라 교만이다. **천사 숭배.** 복을 받기 위해 천사를 숭배하고 천사를 의지하는 것을 말한다. 천사 숭배는 결국 천사를 가장한 악령 숭배가 될 것이다. 어떤 천사도 숭배의 대상이 되지 못한다. 그러나 많은 사람들이 천사를 의지하고 숭배하였다. 천사를 숭배하지 않는 이들을 비난하였다. 그러나 성경은 결코 천사숭배를 권장하지 않는다. **그가 그 본 것에 의지하여 그 육신의 생각을 따라 헛되이 과장하고.** 어떤 이들은 자신들의 신비 체험을 중요하게 여기고 과장하였다. 신비 체험을 한 사람들은 그것을 과장하였다. 마치 간증 집회에서 과장하는 것과 같다. 그리고 그러한 신비체험을 하지 못한 이들을 무시하였다.

> **19** 머리를 붙들지 아니하는지라 온 몸이 머리로 말미암아 마디와 힘줄로 공급함을 받고 연합하여 하나님이 자라게 하시므로 자라느니라
> 19 and have stopped holding on to Christ, who is the head of the body. Under Christ's control the whole body is nourished and held together by its joints and ligaments, and it grows as God wants it to grow.

2:19 머리를 붙들지 아니하는지라. 유대주의와 금욕주의 및 천사숭배가 우리의 머리 되신 그리스도를 붙잡고 있는지를 살펴야 한다. 그것이 머리를 붙들지 않고 있다면 거짓된 것이다. 그러한 것이 신앙인을 흔들지 못하도록 해야 한다. 그러한 것에 비판받지 말아야 한다. 우리는 그러한 것에 연합한 것이 아니다. 오직 그리스도와 연합하였다. 온 몸은 오직 머리되신 그리스도로 말미암아 공급함을 받고 자라가야 한다. 그러기에 늘 우리의 머리되신 그리스도를 붙잡아야 한다.

> **20** 너희가 세상의 초등학문에서 그리스도와 함께 죽었거든 어찌하여 세상에 사는 것과 같이 규례에 순종하느냐
> 20 You have died with Christ and are set free from the ruling spirits of the universe. Why, then, do you live as though you belonged to this world? Why do you obey such rules as

2:20 세상의 초등학문에서 그리스도와 함께 죽었거든. '초등학문'은 앞에서 나왔듯이

미신을 의미한다. 우리는 세상의 악령이나 미신에 더 이상 매인 사람이 아니다. 이전에는 그러한 것에 매였다. 그러나 그리스도께서 십자가에서 죽으심으로 그러한 악령은 더 이상 우리를 붙잡고 있을 수 없다. 우리는 이제 죄에서 자유하기 때문이다. 죄의 종일 때는 그러한 것에 매였다. 그러나 죄의 종에서 자유자가 되었기 때문에 이제는 더 이상 매이지 않는다. **어찌하여 세상에 사는 것과 같이 규례에 순종하느냐.** 신앙인이 여전히 세상에 매인 자인 것처럼 혼동할 때가 있다. 과거에 매였었기 때문이다. 그러나 지금 우리는 결코 매인 자가 아니다. 어쩔 수 없어 행하는 것이 아니라 그리스도의 뜻이 무엇인지 생각하고 자유롭게 선택할 수 있다.

21 (곧 붙잡지도 말고 맛보지도 말고 만지지도 말라 하는 것이니
21 "Don't handle this," "Don't taste that," "Don't touch the other"?

2:21 이것은 정결법에 의해 주어진 명령들을 인용한 것이다. 그러나 우리는 이제 더 이상 그러한 것에 매이지 않았다.

22 이 모든 것은 한때 쓰이고는 없어지리라) 사람의 명령과 가르침을 따르느냐
22 All these refer to things which become useless once they are used; they are only human rules and teachings.

2:22 그러한 것은 그림자다. 그림자가 더 이상 신앙인들을 매고 있으면 안 된다. 그러한 것을 따르라는 것은 더 이상 하나님의 명령이 아니다. 그것은 사람의 명령이다. 사람의 명령에 자유해야 한다.

23 이런 것들은 자의적 숭배와 겸손과 몸을 괴롭게 하는 데는 지혜 있는 모양이나 오직 육체 따르는 것을 금하는 데는 조금도 유익이 없느니라
23 Of course such rules appear to be based on wisdom in their forced worship of angels, and false humility, and severe treatment of the body; but they have no real value in controlling physical passions.

2:23 자의적 숭배. 자신이 만든 종교다. 말씀이 말하는 것이 아닌 자신이 좋아하는 것을 취사선택하여 만든 종교다. 많은 사람이 기독교를 믿는 것 같으나 때로는 자의적 종교다. **겸손.** 금욕주의를 말한다. **몸을 괴롭게 하는 데는 지혜 있는 모양이나.** 고행을

말한다. 때로는 고행을 넘어 자신의 몸을 학대하는 것이다. 이러한 것은 무엇인가 있어 보일 수 있다. 사람들에게 있어 보이려고 그러한 것을 선택하는 경우가 많다. 때로는 자신 안에 있는 공허를 채우려고 그렇게 한다. 그들 안에 진정한 믿음이 없기 때문이다. 그리스도가 없기 때문이다. 진리가 없어 그러한 것에 매인 세상 사람들을 보고 우리가 따라가면 안 된다. 우리는 진리 안에서 자유자다. **육체 따르는 것을 금하는 데는 조금도 유익이 없느니라.** 그것은 하나님을 따르는 것이 아니라 자신을 따르는 것이다. 결국 자기 교만이요 자기 과시다. 그 안에 그리스도에 대한 순종이 없다. 그러한 것은 믿음의 길을 가는 것에 전혀 유익하지 않다. 그러니 믿음 없는 사람들이 말하는 그러한 것에 매이지 말고 성경이 말하는 신앙인이 가야 하는 길을 생각해야 한다.

3장

1 그러므로 너희가 그리스도와 함께 다시 살리심을 받았으면 위의 것을 찾으라 거기는 그리스도께서 하나님 우편에 앉아 계시느니라
1 You have been raised to life with Christ, so set your hearts on the things that are in heaven, where Christ sits on his throne at the right-hand side of God.

3:1 그리스도와 함께 다시 살리심을 받았으면. 신앙인은 세례를 통해 과거의 사람이 죽고 새 사람으로 거듭났다. 믿으면 끝나는 것이 아니라 시작이다. 새 사람으로 삶이 시작되는 것이다.

2 위의 것을 생각하고 땅의 것을 생각하지 말라
2 Keep your minds fixed on things there, not on things here on earth.

3:2 위의 것...땅의 것. '위의 것'과 '땅의 것'이 대조되고 있다. '위의 것'은 '그리스도께서 하나님 우편에 앉아 계신 곳' 즉 '하나님 나라'를 의미한다. '땅의 것'은 세상 나라에 속한 것을 의미한다. 하나님과 상관 없는 모든 것이다. 사실 모든 것이 하나님의 창조물이다. 그런데 그것을 하나님 없이 생각하고 살아가는 것이다. 땅의 것의 중심에 죄가 있다.

3 이는 너희가 죽었고 너희 생명이 그리스도와 함께 하나님 안에 감추어졌음이라
3 For you have died, and your life is hidden with Christ in God.

3:3 너희가 죽었고. 신앙인은 '땅의 것'에 대해 죽었다. 땅의 것 중에 화려하고 편한 것은 사람을 더 강하게 유혹한다. 그러나 그것이 하나님의 뜻이 아니면 옳은 것이 아니다. 신앙인은 그러한 것에 대해 죽었다. 그러한 것이 결코 자신에게 유익한 것이 아니라는 것을 알기 때문이다. **생명이 그리스도와 함께 하나님 안에 감추어졌음이라.** '감추어졌다'는 것은 두 가지 의미를 가지고 있을 수 있다. 감추어져 있기 때문에 지금은 잘 보이지 않는다. 감추어져 있기 때문에 조금 더 관심을 기울여야 보인다. 감추어져 있기 때문에 지금은 그 영광이 드러나지 않는다. 두 번째 의미는 '안전하다'는 의미다. 시편에서는 이 의미로 많이 사용한다. 신앙인의 생명과 영광은 하나님 안에 잘 간직되어 있다. 그래서 누구도 흔들 수 없다. 이후에 확실하게 드러날 것이다. 지금 영광스럽게 보이지 않지만 이후에는 확실한 영광으로 나타날 것이다.

4 우리 생명이신 그리스도께서 나타나실 그 때에 너희도 그와 함께 영광 중에 나타나리라
4 Your real life is Christ and when he appears, then you too will appear with him and share his glory!

3:4 영광 중에 나타나리라. 위의 것은 그리스도께서 재림하실 때 영광 중에 나타날 것이다. 이 땅에서는 위의 것을 따라 사는 것이 힘들 수 있다. 아무리 해도 밑 빠진 항아리에 물 붓기처럼 힘들 수 있다. 그러나 주님의 재림 때에 하나님 나라에 속한 것 즉 위의 것에 속한 모든 삶이 밝히 드러날 것이다. 주님 재림하시면 하나님 나라가 완성되어 하나님 나라만 이 땅에 남을 것이다. 그때에 하나님 나라에 속하였었던 모든 것이 찬란하게 빛날 것이다. 그것이 얼마나 영광스러운 일인지 드러날 것이다.

5 그러므로 땅에 있는 지체를 죽이라 곧 음란과 부정과 사욕과 악한 정욕과 탐심이니 탐심은 우상 숭배니라
5 You must put to death, then, the earthly desires at work in you, such as sexual immorality, indecency, lust, evil passions, and greed (for greed is a form of idolatry).

3:5 음란. '부정한 모든 성관계'를 의미한다. 5가지는 땅의 것에 속한 마음으로 모두 음란과 관련이 있다. 앞의 것은 구체적이고 뒤로 갈수록 조금 더 범위가 넓어진다. **탐**

심. '필요한 것보다 더 가지려는 마음'이다. 이 문맥에서는 성과 관련되어 말하는 것으로 보인다. 성욕과 관련된 필요 이상의 과한 것을 의미할 것이다. 이것은 본성과 관련된 것이어서 쉽지 않다. 그러나 그러한 것에 정확한 기준선이 필요하다. 이성이 예뻐 보이는 것을 넘어 탐하는 것이 되면 안 된다. **탐심은 우상 숭배니라.** 우상숭배는 앞의 항목 전체를 수식하는 것일 수도 있지만 구체적으로는 탐심을 수식하는 것으로 보인다. 순간적으로 그리스도가 아닌 다른 것이 우선순위의 마음을 차지하면 그것은 우상숭배다. 악한 마음은 철저히 죽여야 한다.

> 6 이것들로 말미암아 하나님의 진노가 임하느니라
>
> 6 Because of such things God's anger will come upon those who do not obey him.

3:6 하나님의 진노가 임하느니라. 땅에 속한 것은 그때는 즐겁고 좋은 것 같다. 세상에는 음란한 수많은 일들이 일어나고 있다. 그러나 그것은 인간의 존엄성을 깨트린다. 하나님의 형상을 깨트리는 것이다. 그래서 하나님의 진노가 임할 것이다.

> 7 너희도 전에 그 가운데 살 때에는 그 가운데서 행하였으나
> 8 이제는 너희가 이 모든 것을 벗어 버리라 곧 분함과 노여움과 악의와 비방과 너희 입의 부끄러운 말이라
>
> 7 At one time you yourselves used to live according to such desires, when your life was dominated by them.
> 8 But now you must get rid of all these things: anger, passion, and hateful feelings. No insults or obscene talk must ever come from your lips.

3:8 이 모든 것을 벗어 버리라. 이번에는 옷을 벗는 것을 비유로 말한다. 나열된 것들은 사람과의 관계에서 생기는 마음이다. 이러한 것에서 자유로운 사람이 어디 있을까? 그러나 이러한 것에 사로잡힌 사람이 있고 조금은 더 극복하고 있는 사람이 있는 것은 분명하다. 늘 분노하는 것 같으면 잘 돌아보아야 한다. 그리스도의 마음으로 그것을 이겨야 한다. 비방하는 말을 하지 않는 사람은 없다. 그러나 비방하는 말이 땅에 속한 것임을 명심해야 한다. 그래서 비방하는 말을 하다가도 깨달아 멈추어야 한다.

> 9 너희가 서로 거짓말을 하지 말라 옛 사람과 그 행위를 벗어 버리고
>
> 9 Do not lie to one another, for you have taken off the old self with its habits

3:9 거짓말을 하지 말라. 어떤 사람은 '사람이 어떻게 거짓말을 하지 않을 수 있냐'라고 반문한다. 그러나 그렇게 말하지 말고 '거짓말을 하지 않으리라'고 굳게 결심하는 것이 더 좋다. 거짓말은 하늘에 속한 것이 아니다.

> **10** 새 사람을 입었으니 이는 자기를 창조하신 이의 형상을 따라 지식에까지 새롭게 하심을 입은 자니라
>
> **10** and have put on the new self. This is the new being which God, its Creator, is constantly renewing in his own image, in order to bring you to a full knowledge of himself.

3:10 창조하신 이의 형상을 따라. 창조될 때 하나님의 형상을 따라 창조되었다. 죄로 그것이 파괴되었다. 그러나 이제 우리는 새 창조의 과정을 밟고 있다. 우리 안에 정한 마음을 새롭게 만들어가야 한다. 그것이 하나님의 형상의 회복이다. 새 창조는 창조 때와 반대 순서다. 창조에서 제일 나중에 창조된 사람의 하나님 형상의 회복이 핵심이고 시작이다.

> **11** 거기에는 헬라인이나 유대인이나 할례파나 무할례파나 야만인이나 스구디아인이나 종이나 자유인이 차별이 있을 수 없나니 오직 그리스도는 만유시요 만유 안에 계시니라
>
> **11** As a result, there is no longer any distinction between Gentiles and Jews, circumcised and uncircumcised, barbarians, savages, slaves, and free, but Christ is all, Christ is in all.

3:11 거기에는...종이나 자유인이 차별이 있을 수 없나니. 새 옷을 입고 새 사람이 되는 것은 종이나 자유인이 구분이 없다. 세상에서는 '종인가 자유인인가'가 중요하다. 그러나 하나님 나라에서는 '하나님의 형상을 회복하였는가 그렇지 않은가'가 중요하다. 종은 세상이 높게 여기는 자유인이 되기 위해 노력하기 보다는 하늘에 속한 하나님의 형상을 회복하기 위해 노력하는 것이 더 낫다. 그것이 영원하기 때문이다. **그리스도는 만유시요.** '만유'는 '우주 안에 존재하는 모든 것'이라는 의미다. 좋은 해석이 아닌 것 같다. 헬라어를 따라 그냥 '모든 것'이라고 하는 것이 나을 것 같다. '그리스도가 모든 것이다'라는 뜻이 무엇일까? 그것은 '가장 중요하다'는 의미다. 우리 안에 그리스도가 주인이 되시면 우리의 삶은 그리스도의 삶이 된다. 그리스도께서 하시는 일이기 때문에 그 일은 위대한 일이 된다. 종이라 하여도 그리스도의 뜻을 따라 살면 그 삶은 위대한 삶이 된다. 그래서 중요한 것은 '그리스도'다. 오직 그리스도가 우리 안에서 살아

나도록, 그 분의 뜻과 마음이 우리 안에 가득하도록 해야 한다.

> **12** 그러므로 너희는 하나님이 택하사 거룩하고 사랑 받는 자처럼 긍휼과 자비와 겸손과 온유와 오래 참음을 옷 입고
> **12** You are the people of God; he loved you and chose you for his own. So then, you must clothe yourselves with compassion, kindness, humility, gentleness, and patience.

3:12 옷 입고. 그리스도인이 되면 새 사람이 되어 새 옷을 입어야 한다. 새 옷을 입으면 '거룩하고 사랑받는' 모습이 될 것이다. 새 옷을 입지 않으면 벌거숭이가 되거나 과거의 아주 기괴한 옷을 입고 있는 것이 된다. **긍휼과 자비.** 타인에 대한 마음과 관련이 있다. 다른 이들에 대해 관심을 갖고 공감하는 마음이 '긍휼'이다. '자비(헬. 크레스토테스)'는 다른 사람에 대해 친절한 것이다. 긍휼의 마음을 가질 때 친절이라는 행동이 나올 것이다. 나에게는 단순히 작은 친절이지만 다른 사람에게는 엄청난 은혜의 행동이 될 수 있다. **겸손과 온유.** 자신의 마음과 관련이 많다. 하나님 앞에 서야만 겸손이 된다. 겸손의 마음을 가지면 온유(부드러운)한 행동을 하게 될 것이다. 다른 사람이 잘못하였을 때 그들을 낮게 보면서 분노하고 함부로 대하는 것이 아니라 온유로 대하는 것이다. **오래 참음.** 상대방이 잘못하였을 때의 반응이다. 오래 참음은 상대방이 잘못하고 있는 상황이기 때문에 힘들다. 그러나 그러한 가운데서도 조금 더 긍휼의 마음과 겸손의 마음으로 끝까지 참는 것이 오래 참음이다. 신앙인이 이러한 옷을 입어야 아름답다. 신앙인이 긍휼의 마음이 없이 오직 자신의 마음만 생각하고 있으면 아름답지 않다. 겸손하지 않은 사람은 아름답지 않다.

> **13** 누가 누구에게 불만이 있거든 서로 용납하여 피차 용서하되 주께서 너희를 용서하신 것 같이 너희도 그리하고
> **13** Be tolerant with one another and forgive one another whenever any of you has a complaint against someone else. You must forgive one another just as the Lord has forgiven you.

3:13 용납...용서. 신앙인이 입어야 하는 6번째와 7번째 옷이다. 마음이 들지 않는 사람을 용납한다는 것이 어렵다. 또한 잘못한 사람을 용서하는 것이 어렵다. **주께서 너희를 용서하신 것 같이 너희도 그리하고.** 그 사람을 보고 용서하는 것이 아니다. 하나님을 보고 용서하는 것이다. 그 사람을 보면 결코 용서하고 싶지 않지만 하나님을 보며 용서하는 것이다. 특별히 우리는 이미 용서를 받은 사람이다. 우리가 먼저 용서하

는 것이 아니라 용서받을 수 없는 죄를 이미 용서받은 사람으로서 용서하는 것이다. 우리는 이미 빚진 사람이다. 그러니 채권자로서 용서하는 것이 아니라 채무자로서 용서하는 것이다. 이것은 선택이 아니라 의무다.

14 이 모든 것 위에 사랑을 더하라 이는 온전하게 매는 띠니라
14 And to all these qualities add love, which binds all things together in perfect unity.

3:14 사랑. 마지막 8번째 옷이다. 사랑이라는 옷을 입어야 한다. **온전하게 매는 띠.** 이것의 의미는 두 가지 가능성이 있다. 사랑이 다른 덕(옷)을 온전하게 해 주는 것이라는 의미다. 사랑의 마음을 가지고 있으면 그러한 옷을 더 빛나게 해 준다는 것이다. 또 하나는 사랑이 교회 공동체를 하나되게 해 주는 역할을 한다고 해석할 수도 있다. 사랑이라는 옷을 입을 때 교회는 온전히 하나 될 수 있다는 것이다. 어떤 해석이든 사랑은 조금 더 특별한 역할을 하는 것이 분명하다. 사랑이라는 옷을 입어야 아름다운 사람이 된다. 다른 사람과 하나가 될 수 있다. 늘 자신이 사랑의 옷을 입고 있는지를 점검해야 한다. 이것은 다른 사람이 볼 때 자신이 사랑스러울 뿐만 아니라 다른 사람을 볼 때 사랑하는 마음을 갖는 것이다. 그것이 사랑의 옷을 입은 것이다. 다른 사람을 사랑하여 수고해야 한다. 그것이 사랑의 옷을 입은 것이다.

15 그리스도의 평강이 너희 마음을 주장하게 하라 너희는 평강을 위하여 한 몸으로 부르심을 받았나니 너희는 또한 감사하는 자가 되라
15 The peace that Christ gives is to guide you in the decisions you make; for it is to this peace that God has called you together in the one body. And be thankful.

3:15 그리스도의 평강. 여기에서의 평강은 한 사람 안에 있는 평강이 아니라 교회라는 공동체 안에서의 평강을 의미한다. 우리는 신앙인으로 한 교회 안에서 살아가고 있다. 그것이 가정처럼 신앙의 울타리가 되어준다. 매우 중요하다. 그런데 때로는 그것이 많은 시험거리가 된다. 시험이 되었을 때 뛰쳐나갈 것이 아니라 '평강(화평)'을 붙잡아야 한다. **그리스도의 평강이 너희 마음을 주장하게 하라.** 무엇을 결정해야 할 때 교회의 평강을 생각하면서 결정해야 한다는 의미다. **평강을 위하여 한 몸으로 부르심을 받았나니.** 우리는 전체 교회로서 한 몸일 뿐만 아니라 한 교회 안에서 한 몸이다. 가정을 함부로 깨트리지 않는 것처럼 교회의 한 몸 된 것을 함부로 깨트리지 말아야 한다. 자녀가 마음에 들지 않는다고 집을 나가면 안 되듯이 성도는 마음에 들지 않아도

교회의 한 몸 된 것을 깨트리지 말아야 한다. 교회 밖으로 뛰쳐나가지 말아야 하며 교제를 멈추지도 말아야 한다. 이 평강이 깨지면 한 사람의 신앙은 결코 자라가지 못한다. 교회도 자라가지 못한다.

> **16** 그리스도의 말씀이 너희 속에 풍성히 거하여 모든 지혜로 피차 가르치며 권면하고 시와 찬송과 신령한 노래를 부르며 감사하는 마음으로 하나님을 찬양하고
> **16** Christ's message in all its richness must live in your hearts. Teach and instruct each other with all wisdom. Sing psalms, hymns, and sacred songs; sing to God with thanksgiving in your hearts.

3:16 그리스도의 말씀이 너희 속에 풍성히 거하여. 교회의 기준은 말씀이다. 말씀이 우리의 삶에 풍성히 거하게 해야 한다. 말씀에 빈약하면 안 된다. 말씀을 많이 알아야 한다. 말씀을 많이 알아야 말씀의 씨앗이 우리의 삶에서 열매를 많이 맺을 것이다. 말씀이 아닌 다른 씨앗의 열매는 무의미하다. **시와 찬송과 신령한 노래를 부르며.** 찬양은 곡조 있는 기도의 측면이 많다. 그러나 이 당시는 이러한 찬양이 교육의 목적으로도 많이 사용되었다. '시'는 성경에 있는 내용을 찬양으로 만든 것이고, '찬송'은 하나님에 대한 것으로 하나님을 찬양하는 것이며, '신령한 노래'는 성령의 인도하심을 부르는 것으로 주로 신앙인의 삶에 대한 것이다. 이것은 고스란히 기도가 되고 또한 가르침이 되었다. 우리의 삶에 이러한 찬양이 많이 있어야 한다. 그리스도의 말씀이 더욱 풍성하게 되는 비결이 될 것이다.

> **17** 또 무엇을 하든지 말에나 일에나 다 주 예수의 이름으로 하고 그를 힘입어 하나님 아버지께 감사하라
> **17** Everything you do or say, then, should be done in the name of the Lord Jesus, as you give thanks through him to God the Father.

3:17 예수의 이름으로 하고. 예수의 이름으로 하나가 되어야 한다. 신앙인은 무엇을 말하든지 일하든지 '예수의 이름으로' 해야 한다. 예수의 이름으로 한다는 것은 예수 그리스도의 임재를 말하며 예수 그리스도의 뜻을 따라 하는 것을 말한다. 예수 그리스도의 뜻을 따르지 않으면서 예수 그리스도의 이름으로 한다고 말할 수 없다. 오늘날 우리가 기도할 때 '예수 그리스도의 이름으로 한다'는 것은 예수 그리스도의 임재 가운데, 예수님과 상의를 하여, 예수님의 뜻을 따라 기도하였다는 것을 의미한다. 신앙인이 교회 생활을 한다는 것은 자신의 뜻대로 하는 것이 아니라 예수 그리스도의

이름으로 하는 것이 되어야 한다. 내 성질대로 하는 것이 아니라 예수 이름으로 해야 한다. 그래야 그리스도 안에서 사는 것이다.

18 아내들아 남편에게 복종하라 이는 주 안에서 마땅하니라
18 Wives, submit to your husbands, for that is what you should do as Christians.

3:18 아내들아 남편에게 복종하라. 이것은 그 시대 사람들에게 하는 말일까, 아니면 모든 시대 사람에게 해당하는 것일까? 이 말씀은 일단 그 시대 사람들을 향한 것이다. 그 시대는 아내가 남편에게 복종할 것을 요구받았다. 바울은 그것에 대해 성경적이라 말하고 있다. 그렇다면 이것이 왜 성경적일까? '복종하는 것'이기 때문이다. 모든 사람은 어떤 면에 있어 서로에게 복종하는 것이 필요하다. 그러기에 아내가 남편에게 복종하는 것이 비성경적인 것은 결코 아니다. 오늘날은 어떨까? 오늘날 시대는 아내가 남편에게 복종하라고 말하지 않는다. 그렇다면 복종하지 말아야 할까? 사회가 요구하지 않는데 그러한 것에 상관 없이 아내는 남편에게 복종해야 한다고 말하는 것 같지는 않다. 이것은 이후에 나오는 주인과 종의 관계와 같다. 요즘 사회는 부부가 서로에게 복종하는 것을 말한다. 그것도 성경적이다. 그렇다면 서로에게 복종하는 것이 좋다. **주 안에서 마땅하니라.** 아내가 남편에게 복종하는 것이 '주 안에서 마땅하다'는 말이다. 옳은 일이라는 것이다. 이것은 반대의 경우인 '남편이 아내에게 복종하는 것이 마땅하지 않다'는 것을 의미하는 것은 아니다. 아내가 남편에게 복종할 때 주 안에서 마땅한 범위에서 복종하는 것이 옳다는 것을 의미한다. 이 당시에는 아내는 남편에게 무조건적으로 복종해야 하는 때였다. 그러나 성경은 주 안에서 마땅한 범위에서만 복종해야 한다고 말하는 것이다.

19 남편들아 아내를 사랑하며 괴롭게 하지 말라
19 Husbands, love your wives and do not be harsh with them.

3:19 남편들아 아내를 사랑하며. 남편은 아내를 사랑해야 한다. 당시의 문헌을 보면 남편이 아내를 사랑해야 한다는 의무조항이 없다. 이것은 관습적인 것은 아니다. 그러나 남편은 아내를 사랑해야 한다고 말한다. 시대적 요청으로 인하여 더 억압받던 아내를 남편이 사랑하는 것은 마땅하다. 사실 아내나 남편이나 동일한 존귀한 사람이기 때문이다.

20 자녀들아 모든 일에 부모에게 순종하라 이는 주 안에서 기쁘게 하는 것이니라

20 Children, it is your Christian duty to obey your parents always, for that is what pleases God.

3:20 주 안에서 기쁘게 하는 것이니라. 자녀가 부모에게 순종하는 것은 어느 시대나 늘 가장 기본적인 윤리다. 그것이 지켜질 때 사회가 지켜진다. 그런데 무조건적인 순종은 아니다. '주 안에서 기쁘시게 하는 것'에 순종하는 것이다. 기독교인의 모든 인간관계는 예수님과의 관계로 승화된다. 만약 부모가 그리스도께서 슬퍼하실 일을 요구하면 그것에 순종하면 안 된다.

21 아비들아 너희 자녀를 노엽게 하지 말지니 낙심할까 함이라

21 Parents, do not irritate your children, or they will become discouraged.

3:21 아비들아 너희 자녀를 노엽게 하지 말지니. 과거에는 아이들에 대한 인권이 많이 무시되었었다. 자녀의 인권이 많이 무시되었다. 그래서 아이의 마음을 헤아리지 않고 행동할 때가 많았다. 그런데 오늘날에는 어쩌면 아이가 너무 화를 많이 내는 것 같다. 부모의 권위가 있어야 자녀를 바르게 고칠 수 있다. 자녀가 자신의 마음에 들지 않아도 순종해야 무지하고 거짓된 것이 교육되고 진실하게 고쳐질 수 있다. 그런데 부모의 권위가 없음으로 인하여 교육이 안 될 때가 많다. 아이가 싫어한다고 교육을 멈추면 안 된다. 그러나 아이의 기본 인권에 대해 존중하면서 교육은 계속되어야 한다.

22 종들아 모든 일에 육신의 상전들에게 순종하되 사람을 기쁘게 하는 자와 같이 눈가림만 하지 말고 오직 주를 두려워하여 성실한 마음으로 하라

22 Slaves, obey your human masters in all things, not only when they are watching you because you want to gain their approval; but do it with a sincere heart because of your reverence for the Lord.

3:22 종들아 모든 일에 육신의 상전들에게 순종하되. 관계를 이야기하며 계속 약자를 먼저 말한다. 그것은 의무에 대한 강조이기 보다는 더 마음이 쓰이기 때문에 그러한 것 같다. 종과 주인의 관계는 창조 때는 없던 관계다. 타락하여 생긴 관계다. 또한 지금은 인권 신장에 의해 거의 사라진 관계다. 그러나 바울이 이 글을 쓸 때는 사회에서 매우 중요한 관계였다. 종은 사회를 지탱하는 역할을 하였다. **주를 두려워하여 성실한 마음으로 하라.** 종은 주인에게 순종해야 한다. 그런데 주인의 눈치를 보는 것이 아

니라 '주의 눈'을 보면서 섬기라 말하고 있다. 종으로 시간만 때우면 되는 것이 아니라 성실한 마음으로 섬기라고 말하고 있다.

> **23** 무슨 일을 하든지 마음을 다하여 주께 하듯 하고 사람에게 하듯 하지 말라
> **23** Whatever you do, work at it with all your heart, as though you were working for the Lord and not for human beings.

3:23 마음을 다하여 주께 하듯 하고. 주인을 섬길 때 예수님을 섬기는 것처럼 생각하고 하라는 것이다. 그것은 생각만 그러한 것이 아니다. 실제로 주인을 섬긴 것은 예수님을 섬긴 것이 된다. 종은 종이라는 신분 때문에 억울하게 주인을 섬기기만 하다가 억울하게 끝나는 것이 아니다. 주를 섬기듯 하면 그가 섬기는 모든 것이 주를 섬긴 것이 된다.

> **24** 이는 기업의 상을 주께 받을 줄 아나니 너희는 주 그리스도를 섬기느니라
> **24** Remember that the Lord will give you as a reward what he has kept for his people. For Christ is the real Master you serve.

3:24 기업의 상을 주께 받을 줄 아나니. 종이 주인을 섬긴 대가는 아무것도 없다. 당시에는 어떤 종의 경우는 적은 액수의 돈을 받기도 하였다. 그러나 그것으로 끝이다. 자식은 아버지가 잘 되면 재산을 상속받는다. 그러니 열심히 일한다. 그런데 종은 아무리 잘하여도 상속받지 못한다. 그래서 게으르기 쉽다. 그런데 말씀은 일한 것에 대한 상속을 '예수님'께 받는다고 말한다. 사실 신앙인이 된다는 것은 그 사람을 예수님께서 값을 주고 산 것이다. 예수님의 소유다. 예수님의 자녀다. 그래서 그가 일하면 일한 만큼의 보수로 부모의 일정 부분을 기업으로 물려받게 된다. 종이 일하면 예수님께서 물려주신다고 말하고 있다.

> **25** 불의를 행하는 자는 불의의 보응을 받으리니 주는 사람을 외모로 취하심이 없느니라
> **25** And wrongdoers will be repaid for the wrong things they do, because God judges everyone by the same standard.

3:25 주는 사람을 외모로 취하심이 없느니라. 예수님께는 사람이 종인지 주인인지가

중요하지 않다. 차별하지 않으신다. 그가 얼마나 정직하고 성실하게 섬겼는지를 보신다. 그가 하는 행동이 모두 주께 하는 행동이고 얼마나 바르게 섬겼는지를 보신다. 종이 자신의 신세 한탄을 할 것이 아니라 이제는 주를 바라보면서 열심히 살아야 한다. 모든 대가는 세상이 주는 것이 아니라 오직 예수님이 주신다. 예수님이 주시는 것만이 영원하다. 그러니 예수님 앞에서 예수님을 섬기는 마음으로 힘을 다해야 한다. 예수님께서 반드시 그에 상응하는 상을 주실 것이다.

신앙인의 사람관계에 대해 말하는 것을 보았다. 이 세상은 수많은 관계가 있고 그 관계에서 요청되는 것이 있다. 그 역할에 따라 억울할 수도 있고 힘들 수도 있다. 그러나 결국 모든 사람은 이후에 동일하게 하나님 앞에 서게 될 것이다. 그때는 모든 역할은 끝나고 이 땅에서 어떻게 살았는지로 평가받을 것이다. 이 땅에서 종의 역할이라고 실망할 필요가 없다. 그것이 주인을 섬기는 것이 아니라 결국 예수님을 섬기는 것이기 때문이다.

이 땅에서 모든 관계에서 늘 예수님을 대하는 마음으로 섬겨야 한다. 만나는 모든 사람을 예수님을 대하듯 살아간다면 분명 우리의 삶은 찬란하게 빛날 것이다. 실제로 예수님을 섬긴 것이 된다. 그에 따른 영광이 있을 것이다.

4장

1 상전들아 의와 공평을 종들에게 베풀지니 너희에게도 하늘에 상전이 계심을 알지어다
2 기도를 계속하고 기도에 감사함으로 깨어 있으라
1 Masters, be fair and just in the way you treat your slaves. Remember that you too have a Master in heaven.
2 Be persistent in prayer, and keep alert as you pray, giving thanks to God.

4:2 기도를 계속하고. 기도는 하나님과의 대화다. 모든 관계의 기본은 대화다. 하나님과 관계를 지속하고 싶다면 대화를 해야 한다. 형식적인 기도가 아니라 하나님과 대화하는 기도가 되어야 한다. 언제 어느 곳에서든지 늘 기도해야 한다. **깨어 있으라.** 기도하는 것은 깨어 있는 것이다. 하나님을 향하여 깨어 있는 것이다. 나는 이것이 '항상 기도하라'와 비슷한 의미라고 생각한다. 하나님께서 말씀하실 때 들을 수 있는 마음과 귀를 열고 있는 것이다. 나의 마음을 언제든지 고백할 수 있도록 입술이 깨어 있어

야 한다. **감사함으로.** 하나님과의 대화에서 가장 중요한 기본은 신뢰다. 우리가 살아가는 모든 순간은 당연한 것이 아니라 은혜. 그래서 감사해야 한다. 감사하는 것은 깨어 있는 가장 좋은 방법이다. 늘 감사하라. 사실 우리가 살아가는 모든 순간은 하나님의 인도하심으로 가득하다. 하나님의 인도하심에 대한 우리의 당연한 반응은 감사다. 그런데 하나님의 놀라운 인도하심이 있는데도 불구하고 우리가 감사하지 못하고 넘어가는 경우가 많다. 그러니 감사를 고백함으로 더욱더 깨어 있는 사람이 되어야 한다. 고백하는 순간 우리의 마음이 하나님의 마음을 만날 것이다.

> 3 또한 우리를 위하여 기도하되 하나님이 전도할 문을 우리에게 열어 주사 그리스도의 비밀을 말하게 하시기를 구하라 내가 이 일 때문에 매임을 당하였노라
> 3 At the same time pray also for us, so that God will give us a good opportunity to preach his message about the secret of Christ. For that is why I am now in prison.

4:3 우리를 위하여 기도하되. 골로새 교회는 이제 세워진 교회다. 그런데도 불구하고 바울은 기도를 요청하고 있다. 기도는 하나님의 인도하심을 요청하는 것이다. 아무리 믿음이 좋은 사람이라도 기도가 필요없는 사람은 아무도 없다. 그래서 바울은 기도를 요청하고 있다. 우리는 서로 기도해야 한다. 기도를 요청해야 한다. 기도를 통해 하나님과 교통하는 것이 기본이지만 또한 기도를 통해 믿음의 사람들도 함께 교통하게 된다. **전도할 문을 우리에게 열어 주사 그리스도의 비밀을 말하게 하시기를 구하라.** 전도할 문을 열어주는 것은 하나님께서 기뻐하시는 일이다. 기도하지 않아도 하나님께서 주시고 싶으실 것이다. 그런데도 불구하고 바울은 기도를 요청한다. 왜 그럴까? 기도가 필요하기 때문이다. 부모 자식의 대화를 보라. 뻔한 말도 한다. 운전할 때 앞으로 가는 것이 뻔하다. 그러나 앞을 보면서 운전해야 한다. 뻔한 것을 기도하면서 교통하는 것이다. 기도할 때 뻔한 그것이 더욱더 중심이 되게 한다. 아무리 뻔하여도 말하지 않으면 잊어버리고 결국 잃어버릴 수 있다. '그리스도의 비밀'을 전하는 것은 하나님의 목적이다. 또한 그렇게 기도함으로 바울의 목적이 되고 골로새 교회의 목적이 된다. 우리는 기도함으로 하나님의 마음을 우리의 마음에 품어야 한다.

> 4 그리하면 내가 마땅히 할 말로써 이 비밀을 나타내리라
> 4 Pray, then, that I may speak, as I should, in such a way as to make it clear.

4:4 내가 마땅히 할 말로써. 바울은 골로새 교회의 기도가 있을 때 그가 더욱더 용기

있고 설득력 있게 말하게 될 것이라고 말한다. 우리는 복음의 일을 위해 기도해야 한다. 목회자를 위해 기도하는가? 말씀을 잘 이해하고 더욱더 힘 있고 마땅한 말로 전할 수 있도록 기도하고 있는가? 내가 기도하나 기도하지 않으나 같을 것 같다. 그러나 그렇지 않다. 너무 뻔한 그것을 바울은 기도 요청하고 있다. 그것이 중요하기 때문이다. 우리는 복음이 바르게 전해지도록 기도해야 한다. 그것이 동역이고 교통이다.

5 외인에게 대해서는 지혜로 행하여 세월을 아끼라
5 Be wise in the way you act towards those who are not believers, making good use of every opportunity you have.

4:5 외인에게...지혜로 행하여. 신앙인이 세상 사람과 관계를 가져야 함을 말한다. 신앙인이 세상 사람과 단절되어서는 안 된다. 우리는 예수님께서 세상에 복음을 주셨음을 기억해야 한다. 세상 사람들이 지금은 모르지만 그들도 받아들이기만 하면 복음이 된다. 세상 사람들과 관계에서 그들을 무시하지 말고 그들을 존중해야 한다. 그들의 입장에서 복음이 어떻게 들릴지를 생각해야 한다. 신앙인이 진리를 알고 있고 세상 사람들은 진리를 모른다고 우월적 자세를 가지거나 자신의 생각이 강요가 되어서는 안 된다. **세월을 아끼라.** 직역하면 '세월을 사라', '세월을 구원하라'이다. 이것은 시간을 낭비하는 것이 되지 않도록 해야 한다는 의미다. 세상 사람들과 함께하는 시간이 지혜가 없으면 낭비하는 시간이 되고 말 것이다. 때로는 오히려 그들에게 끌려가는 시간이 되면 복음을 전하는 것이 아니라 잃는 수도 있다. 시간을 선용하기 위해서는 우리의 목적이 분명해야 한다. 그들과 함께하지만 헛된 것에 시간을 낭비하는 것이 되지 않도록 해야 한다. 세상 사람들과 관계는 직접적으로 복음과 상관 있는 일을 하는 것이 아니기 때문에 시간이 낭비되기 쉽다. 그래서 지혜로 함께 해야 할 것과 그렇지 않은 것을 구분해야 한다.

6 너희 말을 항상 은혜 가운데서 소금으로 맛을 냄과 같이 하라 그리하면 각 사람에게 마땅히 대답할 것을 알리라
6 Your speech should always be pleasant and interesting, and you should know how to give the right answer to everyone.

4:6 은혜 가운데서. 호의적 말이 되게 하라는 뜻이다. 유쾌하고 상대방에게 호감이 되는 말을 해야 한다. **소금으로 맛을 냄과 같이 하라.** 소금으로 맛을 낼 때는 양 조절

을 잘해야 한다. 너무 조금 넣으면 싱겁다. 우리의 말이 재미없고 지루한 말이 되지 않도록 해야 한다. '교회 다니는 사람은 지루해'라는 평가가 되지 않도록 해야 한다. 너무 짜지도 말아야 한다. '교회 다니는 사람은 너무 자기 주장이 강해'라는 말을 들으면 안 된다. 간 맞추기가 참 어려울 것이다. 그러나 세상 사람에게 복음을 주시기 위해 예수님이 성육신하신 것을 생각하면 우리가 하는 일은 아주 쉬운 것이다. 그러니 세상 사람들에게 지혜롭게 말하는 것을 너무 어렵게 생각하지 말아야 한다. 깨어 있어 다가가고 사랑스럽고 호의적인 말이 되도록 해야 한다. **그리하면 각 사람에게 마땅히 대답할 것을 알리라.** 기도하면서 조심스럽게 접근하면 우리는 지혜롭게 말하게 될 것이다. 특별히 사람들이 우리의 행복과 기쁨의 이유에 대해 물을 때 복음을 효과적으로 전할 수 있게 될 것이다. 나 때문에 사람들이 교회에 호감을 가질 수 있어야 한다. 사람들이 교회에 대해 물어보기까지 했는데 대답할 말이 없어 머뭇거려 기회를 잃지 않도록 해야 한다. 늘 복음이라는 가장 훌륭한 선물을 세상 사람들에게 줄 준비가 되어 있어야 한다. 사람들이 받지 않기 때문에 안 전하는 것일 뿐 받고자 하는데도 전하지 못하면 안 된다. 세상을 향한 가장 큰 사랑과 선물은 복음이다. 세상 사람들에게 가장 필요한 것도 복음이다. 그리스도를 주로 하여 영원한 나라를 살아가는 우리는 세상 사람들을 향하여 복음 전파의 마음을 결코 놓쳐서는 안 된다. 나의 사랑과 수고가 누군가를 영원한 죽음에서 영원한 생명으로 바뀔 수 있는 계기가 될 수 있다면 얼마나 영광스럽고 행복한 일이겠는가?

4부

나가는 말

(4:7-18)

7 두기고가 내 사정을 다 너희에게 알려 주리니 그는 사랑 받는 형제요 신실한 일꾼이요 주 안에서 함께 종이 된 자니라

8 내가 그를 특별히 너희에게 보내는 것은 너희로 우리 사정을 알게 하고 너희 마음을 위로하게 하려 함이라

9 신실하고 사랑을 받는 형제 오네시모를 함께 보내노니 그는 너희에게서 온 사람이라 그들이 여기 일을 다 너희에게 알려 주리라

10 나와 함께 갇힌 아리스다고와 바나바의 생질 마가와 (이 마가에 대하여 너희가 명을 받았으매 그가 이르거든 영접하라)

7 Our dear brother Tychicus, who is a faithful worker and fellow-servant in the Lord's work, will give you all the news about me.

8 That is why I am sending him to you, in order to cheer you up by telling you how all of us are getting on.

9 With him goes Onesimus, that dear and faithful brother, who belongs to your group. They will tell you everything that is happening here.

10 Aristarchus, who is in prison with me, sends you greetings, and so does Mark, the cousin of Barnabas. (You have already received instructions to welcome Mark if he comes your way.)

4:10 나와 함께 갇힌 아리스다고. 바울은 편지를 마치면서 '아리스다고'를 제일 먼저 말한다. 그는 자신과 함께 갇힌 자가 되었기 때문이다. 복음을 위해 함께 일하다 함께 갇혔다. 골로새서를 로마 감옥에서 쓰고 있다면 이것이 두 번째 함께 감옥에 갇힌 것이 될 것이다. 에베소에서도 함께 갇혔었다. 복음을 위하여 고난받는 것, 함께 고난받는 것은 참으로 귀한 일이다. 누군가와 복음을 위해 함께 고난을 받는다면 그것은 가장 귀한 일이 될 것이다. 첫째 자리에 오기에 충분한 자격을 갖추었다. **바나바의 생질 마가.** 마가복음의 저자이기도 한 마가는 바울의 1차 전도 여행에 함께 하였었지만 중도에 돌아갔던 사람이다. 그래서 2차 전도 여행을 계획하면서 마가 때문에 바나바와 함께 하지 않았었다. 아주 쓴 기억의 사람이다. 그러나 5년 또는 10년이 지난 지금은 그와 긴밀히 함께하고 있는 것을 볼 수 있다. 서로 의견 차이가 아주 강하게 있었어도 서로 안에 복음이 있었기 때문에 복음으로 다시 하나가 된 것이 분명하다. 복음은 신앙인에게 무엇보다 더 큰 이유가 되기 때문이다.

11 유스도라 하는 예수도 너희에게 문안하느니라 그들은 할례파이나 이들만은 하나님의 나라를 위하여 함께 역사하는 자들이니 이런 사람들이 나의 위로가 되었느니라

11 Joshua, also called Justus, sends greetings too. These three are the only Jewish believers who work with me for the Kingdom of God, and they have been a great help to me.

4:11 그들은 할례파이나. 마가와 유스도에 대한 말이다. 여기에서의 '할례파'는 다른 곳에서 할례를 여전히 유효한 것으로 주장하는 사람이라는 의미와 다르다. '유대인 기독교인'으로 번역하는 것이 낫다. 바울과 함께 사역하던 이들 중에 이 둘이 유대인 이지만 또한 기독교인으로 함께 사역하고 있음을 의미하는 것이다. **하나님의 나라를 위하여 함께 역사하는 자들이니.** 그들은 복음으로 전해진 '하나님 나라'를 위해 함께 일하는 사람들이었다. 많은 유대인이 있다. 그들은 선택받은 민족이었고 먼저 하나님 나라에 속한 사람들이었다. 그러나 어느새 하나님 나라에서 벗어나 있는 사람이 많았다. 당장 바울과 함께 일하는 사람을 보면 유대인이 적었다. 매우 안타까운 일이다.

> **12** 그리스도 예수의 종인 너희에게서 온 에바브라가 너희에게 문안하느니라 그가 항상 너희를 위하여 애써 기도하여 너희로 하나님의 모든 뜻 가운데서 완전하고 확신 있게 서기를 구하나니
> **12** Greetings from Epaphras, another member of your group and a servant of Christ Jesus. He always prays fervently for you, asking God to make you stand firm, as mature and fully convinced Christians, in complete obedience to God's will.

4:12 그가 항상 너희를 위하여 애써 기도하여. '애쓰다'는 것은 전투나 레슬링 같은 곳에서 사용하는 단어로 "싸우다"는 기본 의미가 들어간다. 예수님의 겟세마네 기도에서도 이 단어를 사용하였다. 에바브라는 그가 지금은 바울을 돕기 위해 바울과 함께 있지만 골로새 교회를 위해 열심히 기도하고 있었다. 아주 간절히 기도하고 있었다. 그가 골로새 교회를 개척하였으니 어찌 꿈엔들 골로새 교인들을 잊을 수 있겠는가? 어쩌면 그가 그렇게 간절히 기도하는 효과가 그가 그들과 함께 있어 사랑하며 사역하는 것보다 더 효과적일 수도 있을 것이다. 복음은 기도할 때 효과적이기 때문이다. **완전하고 확신 있게 서기를 구하나니.** 교회의 설립자인 그가 골로새 교인들을 볼 때 가장 중요한 것은 성숙한 신앙인이 되는 것이었다. '완전하고'는 흠 없는 제물처럼 신앙이 만들어가는 인격적 성숙이다. '확신 있게'는 믿음의 확신이다. 이 두 가지가 있어야 '성숙한 신앙인'이 된다. 외적인 부흥보다 더 중요한 것은 한 사람 안에서 일어나는 내적인 부흥이다.

> **13** 그가 너희와 라오디게아에 있는 자들과 히에라볼리에 있는 자들을 위하여 많이 수고하는 것을 내가 증언하노라
> **13** I can personally testify to his hard work for you and for the people in Laodicea and

Hierapolis.

4:13 내가 증언하노라. 바울은 에바브라의 골로새 교회를 향한 진실한 마음을 알기에 그가 보증한다고 말한다. 어쩌면 골로새 교회의 어떤 사람이 에바브라의 마음을 오해하고 있었던 것 같다. 바울의 증언이 필요할 정도로 말이다. 사람은 늘 오해 속에서 살아간다. 그러나 그 속에서도 진실을 지켜야 한다. 오해 때문에 복음의 교통이 멈추면 안 된다.

14 사랑을 받는 의사 누가와 또 데마가 너희에게 문안하느니라
14 Luke, our dear doctor, and Demas send you their greetings.

4:14 사랑을 받는 의사 누가. 바울의 인사 가장 후반부에 위치하고 있지만 그는 누가를 많이 좋아했던 것 같다. 그래서 '사랑을 받는'이라고 표현하고 있다. 누가는 많은 시간을 바울과 함께 하였다. 만약 지금 로마 감옥에 있는 것이라면 그는 바울을 도우며 있고 이 시간에 이미 누가복음을 기록하였고 사도행전을 쓰기 위한 작업을 하고 있었을 것이다. 누가는 신약성경의 저자 중에 분량으로 따지면 가장 많은 부분을 기록한 사람이다. 신약성경의 25% 이상이 그의 기록으로 우리에게 전해지게 되었다. 바울 또한 25%가량을 기록하였기 때문에 50% 이상의 성경이 바울과 누가의 교제 가운데 기록되고 있는 것이다. 이 둘의 복음의 교통이 놀라운 결과를 낳았다. **데마가 너희에게 문안하느니라.** '데마'는 참 안타까운 사역자다. 골로새서를 쓸 때는 바울과 함께 하고 있었다. 그러나 이후에 바울이 다시 로마 감옥에 갇힌다. 그때는 가장 위험한 때다. "데마는 이 세상을 사랑하여 나를 버리고 데살로니가로 갔고 그레스게는 갈라디아로, 디도는 달마디아로 갔고"(딤후 4:10) 데마는 '현재의 세상'을 사랑하여 바울을 버리고 떠나갔다고 말한다. 복음이 말하는 '오는 세상'을 보지 못하고 '현재 세상'의 편안함에 유혹되어 복음에서 떠났다. 데마가 복음을 배신한 것은 참으로 충격적이다. 그러나 복음을 전하던 사람이 배신하는 경우가 종종 있다. 가룟 유다도 그러하였다. 복음 안에 있었는데 복음을 떠나는 사람을 보면 많이 아쉽다. 마음이 아프다. 그러나 그것이 또한 현실이다. 복음을 아는 것이 참으로 큰 복이다. 그런데 그 복을 보지 못하는 경우가 있다. 복음은 의무만이 아니라 복이기도 하다. 복음 안에 담긴 복을 볼 수 있어야 한다. 참으로 큰 영광을 볼 수 있어야 떠나지 않는다.

15 라오디게아에 있는 형제들과 눔바와 그 여자의 집에 있는 교회에 문안하고

15 Give our best wishes to the brothers and sisters in Laodicea and to Nympha and the church that meets in her house.

4:15 라오디게아에 있는 형제들. 골로새 옆에 있는 라오디게아 지역에 있는 교회에 인사를 전해달라는 말이다. **그 여자의 집에 있는 교회에 문안하고.** 이 당시는 예배당 건물이 따로 있지 않고 큰 집을 가진 성도의 집에서 모였다. 근 200년 동안 예배당은 이런 형태였다. '눔바'라는 여인은 큰 집이 있어 편안히 살 수 있었지만 교회 예배당으로 제공함으로 고생을 사서 하고 있다. 복음은 어떤 고생보다 더 크고 중요하기 때문일 것이다.

16 이 편지를 너희에게서 읽은 후에 라오디게아인의 교회에서도 읽게 하고 또 라오디게아로부터 오는 편지를 너희도 읽으라
17 아킵보에게 이르기를 주 안에서 받은 직분을 삼가 이루라고 하라
18 나 바울은 친필로 문안하노니 내가 매인 것을 생각하라 은혜가 너희에게 있을지어다

16 After you read this letter, make sure that it is read also in the church at Laodicea. At the same time, you are to read the letter that the brothers and sisters in Laodicea will send you.
17 And say to Archippus, "Be sure to finish the task you were given in the Lord's service."
18 With my own hand I write this: Greetings from Paul. Do not forget my chains! May God's grace be with you.

4:17 아킵보. 아마 빌레몬서 수신자인 빌레몬의 아들일 것이다. 골로새 교회가 빌레몬의 집에서 모였기 때문에 아킵보는 교회 안에서 중요한 역할을 하였을 것이다. **주 안에서 받은 직분을 삼가 이루라.** '직분'은 교회에서 보통은 어떤 역할을 맡은 위치에 대한 호칭으로 많이 사용한다. 그런데 이것의 본래 의미는 '직무상의 본분'이라는 뜻이다. 오늘 본문에서의 헬라어의 의미는 '사역'을 의미한다. 아킵보에게 어떤 일이 주어졌는지는 모른다. 새신자 교육이 주어졌을 수도 있다. 아니면 사람들이 모일 때 자리를 정돈하는 역할을 맡았을 수도 있다. 중요한 것은 그가 맡겨진 일을 잘 감당해야 한다는 것이다. 믿음 안에서 맡겨진 일은 모두 복음의 일이다. 어떤 종류의 일이든 복음의 일이다. 복음의 일이 되면 참으로 중요하다. 그래서 맡겨진 일을 잘 감당해야 한다. 복음이 빛나도록 잘 감당해야 한다.

우리는 복음을 믿는 사람이다. 소유한 사람이다. 이 복음이 얼마나 보배로운지를 안다. 그러기에 복음의 교통을 위해 더욱 힘을 다해야 한다. 우리에게 은혜로 복음이 전

해졌으니 우리도 은혜로 복음을 전하는 사람이 되어야 한다. 복음이 없으면 죽는 것을 알기 때문에 누군가를 살리기 위해 복음을 전하는 일에 모든 힘을 다해야 한다. 우리를 통해 복음이 소통되기를 기도한다. 우리를 통해 복음 이야기가 더욱 풍성해지기를 기도한다.

갈엡빌골 (성경, 이해하며 읽기)

발행	2025년 1월 27일
저자	장석환
펴낸이	장석환
펴낸곳	도서출판 돌계단
출판사등록	2022.07.27(제393-2022-000025호)
주소	안산시 상록구 삼태기2길 4-16
전화	031-416-9301
이메일	dolgaedan@naver.com

ISBN	979-11-986875-3-1

https://blog.naver.com/dolgaedan
ⓒ 갈엡빌골(성경, 이해하며 읽기) 2025
본 책은 저작자의 지적 재산으로서 무단 전재와 복제를 금합니다.